工程建设理论与实践丛书

市政道路
沥青路面施工技术

SHIZHENG DAOLU
LIQING LUMIAN SHIGONG JISHU

许 岩　田小勇　李 芳　主编

华中科技大学出版社
http://press.hust.edu.cn
中国·武汉

图书在版编目(CIP)数据

市政道路沥青路面施工技术/许岩,田小勇,李芳主编.—武汉:华中科技大学出版社,2023.9
ISBN 978-7-5680-9806-9

Ⅰ.①市… Ⅱ.①许… ②田… ③李… Ⅲ.①市政工程-沥青路面-路面施工 Ⅳ.①U416.217

中国国家版本馆 CIP 数据核字(2023)第 152355 号

市政道路沥青路面施工技术
Shizheng Daolu Liqing Lumian Shigong Jishu

许 岩 田小勇 李 芳 主编

策划编辑:周永华	
责任编辑:周江吟	
封面设计:杨小勤	
责任监印:朱 玢	
出版发行:华中科技大学出版社(中国·武汉)	电话:(027)81321913
武汉市东湖新技术开发区华工科技园	邮编:430223
录 排:华中科技大学惠友文印中心	
印 刷:武汉科源印刷设计有限公司	
开 本:710mm×1000mm 1/16	
印 张:17.5	
字 数:315 千字	
版 次:2023 年 9 月第 1 版第 1 次印刷	
定 价:88.00 元	

本书若有印装质量问题,请向出版社营销中心调换
全国免费服务热线:400-6679-118 竭诚为您服务
版权所有 侵权必究

编委会

主　编　许　岩(深圳市交通公用设施建设中心)
　　　　　田小勇(长大市政工程(广东)有限公司)
　　　　　李　芳(昆明市建设服务中心)

副主编　强　波(中交路桥建设有限公司)
　　　　　吴东晴(贵州建工集团第四建筑工程有限责任公司)
　　　　　熊明茂(广西路桥工程集团有限公司市政分公司)
　　　　　董志勇(武汉综合交通研究院有限公司)

编　委　常　琰(广东省高州市建筑工程总公司)
　　　　　贺　超(中交四航局第四工程有限公司)
　　　　　梁燕明(广东省高州市建筑工程总公司)
　　　　　雷　昌(深圳市路桥建设集团有限公司)
　　　　　杨祥辉(通道侗族自治县财政局)
　　　　　钟丽萍(广州帛铎工程技术咨询有限公司)

前　言

随着城市化进程不断加快,我国交通运输行业蓬勃发展,市政道路作为增强城市通达性、提高人民满意度的重要工程,建设力度在不断加强,市政道路工程规模和数量呈现扩大和增长趋势,人们也对市政道路工程施工质量提出了更高的要求。而市政道路大多为城市主干道和"毛细血管"般的内部道路,使用频次较多,排水难度较大,所以沥青材料被越来越多地用作市政道路铺设材料。

沥青路面施工作为市政道路施工中重要且基础的环节,在实际施工过程中容易受到不同方面因素的干扰,不仅影响施工技术的成效,而且会引发诸多施工问题。通过分析市政道路施工中沥青路面的具体施工技术,可以进一步提高施工过程的科学性、合理性,在耗能相当的情况下,尽可能地保证工程质量,加快工程进度。

在实际施工过程中,施工单位需要及时解决施工问题,及时调整施工方案,保证沥青路面施工技术得到充分发挥,避免给市政道路工程埋下安全隐患,更好地保证工程整体质量。此外,要求所有施工人员掌握沥青路面施工技术,熟知施工问题及产生根源,以采取有效措施保证施工技术质量,满足市政道路工程的建设要求,打造安全、可靠的出行环境,进一步提升市政道路工程的经济效益和社会效益。

本书共 8 章,涵盖了绪论、市政工程沥青路面结构组合设计、路基施工技术、沥青混合料配合比设计、沥青路面施工准备、沥青路面施工、市政道路沥青路面养护、3D 摊铺技术在沥青路面施工中的应用,是编者对长期实践经验的总结和提炼。

本书专业覆盖广、内容全面丰富、结构清晰严谨,同时重视理论联系实践,对市政道路沥青路面的施工流程进行了深入的探讨,并结合具体案例分析了不同沥青类路面的施工技术,适合从事市政道路沥青路面施工的广大专业技术人员阅读和借鉴。

本书在编写过程中参考了许多同行的著作,在此一并表示诚挚的感谢。限于编者的水平,书中尚有不足之处,热忱希望读者提出宝贵意见。

目 录

第1章 绪论 (1)
1.1 沥青路面概况 (1)
1.2 市政道路沥青路面施工技术应用现状及发展趋势 (19)

第2章 市政工程沥青路面结构组合设计 (22)
2.1 沥青路面应力分析 (22)
2.2 沥青路面结构组成 (23)
2.3 沥青路面结构组合设计 (27)

第3章 路基施工技术 (37)
3.1 路基施工概述 (37)
3.2 施工准备工作 (39)
3.3 路堑开挖施工 (42)
3.4 填方路堤施工 (44)
3.5 路基压实 (55)

第4章 沥青混合料配合比设计 (66)
4.1 沥青混合料配合比设计阶段 (66)
4.2 沥青混合料配合比设计方法 (68)
4.3 热拌沥青混合料配合比设计 (72)
4.4 SMA混合料配合比设计 (78)
4.5 OGFC沥青混合料配合比设计 (83)

第5章 沥青路面施工准备 (86)
5.1 施工准备工作概述 (86)
5.2 沥青路面施工机械 (93)
5.3 沥青混合料拌和厂(场、站)设置 (96)
5.4 沥青路面试验路段铺筑 (97)

第6章 沥青路面施工 (99)
6.1 沥青路面透层、黏层、封层施工技术 (99)
6.2 热拌沥青混合料施工技术 (105)

6.3 沥青玛琋脂碎石 SMA 混合料施工技术 …………………… (132)
6.4 改性沥青混合料施工技术 ………………………………… (143)
6.5 沥青贯入式路面施工技术 ………………………………… (151)
6.6 沥青表面处治施工技术 …………………………………… (155)
6.7 其他沥青路面施工技术 …………………………………… (159)
6.8 市政工程沥青路面施工技术案例分析 …………………… (162)

第 7 章 市政道路沥青路面养护 …………………………………… (167)
7.1 沥青路面养护 ……………………………………………… (167)
7.2 沥青路面常见病害及成因 ………………………………… (172)
7.3 沥青路面病害的处理维修 ………………………………… (194)
7.4 沥青路面预防性养护技术与决策 ………………………… (223)
7.5 沥青路面养护新技术 ……………………………………… (239)

第 8 章 3D 摊铺技术在沥青路面施工中的应用 ………………… (255)
8.1 3D 摊铺技术概述 ………………………………………… (255)
8.2 沥青路面 3D 摊铺技术应用分析 ………………………… (259)
8.3 基于 3D 摊铺技术的沥青路面施工 ……………………… (261)

参考文献 ………………………………………………………………… (267)
后记 ……………………………………………………………………… (272)

第1章 绪　　论

1.1 沥青路面概况

沥青路面是指在矿质材料中掺入路用沥青材料铺筑的各种类型的路面。沥青材料提高了铺路用粒料抵抗行车和自然因素对路面损害的能力,使路面平整、少尘、不透水、经久耐用。因此,沥青路面是被广泛采用的高级路面。

1.1.1 沥青路面的基本类型

1. 沥青混合料分类

沥青混合料可按结合料种类、矿料级配类型、矿料级配组成及空隙率大小、矿料公称最大粒径、制造工艺、混合料的结构组成特点等划分。

(1) 按结合料种类划分。

按结合料种类,沥青混合料可分为石油沥青混合料和煤沥青混合料。其中,石油沥青混合料又包括黏稠石油沥青混合料、乳化石油沥青混合料及液体石油沥青混合料。

(2) 按矿料级配类型划分。

按矿料级配类型,沥青混合料可分为连续级配沥青混合料和间断级配沥青混合料。

连续级配沥青混合料是指沥青混合料中的矿料按连续级配原则设计,即包括从大到小的各级粒径,按比例相互搭配组成的混合料。间断级配沥青混合料是指连续级配沥青混合料矿料中缺少一个或几个档次粒径的沥青混合料。

(3) 按矿料级配组成及空隙率大小划分。

按矿料级配组成及空隙率大小划分,沥青混合料可分为密级配沥青混合料、半开级配沥青混合料和开级配沥青混合料。

①密级配沥青混合料:按连续密级配原则设计组成的沥青混合料。按马歇

尔试验的技术标准,其设计空隙率为3%~6%,但交通情况、气候情况及层位不同时,可做适当调整,可分为密级配沥青(asphalt concrete,AC)混合料和密级配沥青稳定碎石(asphalt-treated base,ATB)混合料。按关键性筛孔通过率的不同,密级配沥青混合料又可分为细型密级配沥青混合料和粗型密级配沥青混合料等。沥青玛琋脂碎石(stone mastic asphalt,SMA)混合料也属于密级配沥青混合料,其设计空隙率为3%~4%。

②半开级配沥青混合料:由适当比例的粗集料、细集料及少量填料(或不加填料)与沥青结合料拌和而成。经马歇尔试验击实成型的试件,其设计空隙率为6%~12%。半开式沥青混合料主要指半开式沥青碎石,以AM(asphalt mixture)表示。

③开级配沥青混合料:矿料级配主要由粗集料嵌挤组成、细集料及填料较少、空隙率为18%的混合料,如开级配抗滑磨耗层(open graded friction course,OGFC)混合料及开级配沥青稳定碎石基层(asphalt-treated permeable base,ATPB)混合料。

(4) 按矿料公称最大粒径划分。

按矿料公称最大粒径,沥青混合料可分为特粗式沥青混合料、粗粒式沥青混合料、中粒式沥青混合料、细粒式沥青混合料、砂粒式沥青混合料。

①特粗式沥青混合料:集料公称最大粒径为37.5 mm的沥青混合料。

②粗粒式沥青混合料:集料公称最大粒径为26.5 mm或31.5 mm的沥青混合料。

③中粒式沥青混合料:集料公称最大粒径为16 mm或19 mm的沥青混合料。

④细粒式沥青混合料:集料公称最大粒径为9.5 mm或13.2 mm的沥青混合料。

⑤砂粒式沥青混合料:集料公称最大粒径为4.75 mm的沥青混合料。

(5) 按制造工艺划分。

按制造工艺,沥青混合料可分为热拌热铺沥青混合料、冷拌沥青混合料、温拌沥青混合料、再生沥青混合料。

①热拌热铺沥青混合料:简称热拌沥青混合料,指沥青与矿料在热态拌和、热态铺筑的沥青混合料。

②冷拌沥青混合料:以乳化沥青或稀释沥青与矿料在常温状态下拌制、铺筑的沥青混合料。

③温拌沥青混合料：一种拌和温度介于热拌沥青混合料(150～180 ℃)和冷拌沥青混合料(常温 10～40 ℃)之间，性能达到或接近热拌沥青混合料的新型混合料。

④再生沥青混合料：指将需翻修或废弃的旧沥青路面翻挖、回收、破碎、筛分，与新再生剂、新集料、新沥青材料等按一定比例重新拌和，形成的具有一定路用性能的再生沥青混合料。目前有冷再生技术和热再生技术。

(6) 按混合料的结构组成特点划分。

沥青混合料是由粗集料、细集料、矿粉与沥青以及外加剂组成的一种复合材料。粗集料分布在沥青与细集料形成的沥青砂中，细集料又分布在沥青与矿粉构成的沥青胶浆中，形成具有一定内摩阻力和黏结力的多级网络结构。因为各组成材料用量比例不同，压实后沥青混合料内部矿料颗粒的分布状态、剩余空隙率也呈现出不同的特征，所以沥青混合料会形成不同的组成结构，而具有不同组成结构特征的沥青混合料在使用时则表现出不同的性能。按照结构组成特点，沥青混合料可分为悬浮密实结构、骨架空隙结构和骨架密实结构。

①悬浮密实结构。在采用连续密级配矿料配制的沥青混合料中，矿料颗粒由大到小连续存在。粒径较大的颗粒被较小的颗粒挤开，不能直接接触形成嵌挤骨架结构，彼此分离，悬浮于较小颗粒和沥青胶浆之间。而较小颗粒与沥青胶浆较为密实，形成了悬浮密实结构。按照连续密级配原则设计的 DAC 型沥青混合料以及我国传统的 AC-I 型沥青混合料是典型的悬浮密实结构。

悬浮密实结构的沥青混合料经压实后，密实度较大，水稳定性、低温抗裂性和耐久性较好，是使用较为广泛的沥青混合料。但这种沥青混合料结构强度受沥青性质及其状态的影响较大，在高温条件下使用时，沥青黏度降低，可能会导致沥青混合料强度和稳定性的下降。

②骨架空隙结构。当采用连续开级配矿料与沥青组成沥青混合料时，较粗的集料颗粒彼此接触，形成互相嵌挤的骨架，但较细的粒料数量较少，不足以充分填充骨架空隙，以致压实后混合料中空隙较大，形成了骨架空隙结构。沥青碎石混合料和开级配抗滑磨耗层混合料是典型的骨架空隙结构。

在形成骨架空隙结构的沥青混合料中，粗集料之间的嵌挤力对沥青混合料的强度和稳定性起着重要作用，结构强度受沥青性质和物理状态的影响较小，因而高温稳定性较好。但压实后的沥青混合料空隙率大，空气和水分等容易进入沥青混合料内部，引发沥青老化或使沥青从集料表面脱落，因此这种结构沥青混合料的耐久性值得关注。

③骨架密实结构。当采用间断型密级配矿料时,沥青混合料中既有足够数量的粗集料形成骨架,又根据粗集料骨架空隙的大小加入了足够的细集料和沥青胶浆填满骨架空隙,形成较大密实度的骨架结构。这种结构兼具上述两种结构的优点,是一种较为理想的结构类型。沥青玛琋脂碎石混合料是典型的骨架密实结构。

2. 沥青路面分类

沥青路面可按沥青面层强度构成原理、施工工艺、面层的使用品质进行分类。

(1) 按沥青面层强度构成原理分类。

沥青路面按沥青面层强度构成原理可分为密实型、嵌挤型和嵌挤密实型3类。

①密实型沥青面层的集料级配按最大密实原则设计,颗粒尺寸连续多样,其强度和稳定性主要取决于沥青混合料的黏聚力和内摩阻力。此类路面的主要特点是空隙率较小(小于10%),沥青混合料致密耐久,但热稳性较差。

②嵌挤型沥青面层要求采用颗粒尺寸较为均一的集料与沥青分层铺筑,或采用开级配(半开级配)沥青碎石混合料铺筑,面层的强度和稳定性主要依靠集料之间相互嵌挤产生的内摩阻力,而黏聚力则起次要作用。此类路面的主要特点是热稳性较好,但因空隙率较大(大于10%),易渗水,因而耐久性较差。

③嵌挤密实型沥青面层的粗集料嵌挤作用较好,设计空隙率较小(小于10%),其强度和稳定性主要取决于沥青混合料的内摩阻力和黏聚力。此类路面的主要特点是沥青混合料致密耐久,热稳性也较好。

(2) 按施工工艺分类。

按施工工艺的不同,沥青路面可分为层铺法、路拌法和厂拌法3类。

①层铺法是指用分层洒布沥青,分层铺撒矿料和碾压的方法修筑而成的沥青路面。其主要优点是工艺和设备简便、工效较高、施工进度快、造价较低,缺点是路面成型期较长,需要经过炎热季节行车碾压之后方能成型。用这种方法修筑的沥青路面有沥青表面处治和沥青贯入式两种。

②路拌法是在路上用机械将矿料和沥青材料就地拌和摊铺、碾压密实而成的沥青路面。此类面层所用的矿料为碎(砾)石,称为路拌沥青碎(砾)石,所用的矿料为土,则称为路拌沥青稳定土。通过就地拌和,沥青材料在矿料中分布比层铺法均匀,可以缩短路面的成型期。但因所用的矿料为冷料,需使用黏稠度较低

的沥青材料,故沥青混合料的强度较低。

③厂拌法是将规定级配的矿料和沥青材料在工厂用专用设备加热拌和,然后送到工地摊铺碾压而成的沥青路面。厂拌法按照沥青混合料铺筑时温度的不同,又可以分为热拌热铺和热拌冷铺两种:热拌热铺是将沥青混合料在专用设备中加热拌和后,立即趁热运到路上摊铺压实的方法;热拌冷铺是将沥青混合料加热拌和后储存一段时间再在常温下运到路上摊铺压实的方法。厂拌法使用沥青材料较黏稠,且矿料经过精选,因而沥青混合料质量高,使用寿命长,但费用也较高。

(3) 按面层的使用品质分类。

沥青路面按面层的使用品质可分为沥青混凝土路面、沥青碎石路面、沥青玛琋脂碎石路面、沥青贯入式路面、沥青表面处治路面等类型。此外,近年来采用的新型路面结构有多碎石沥青混凝土路面、大粒径沥青混凝土路面、开级配抗滑磨耗层路面等。

①沥青混凝土路面。

沥青混凝土路面是指按级配原理选配的矿料与适量的沥青在严格控制条件下均匀拌和,经摊铺压实而成型的沥青路面。

沥青混凝土是按密级配原理严格配制的混合料。它含有较多的细料,特别是一定数量的矿粉,使矿料同沥青相互作用的表面积大大增加,因而混合料的黏聚力增强。但黏聚力受温度影响大,如配料不当,特别是沥青用量过多,热稳性就较差,抗滑性能也不好。沥青混凝土由于本身的结构强度高,若基层坚实,路面结构合理,则可以承受繁重交通。又因其空隙率小,受水和空气等的侵蚀作用小,故耐久性好,使用寿命长。

沥青混凝土路面适用于各级公路,设计时可按不同等级的公路选用不同厚度的沥青面层。

②沥青碎石路面。

沥青碎石路面是指由一定级配的集料与适量的沥青在要求的控制条件下均匀拌和,经摊铺压实而成型的沥青路面。

沥青碎石路面的空隙率较大(大于10%),且混合料中仅有少量的矿粉或没有矿粉。其强度以石料间的嵌挤为主,黏结为辅。沥青碎石与沥青混凝土的主要区别在于是否添加矿粉填料及矿料级配比例是否严格,其实质是混合料的空隙率不同。沥青碎石路面的热稳性较好,但其空隙较大,易渗水,因而耐久性较差。

沥青碎石路面适用于三、四级公路。沥青碎石还适宜用于中等交通及以上公路沥青混凝土路面的基层、底基层和改建工程的调平层。

③沥青玛琋脂碎石路面。

沥青玛琋脂碎石路面是指用沥青玛琋脂碎石混合料做面层或抗滑层的沥青路面。沥青玛琋脂碎石混合料是一种以沥青、矿粉及纤维稳定剂组成的沥青玛琋脂结合料,填充于间断级配的矿料骨架中所形成的沥青混合料。结构组成可概括为"三多一少",即粗集料多、矿粉多、沥青多、细集料少。由于粗集料良好的嵌挤作用,混合料有非常好的高温抗车辙能力。同时,由于沥青玛琋脂良好的黏结作用,混合料的低温变形性能和水稳定性也有较大的改善。添加纤维稳定剂,可使沥青混合料保持高黏度,其摊铺和压实效果较好。间断级配在混合料表面形成大空隙,构造深度大,抗滑性能好。同时,混合料的空隙率很小,耐老化性及耐久性都很好,从而全面提高了沥青混合料的路面性能。

④沥青贯入式路面。

沥青贯入式路面是在初步压实的碎石层上,分层浇洒沥青、撒布嵌缝料,再在上部铺筑热拌沥青混合料封层,经压实而成的沥青路面。

沥青贯入式结构层是一种多孔结构。它的强度主要依靠碎石之间的嵌挤锁结作用,沥青只起黏结碎石的作用,故温度稳定性较好,抗滑性能也好。其厚度宜为 40~80 mm。为了防止路面水的浸入,沥青贯入式路面应设置封层(封层可分为上封层和下封层,厚度约 10 mm,封层材料可选用单层式沥青表面处治或沥青砂)。沥青贯入式路面施工较简便,不需要复杂的机具,但对碎石材料的要求较高,沥青用量也不易控制,并且施工质量同操作者的技术水平和经验有很大关系。

下部采用层铺法施工,上部铺筑热拌沥青混合料封层形成的沥青路面也称为上拌下贯沥青路面,其总厚度宜为 70~100 mm,其中拌和层的厚度宜为 25~40 mm,属于贯入式结构层,但综合了贯入式和热拌沥青混合料的施工特点,具有成型快、质量易控制、平整度较好等优点。

沥青贯入式路面适用于三、四级公路。沥青贯入式结构层还适宜做中、重等交通公路沥青混凝土路面的基层、底基层和改建工程的调平层。

⑤沥青表面处治路面。

沥青表面处治路面是指用沥青和集料按层铺法铺筑而成的厚度不超过 30 mm 的沥青面层。当采用乳化沥青为结合料时,称为乳化沥青表面处治路面。

沥青表面处治结构层按层铺的次数及厚度可分为单层式(厚度 10~15 mm)、双层式(厚度 15~25 mm)、三层式(厚度 25~30 mm)。

沥青表面处治结构层按嵌锁原则修筑而成。它的主要作用是抵抗车轮磨耗,增强抗滑和防水能力,提高平整度,改善路面的行车条件。为了保证石料间有良好的锁结作用,同一层石料的颗粒尺寸要均匀。为防止石料松散,所用沥青必须有足够的稠度。层铺法表面处治在施工完毕后,需经过行车,特别是夏季行车的作用,使石料取得最稳定的嵌紧位置,并同沥青黏结牢固。这一过程称为成型期。由于成型期较长,加之质量不易保证,层铺法表面处治应注意初期养护。

沥青表面处治路面适用于三、四级公路和各级施工便道。

⑥多碎石沥青混凝土路面。

多碎石沥青混合料是采用较多的粗碎石形成骨架,沥青胶砂填充骨架中的空隙并使骨架胶合在一起而形成的沥青混合料。其具体组成为粗集料69%~78%,矿粉6%~10%,油石比5%左右。实践证明,多碎石沥青混凝土路面既能提供较深的表面构造,又具有较小的空隙率和透水性,同时还具有较好的抗形变能力和较大的表面构造深度。

⑦大粒径沥青混凝土路面。

通常所说的大粒径沥青混合料一般是指含有最大粒径为25~63 mm的矿料的热拌热铺沥青混合料。该类混合料是为重交通荷载而开发的,粗集料嵌锁成骨架,细集料填充空隙而构成密实型或骨架空隙型结构,以抵抗较大的永久变形,适于作为柔性基层。在保证必需的铺筑厚度和压实的前提下,应当尽可能减小细集料表面层厚度,以便最大限度地发挥大粒径沥青混合料的能力。大粒径沥青混合料的铺筑厚度一般为矿料粒径的2.5倍,或者为公称最大粒径的3倍。当集料的最大粒径为38 mm时,路面厚度通常为96~100 mm;当集料的最大粒径为53 mm时,路面厚度通常为110~130 mm。

⑧开级配抗滑磨耗层路面。

开级配抗滑磨耗层路面是指用大空隙的沥青混合料铺筑,能迅速从其内部排除路面雨水,具有抗滑、抗车辙及降低噪声等性能的沥青路面。其设计空隙率大于18%,具有较强的结构排水能力,适于作为多雨地区修筑沥青路面的表层或磨耗层。

3. 路面结构分层与技术要求

行车荷载和自然因素对路面的影响随路基深度的增加而逐渐减弱。因此,对路面材料的强度、抗变形能力和稳定性的要求也随路基深度的增加而逐渐降低。为了充分利用当地材料、降低造价及满足路面的使用要求,按照路面功能、受力状况、土基支承条件和自然因素的影响程度,路面结构可分为若干层次:面层、基层、底基层和垫层。

(1) 面层。

面层是直接承受车轮荷载反复作用和自然因素影响的结构层。它承受较大的行车荷载的垂直力、水平力和冲击力的作用,同时还受到降水的侵蚀和气温变化的影响。因此,为了给汽车运输提供安全、快速、舒适的行车条件,沥青面层应具有坚实、平整、抗滑、耐久的品质,同时还应具有高温抗车辙、低温抗开裂、抗水损害以及防止雨水渗入基层的功能。沥青面层可以分为单层、双层或三层。双层结构分为表面层、下面层;三层结构分为表面层、中面层、下面层。设计时,应根据公路等级与使用要求、气候特点、交通条件、结构层功能等因素,结合沥青层厚度和当地实践经验,合理地选择各结构层的沥青混合料类型,但在各沥青层中应至少有一层为密级配沥青混合料。抗滑面层宜选用 SMA,有条件时可用 OGFC。热拌沥青混合料面层应根据公路等级、交通组成、交通量、气候条件、路面结构类型等实际情况选用层厚。

①沥青面层常用材料。

沥青面层可用的沥青混合料类型有密级配沥青混凝土、SMA 和 OGFC 等。

密级配沥青混凝土混合料适用于各级公路沥青面层的任何层次。密级配沥青混凝土分为粗型和细型。粗级配是以粗集料为主,具有表面粗糙、构造深度较大、抗车辙性能较好等特点,适用于多雨炎热、交通量较大地区的表面层,中、下面层也可以采用,以提高抗车辙能力。细级配因细料较多,施工和易性较好,水稳定性、低温抗裂性及抗疲劳性能等较好。其表面致密,构造深度小,可以用于抗疲劳结构层或干旱少雨、交通量较小、气候严寒地区的公路。

SMA 是指由改性沥青、矿粉纤维及少量细集料组成的玛琋脂填充间断级配的粗集料碎石骨架间隙而形成的一种混合料,或者说是由沥青玛琋脂和互相嵌挤的粗集料骨架两部分组成的。由于其采用了优质材料和间断级配,虽初期投资较大,但混合料的使用性能全面提高,除了具有较高的高温抗车辙能力,同时还兼具良好的低温抗裂性能、疲劳耐久性和表面功能,是沥青路面面层的首选材料。SMA 适用于铺筑新建公路的表面层、中面层或旧路面加铺磨耗层。

OGFC 混合料是一种间断开级配沥青混合料,设计空隙率为 20% 左右,一般用于旧路面罩面或新设计的路面表层。为了保证 OGFC 混合料矿料之间的黏结性、抗老化性,一般要求采用高黏度的改性沥青,因此 OGFC 混合料具有很大的黏结力和内摩擦力以及显著的高温抗车辙能力。高速行车、多雨潮湿、不易被尘土污染、非冰冻地区适宜铺筑 OGFC。

热拌沥青碎石适用于二级及二级以下公路的面层、柔性路面的上基层以及调平层。乳化沥青碎石混合料适用于三、四级公路的沥青面层，二级公路养护罩面以及各级公路的调平层。沥青贯入式碎石（含上拌下贯式）适用于二级及二级以下公路的沥青面层。沥青表面处治适用于三、四级公路的面层，旧沥青面层上加铺罩面或抗滑层、磨耗层等。

②沥青面层结构设计。

表面层是与气候环境和行车荷载直接接触的结构层，要求平整、密实、抗滑、耐磨、抗车辙、抗老化等。对于路线平纵线形不良路段，宜选用 ACC、SMA 等；对于气候炎热、多雨潮湿地区，也可选用 OGFC。且沥青混合料的级配公称最大粒径与沥青层的厚度相匹配，常用的公称最大粒径为 13 mm 或 16 mm。中、下面层承受从表面层传递下来的荷载，车辆荷载的剪应力在距路面 4～6 cm 处达到最大值，且此范围内的路面温度高，所以中、下面层应具有良好的高温抗车辙能力。

此外，与基层模量相差较大的下面层还需要具有良好的抗疲劳开裂能力。中面层可选用粗型密级配、SMA 高性能沥青混凝土等级配类型的混合料，如 SMA 20、AC-20C、SUP 19（superior performing asphalt pavement，缩写为 SUP，高性能沥青路面）等。对于采用多孔沥青混合料的路面而言，尽管下卧层采用的密级配沥青混凝土可以起到较好的防水作用，但毕竟还存在一定的空隙。当雨水渗入表层后，大部分通过表层内部的连通空隙排向路面边缘，但仍有部分会继续向下渗透，因此，必须在排水表层下做防水层，防止雨水下渗。为了保证下卧层的密水性，下卧层的压实度必须达到现行规范中对压实度的要求，平整度也要满足施工检测要求。因为大空隙率沥青混合料表面层与下层的接触面积比一般沥青混凝土小，所以必须设置防水黏结层以增强层间的黏结力，以兼顾防水与黏结的作用。我国通常用 SBS 改性乳化沥青，日本采用橡胶改性乳化沥青。

(2) 基层、底基层。

基层设置在面层之下，并与面层一起将车轮荷载的作用传递到底基层、垫层、土基。基层是沥青路面结构中的主要承重层。它应具有足够的强度和刚度，并应具有良好的扩散应力的能力。基层受大气因素的影响虽然比面层小，但是仍然有可能受地下水和通过面层渗入雨水的浸湿，所以基层结构应具有足够的水稳性。在冰冻地区，基层结构还应具有一定的抗冻性。高级路面下的半刚性基层应具有较小的收缩（温缩及干缩）变形和较强的抗冲刷能力。同时为了保证面层的平整度,基层也要求具有足够的平整度。底基层设置在基层之下,并与面层、基层一起承受车轮荷载的反复作用,起次要承重作用。基层、底基层视公路等级或交通量的需要可设置一层或两层。当基层或底基层较厚,需分两层施工时,可分别称为上基层、下基层,或上底基层、下底基层。

①基层、底基层材料。

基层、底基层按照材料的力学特性可分为半刚性类、柔性类、刚性类;按照结合料种类可分为结合料稳定类和无结合料类,其中,结合料稳定类又可分为有机结合料稳定类和无机结合料稳定类;按混合料结构状态可分为骨架密实型、骨架空隙型、悬浮密实型和均匀密实型。

a. 半刚性基层、底基层常用材料。

半刚性基层、底基层常用材料有水泥稳定类、二灰(石灰、粉煤灰)稳定类、石灰稳定类。

半刚性材料的优点是刚度大、板体性强、承载能力高、造价低,是目前我国沥青路面的主要基层形式;缺点是容易收缩开裂、表面致密、与沥青面层的接触条件差等。水泥稳定类、二灰稳定类材料适用于各级公路的基层、底基层,石灰稳定类材料适用于各级公路的底基层以及三、四级公路的基层。

b. 柔性基层常用材料。

柔性基层多采用沥青稳定粒料类材料、级配碎石等修筑。

柔性基层的优点是不会产生反射裂缝,耐冲刷,寿命长;缺点是面层承受拉应力,有可能导致面层的疲劳破坏,柔性材料模量较低,会产生永久变形,且造价较高。

级配碎石常用几种粒径不同的碎石和石屑掺配而成,适用于各级公路的基层和底基层。级配碎石的质量关键在于矿料的质量及其级配,尤其是级配,各国规范的级配范围较宽,在建议范围内可形成不同的混合料,如悬浮密实型、骨架密实型、骨架空隙型等,同时还有不同的级配原则,如连续级配、间断级配等,这就为就地取材的设计原则拓宽了空间。

有关试验研究表明:不同成型方法得到的级配碎石具有不同的 CBR(California bearing ratio,加州承载比)值和回弹模量。交通量较大的公路宜用骨架密实型级配。沥青稳定碎石混合料基层分为 3 类:密级配沥青稳定碎石基层,设计空隙率为 3%~6%;开级配沥青稳定碎石基层,设计空隙率大于 18%;半开级配沥青稳定碎石基层,设计空隙率为 6%~12%。

沥青稳定碎石基层是在级配碎石基础上发展起来的,是用适量的沥青使级配碎石稳定后用于沥青路面的基层,采用连续密级配,属于悬浮密实结构。与半刚性基层相比,沥青稳定碎石基层刚度相对较小,具有较高的抗剪强度、抗弯拉强度和较好的耐疲劳性能,不易产生收缩开裂和水损害;与传统的用于面层的沥青混凝土相比,粒径偏大,级配偏粗,沥青用量偏少,对原材料的要求相对于面层较低;与沥青碎石相比,有较多的细集料和填料,对级配和原材料要求相对较高。

排水式沥青稳定碎石基层是采用开级配的沥青稳定碎石基层,属于骨架空隙结构,空隙率大,主要用于沥青路面内部的排水。其主要特点为:粗集料所占比例较多,彼此紧密相接,细集料的数量较少或没有,不足以填充大颗粒之间的空隙,石料充分形成骨架,空隙率较大,渗透系数较高,混合料的强度主要依靠粗骨料之间的内摩阻力。

由于排水基层的主要功能是排除低水头压力的路面内部自由水,往往在排水后一段时间内有持水现象,材料在水的浸泡及车辆的外力作用下可能发生沥青的剥落现象,从而影响渗透性能和抗变形性能;另外排水路面的寿命往往比较长,排水材料需长期保持稳定结构,沥青必须具有较好的抗老化性能。因此,为了防止沥青的剥落和提高沥青的抗老化性能,必须使用较好的沥青。国外普遍使用改性沥青来增加混合料的强度。

c. 刚性基层常用材料。

刚性基层常用材料有贫混凝土、碾压式混凝土、水泥混凝土等。

刚性基层与其他基层相比,具有较高的强度、刚度,较好的整体性、稳定性以及抗冲刷性能。多孔透水混凝土还兼有内部排水功能,可用于重载交通的路面基层。贫混凝土是由粗细级配集料与一定水泥(集料用量的6%~10%)和水拌和而成的一种混凝土,有时也称经济混凝土。按空隙率不同,贫混凝土可分为密实贫混凝土和多孔贫混凝土。其中,多孔贫混凝土的空隙率较大,一般为20%~30%,有利于排水,可作为排水基层或排水垫层。按照施工工艺不同,贫混凝土可分为碾压贫混凝土、振捣贫混凝土和滑模贫混凝土。与水泥稳定粒料、二灰稳定粒料等常用半刚性基层材料相比,贫混凝土具有较高的强度、刚度和整体性,良好的抗冲刷、抗冻和抗疲劳性能。强度高(2~4 MPa)、模量大(8000~20000 MPa)的贫混凝土基层能为沥青路面提供更高的承载能力和更长的疲劳寿命。

水泥混凝土早就以面层的形式出现在路面结构中。它能承受行车荷载的作用和环境因素的影响,具备优良的弯拉强度、疲劳强度、抗压强度和耐久性。采用水泥混凝土基层的沥青路面,由于水泥混凝土的高板体强度提高了整个沥青路面结构的整体性,路面将更能承受重载交通的作用;同时可以显著改善平整度,有利于加快行车的速度,增强行车的舒适性和安全性;更重要的是处于基层的水泥混凝土温度梯度较小,温度应力远小于面层水泥混凝土,温度翘曲应力大幅度减小;另外,抗疲劳性能优异的水泥混凝土更适合作为耐久性沥青路面的刚性基层。

连续配筋混凝土(continuously reinforced concrete,CRC)常用于纵横向配置连续钢筋的混凝土路面。连续配筋混凝土路面结构整体抗弯拉强度高。由于混凝土中钢筋的存在,路面裂缝不宽。裂缝一般不能穿过钢筋层发展成上下贯穿的通缝,也不会延伸到钢筋表面。路面结构钢筋不会受到锈蚀,因此路面使用寿命会延长且使用性能不会改变。由于基层底部的疲劳裂缝很难传递到基层顶部,而且基层的温缩和干缩裂缝也很窄,CRC 基层顶部的裂缝较少,即使有也很窄(小于 0.5 mm)。这样的裂缝很难对沥青面层构成威胁,沥青路面即使不采取防裂措施也不会出现反射裂缝。

②基层、底基层设计。

基层、底基层结构设计应贯彻就地取材的原则,认真做好当地材料的调查,根据不同公路等级和交通量对基层、底基层的技术要求,选择技术可靠、经济合理的基层、底基层结构。

a. 级配碎石基层。

级配碎石基层是世界各国普遍采用的基层类型之一,采用具有一定厚度和严格级配要求的优质级配碎石作为上基层,而半刚性材料作为下基层。这种上柔下刚的倒装结构,使上、下基层优势互补,既充分发挥半刚性基层沥青路面强度较高的优点,又能克服其缺点,能在很大程度上减少半刚性基层的反射裂缝。但是,单一的级配碎石基层整体强度不足,抵抗变形能力差,在重复荷载作用下易产生塑性变形积累。为达到较高的压实度,应采用重型压实标准。然而当其厚度较大时,即使达到较高压实度,其在重复荷载作用下也会产生较大的残余变形。

级配碎石的用途很多,既可用在沥青面层与半刚性基层之间,作为应力消散层;又可用在轻交通道路薄沥青面层下,作为主要承重层(此时厚度较厚);还可用在中、重交通道路厚沥青面层下,作为基层或用在一定厚度的沥青稳定碎石下,作为底基层。采用级配碎石作为基层或过渡层时,应先修试验路段,着重控制材料规格、施工工艺和工程质量,并总结经验,不能盲目推广,尤其在交通量大、重车多的公路上应慎重采用。

b. 沥青稳定碎石基层。

沥青路面的优越性主要体现在:由于面层和基层材料结构的相似性,路面结构受力、变形更为协调;设计优良的沥青稳定基层混合料能保证一定的空隙率,使水分顺畅地通过基层排除,不会滞留在路面结构中造成路面的水稳性破坏;沥青混合料对于水分的变化不敏感,受水和冰冻影响较小,不会因为干缩裂缝而导致面层出现反射裂缝。沥青稳定碎石基层是世界各国常用的基层形式。沥青稳定碎石基层同沥青面层共同形成全厚式沥青面层;沥青稳定碎石基层与半刚性基层共同形成组合式基层。沥青稳定碎石设置在沥青面层与半刚性基层之间,作为过渡黏结层,具有以下作用:可以减小面层、基层模量梯度,从而减小拉应力;可以消除沥青面层与半刚性基层直接接触带来的副作用,如反射裂缝、表面易积水、层间结合不佳等;可以进一步扩散路面应力。

在20世纪60年代以前,美国和英国等国家就进行了沥青路面的足尺试验研究,比较了不同类型基层对沥青路面性能的影响。研究的基层类型包括碾压沥青混凝土基层、开级配沥青碎石基层、贫混凝土基层、级配碎石基层等,结果发现沥青混凝土基层的路用性能最好,开级配沥青碎石基层要差一些。20世纪60年代,英国铺筑了几条试验路,分别采用贫混凝土基层、水泥稳定土基层、渣油碎石基层和沥青稳定碎石基层。多年对试验路的变形和开裂观测以及各项试验研究结果表明,沥青稳定碎石基层表现出较其他类型基层更好的使用性能和经济效益。因此,沥青稳定碎石基层成为英国使用最为广泛的基层类型。

c. ATPB 排水基层。

ATPB 作为一种改善半刚性基层沥青路面结构行为的功能结构,具有以下诸多优势:大空隙沥青稳定碎石具有大的空隙率,水能在荷载动力作用下或者无动力条件下,在混合料的有效空隙中自由流动,使路面上层渗下来的水能及时排除;沥青稳定碎石排水基层中沥青混合料的多空隙结构,可有效地阻断裂缝尖端的扩展路径,削弱拉应力、拉应变的传递能力,并且能消散、吸收由交通荷载及环境温度变化所产生的荷载应力和温度应力;沥青稳定碎石透水基层收缩系数较小,其多空隙结构具有较大的塑性变形能力,可充分吸收半刚性基层释放的应变能,减小应力集中现象,从而延缓反射裂缝向上扩展的速度和防止反射裂缝的产生,具有很好的抗裂特性;由于面层和基层材料结构的相似性,路面结构受力、变形更为协调,具有一定的自愈合特性,如果沥青混合料发生开裂且裂缝不大,沥青混合料可以缓慢愈合。

但是在使用 ATPB 排水基层时,仍需充分考虑水分对路面结构的不利影响,应设相应的配套设施。采用改性乳化沥青石屑封层或稀浆封层作为下封层防止水分的下渗;采用透水性材料做基层,使渗入路面结构的水分先通过竖向渗流进入排水层,然后通过横向径流进入纵向集水沟和排水管,再由横向出水管自路基排除;排水层也可采用横穿整个路基宽度的形式。不设纵向集水沟和排水管以及横向出水管,渗入排水层内的自由水通过横向径流直接排到路基宽度之外。

d. 刚性基层。

刚性基层适用于重交通、特重交通及运煤、矿石、建筑材料等的公路工程。刚性基层的厚度一般为 200～280 mm,最小厚度为 150 mm。贫混凝土有普通贫混凝土和多孔贫混凝土,都具有较高的强度和良好的抗冲刷性能。其中,前者可抵抗水的冲刷,而后者由于具有较多的空隙,可以将进入结构层的水迅速排除而免受冲刷,同样具有良好的抗冲刷性能。因而使用贫混凝土做基层能为沥青路面提供更高的承载能力和更长的疲劳寿命。尽管其初期造价高于一般的半刚性基层,但如计入养护费用,并考虑到使用寿命的不同,这种材料寿命周期费用低于一般的半刚性基层,也低于沥青类基层。

鉴于其优良的路用性能,英国、美国、德国、法国、巴西、澳大利亚和比利时等国家的高速公路路面多采用贫混凝土基层。但贫混凝土和普通混凝土刚性基层与半刚性基层相比会产生更大的干缩和温缩裂缝,在刚性基层的路面结构中应采取防反射裂缝的措施,以保护沥青面层不至于因为基层开裂而反射至沥青面层表面。研究表明,在基层和沥青面层之间铺设大粒径沥青碎石、级配碎石、应力吸收层等中间结构层,都能有效地防止反射裂缝。但各种处理措施在耐久性沥青路面中的适用性尚需进行比较分析。

(3) 垫层。

垫层是设置在底基层与土基之间的结构层。垫层一方面起排水、隔水、防冻、防污等作用,以保证面层和基层的强度、刚度及稳定性不因土基水温变化而造成不良影响;另一方面将基层传下的车辆荷载应力加以扩散,以减少土基产生的应力和变形。

为确保路面结构处于干燥或中湿状态,在下列情况下应设置垫层:①在地下水位高,排水不良,路基经常处于潮湿、过湿状态的路段;②排水不良的土质路堑;③有裂隙水、泉眼等水文条件不良的岩石挖方路段;④可能产生冻胀的季节性冰冻地区的中湿、潮湿路段;⑤基层或底基层可能受污染以及路基软弱的路段。

修筑垫层的材料,强度要求不一定高,但水稳性和隔温性能要好。垫层材料可选用粗砂砾、碎石、煤渣、矿渣等粒料以及水泥或石灰煤渣稳定粗粒土、石灰粉煤灰稳定粗粒土等。当地下水位高,路基处于潮湿、过湿状态,而且粉性土的含量高时,水分在毛细水作用下将自下而上渗入路面结构。为隔断水的通路,应设置防水垫层。材料可采用粗砂、砂砾、矿渣等粗粒材料。另外,在垫层以下宜铺设土工织物反滤层,以防止垫层被污染。为排除通过路基顶面渗入的潜水、泉水和毛细上升水或由路面渗入的水,可设置排水垫层。材料可采用粗砂、砂砾、矿渣等粗粒材料,材料规格、排水能力、与路基路面排水系统的衔接等,要按照路面内部排水系统的要求确定。

同时,垫层上、下可能均需铺设土工织物反滤层。在季节性冰冻地区,当冻深较大,路基土为易冻胀土时,路基土易出现冻胀与翻浆。为避免这种情况,当路面厚度小于最小防冻厚度的要求时,在路基顶面应增加防冻垫层。材料可用隔温性能好、导热系数低的材料,如煤渣、矿渣、石灰煤渣稳定粒料等。对于处于软土地带的潮湿路段,为了防止路基土浸入而污染路面结构,需设置防污垫层,可用土工合成材料与粒料分多层间隔铺筑。

1.1.2 沥青路面的使用性能

概括而言,沥青路面的使用性能是指高温稳定性、低温抗裂性、耐久性、抗滑性、防渗性和平整性。

1. 高温稳定性

沥青路面的强度与刚度随温度升高而显著下降。在高温季节和行车荷载的反复作用下,为了保证沥青路面不致产生诸如波浪、推移、车辙、泛油、黏轮等病害,沥青路面应具有良好的高温稳定性,即在高温时具有足够的强度与刚度。

为了提高沥青路面的高温稳定性,可在混合料中增加粗集料含量;控制剩余空隙率,使粗集料形成空间骨架结构,以提高沥青混合料的内摩阻力;适当地提高沥青材料的稠度,控制沥青与矿粉的比例,严格控制沥青用量,采用活性较高的矿粉,以改善沥青与矿料之间的相互作用,从而提高沥青混合料的黏聚力。此外,在沥青中掺入聚合物改善沥青性能,亦可取得较为满意的结果。

2. 低温抗裂性

裂缝是沥青路面的一种主要破坏形式,且裂缝的出现往往是路面损坏急剧增加的开始。

沥青路面的裂缝可归为两种类型:一种是在交通荷载反复作用下的疲劳开

裂;另一种是由于降温而产生的温度收缩裂缝,或由于半刚性基层开裂而引起的反射裂缝。

沥青路面在高温时变形能力较强,而在低温时变形能力较差。因此不论是哪种裂缝,都以在低温时发生的居多。从低温抗裂性的要求出发,沥青路面在低温时应具有较小的刚度和较强的抗变形能力,且在行车荷载和其他因素的反复作用下不致产生疲劳开裂。

使用稠度较低及温度敏感性低的沥青可提高沥青路面的低温抗裂性能。沥青材料的老化会使其低温抗裂性能降低。故为了提高沥青路面的低温抗裂性能,应选用抗老化能力较强的沥青。在沥青中掺加橡胶类高分子聚合物,对提高沥青路面的低温抗裂性能具有较为明显的效果。在沥青路面结构层中铺设沥青橡胶、土工布或塑料格栅等应力吸收薄膜,对防止沥青路面的低温开裂具有显著的作用。

3. 耐久性

沥青路面应具有抵抗温度、阳光、空气、水等各种大气因素作用的能力,即在这些因素的作用下,沥青路面的性质不致很快恶化。沥青路面如果失去黏性、性质变脆,会在行车荷载和其他因素的作用下发生脆裂,乃至沥青与矿料脱离,使路面松散破坏。

沥青路面的使用寿命与沥青混合料中的沥青含量有很大关系。当沥青用量不足时,则沥青膜变薄,沥青路面的延伸能力降低,脆性增加,且沥青路面的空隙率增大,使沥青膜暴露增多,从而加快了沥青路面的老化。此外,空隙率增大也会使混合料的渗水率增加,从而加剧了水对沥青膜的剥落作用。

4. 抗滑性

现代交通车速不断提高,对路面的抗滑能力也提出了更高的要求。沥青路面应具有足够的抗滑性,以保证在最不利的情况下(当路面潮湿时),车辆能够高速安全行驶,而且在外界因素作用下其抗滑性不致快速降低。沥青路面的粗糙度与矿质集料的微表面性质、混合料的级配组成以及沥青用量等因素有关。为保证沥青路面的粗糙度不致快速降低,应选择硬质、有棱角的石料。沥青用量对抗滑性的影响相当敏感,当沥青用量超过最佳用量0.5%时就会导致抗滑系数明显降低。

5. 防渗性

当沥青路面防渗性较差时,不仅影响路面本身的稳定性,还会影响基层的稳定性。因此,沥青路面必须具有较好的防渗性。这在潮湿多雨地区尤为重要。沥青路面的防渗性主要取决于沥青路面的空隙率。空隙率越大,其防渗性越差。

6. 平整性

平整性主要是指沥青路面的平整度。它直接影响着路面质量和市政道路基本功能的发挥。平整性是一项综合性指标,涉及施工过程各个环节的许多因素,是路基、路面施工各个环节质量的最终体现。

1.1.3 沥青路面的影响因素

世界各国的高等级公路大多采用沥青路面,其原因是它具有下列诸多固有的良好性能:①足够的力学强度,可很好地承受车辆施加到路面上的各种作用力;②一定的弹性和塑性变形能力,可承受荷载而不被破坏;③与汽车轮胎的附着力较好,可保证行车安全;④有高度的减振性,可使汽车快速行驶,平稳而无噪声;⑤不扬尘,容易清扫和冲洗;⑥维修简便,且可再生利用。

使用经验表明,由于选料或施工养护不当,沥青路面常常过早地发生各种变形和损坏,导致其使用期限缩短或维修费用增加。为了提高沥青路面的使用品质和耐久性,必须了解沥青路面的工作条件和特性。

沥青路面通常作为路面的面层,因而承受着各种行车荷载和自然因素的直接作用。

1. 行车荷载

作用于路面上的行车荷载是比较复杂的,从荷载的方向来看,有垂直荷载和水平荷载;就荷载的动力性质而言,有静荷载和动荷载;而就荷载作用的时间和频率而言,不仅有较长时间的荷载,而且有瞬时的多次反复荷载。

行车荷载对路面施加的作用力,大致可分为以下几种:①通过车轮传给路面的垂直压力;②制动、加速、转向以及克服前进中的各种阻力对路面施加的水平力;③路面高低不平、汽车颠簸和汽车机件振动而施加于路面的冲击力和振动力;④车轮后方与路面之间形成暂时的真空而产生的真空吸力。

沥青路面在车轮荷载的反复作用下,塑性变形逐步积累,产生永久变形或车辙,从而使路面平整度降低。这种塑性变形主要发生在高温季节沥青路面的软化时期。

沥青路面在车轮垂直荷载作用下,当基层强度较低时,将产生较大的弯拉应力和弯拉应变,在低温季节,沥青路面变脆,抵抗变形能力变差,在车轮荷载的反复作用下,当应力或应变超过沥青路面的极限荷载或极限应变时,则产生裂缝,这是导致路面破坏的主要原因之一。

行车荷载的水平力作用对沥青面层的力学特性有着重要意义。在垂直力与水平力的综合作用下,沥青面层中将产生较大的剪切应力,在高温季节,路面强度降低,当产生的剪切应力超过其本身的抗剪强度时,沥青路面常发生推移、拥包等。这种现象多发生在急弯、陡坡以及停车站、十字路口等水平力作用较大处。

沥青路面由于刚度较低,对来自荷载的冲击、振动有一定的缓冲与消振能力。铺筑在路面的沥青面层还承受着车轮的磨耗作用。沥青膜包裹了矿料表面,使得沥青路面的耐磨性有所提高。由于沥青路面中的细料被沥青牢固地黏结在一起,在真空吸力作用下不会导致扬尘。

2. 自然因素

各种自然因素对沥青路面的物理、力学性质有直接的影响,尤其是温度和水这两个因素对沥青路面具有极其重要的影响。

在低温、短时间荷载作用下,沥青路面接近于弹性体;随着温度升高,特别是荷载时间的增加,或荷载重复次数的增加,沥青路面逐渐接近于塑性体。沥青路面的变形则由其黏滞性质决定。当荷载时间较短时,沥青路面的变形基本上是弹性的,但又不像弹性体那样能瞬时恢复,而是受黏滞度的影响逐渐恢复。

水对沥青路面的影响主要表现在:①沥青路面在水的作用下会使沥青与矿料分离,还会将沥青中某些可溶性化合物溶解并冲走,尤其是当水中有易溶盐时会发生乳化作用,从而加剧了溶蚀作用;②沥青路面长时间浸水后,会因含水量增加而发生体积膨胀,导致强度降低。沥青路面受水影响的程度,取决于当地的气候、水文情况、路面的排水能力、路面的渗透性以及沥青路面本身的水稳定性。

此外,在使用过程中,由于阳光、温度、空气等大气因素的作用,沥青中的轻质组分逐渐挥发,并不断发生氧化聚合反应,使沥青中的油分、树脂逐渐减少,沥青质相对增多,且因为沥青质部分转化为沥青炭,致使沥青路面黏塑性降低,路面相继出现干涩、开裂、松散现象,即发生老化。随着老化现象的发展,沥青变脆,沥青路面的抗变形能力降低,在行车荷载和冰冻的作用下,极易产生裂缝,最终形成龟裂而导致路面破坏。沥青路面的老化速度取决于当地气候、沥青路面的层位以及沥青和沥青混合料的性能。在气温较高及日照时间较长的地区,受大气因素作用较为剧烈的表层老化速度最快;沥青中不饱和烃及芳香烃较多时也易发生老化,沥青混合料的空隙率较大时会加速老化。

1.2 市政道路沥青路面施工技术应用现状及发展趋势

1.2.1 市政道路沥青路面施工技术应用现状分析

在沥青路面施工过程中,应采用现代技术措施,提升施工质量,确保工程项目的使用性能。

1. 沥青路面施工前的准备技术

在沥青路面施工之前,需要合理地选择施工材料和施工技术手段,做好施工前的各项技术准备工作,保证后续施工的顺利进行。具体而言,在选择沥青材料的时候,需要按照规定标准选择,保证沥青的质量性能。选择施工机械设备时,也要清楚机械设备的配套性能,看其是否符合施工要求,并对机械设备的计量精度进行监测。根据施工要求选择恰当的技术手段,最大限度发挥技术的优势,保证项目的建设质量。

2. 做好施工阶段的技术应用

沥青路面施工阶段会应用各种施工技术手段。

(1)沥青混凝土混合料的搅拌技术应用。

在沥青路面施工中,沥青的搅拌时间、温度和用量等因素都会影响施工的质量,并且直接关系到沥青路面的平整度和稳定性。因此,相关施工人员必须要控制沥青的搅拌时间和搅拌温度,并选择恰当的搅拌方式,如可以采用连续式或者是间歇式的搅拌方式进行搅拌。搅拌过程中,对矿料和沥青进行加热的时候,必须要严格地控制温度,将温度调整到现行规范规定的范围内。如果温度超标,将会影响集料和沥青的黏结力,并影响沥青混凝土的稳定性,进而威胁路面的质量。而在使用搅拌机进行搅拌的时候,要严格控制搅拌的速度。

(2) 运输技术的应用。

沥青混凝土在配合比完成之后需要输送到施工现场,这时通常采用的是吨位较大的卡车。在将沥青混合料运送到卡车上时,需要调整运料机的位置,避免沥青混合料出现泄漏的情况,并在运输的途中做好防护措施,避免污染混合料。卸载的时候,则需要调整好摊铺机和运料车之间的距离,保证沥青混合料摊铺的均匀性和平整性。

(3) 摊铺施工技术的应用。

在将沥青混合料运送到施工现场之后,则需要进行混合料的摊铺。首先需要将基层上的杂物、积水清理干净,并对所铺设沥青路面的基层进行检查,对于不适合沥青路面施工的地方,要及时找出、正确处理。完成之后,则需要进行施工放样,其准确性直接决定了基准钢线对施工的影响程度。因此在放样中,钢支柱的纵向距离要适宜,不能过大,一般 5~10 m 为宜。摊铺时,要加强监管力度,防止因为施工人员操作不合理而出现摊铺不均匀等质量问题。要保证摊铺机的平稳,防止碰撞和摩擦而导致摊铺机停顿,影响摊铺质量。可以采用平衡梁控制的方法,但是要及时处理平衡梁中的沥青,以免影响整体的摊铺效果。

摊铺完成之后需要进行碾压,进一步确保沥青路面的平整性和密实性。实际施工中,要保证沥青混凝土处于高温状态,并且要迅速完成碾压工作,通常可以采用边摊铺边碾压的方式。对路面进行碾压时需要保证碾压机械以缓慢而均匀的速度前进。

初压应采用轻型钢筒式压路机碾压 1~2 遍。初压后应检查平整度、路拱,必要时应修整。

复压应紧跟初压连续进行。密级配沥青混凝土宜优先采用重型的轮胎压路机进行碾压,碾压到要求的压实度为止。采用三轮钢筒式压路机时,总质量不宜小于 12 t。大型压路机难于碾压的部位,宜采用小型压实工具进行压实。终压宜选用双轮钢筒式压路机,碾压至无明显轮迹为止。

1.2.2 沥青路面施工技术发展趋势

在沥青路面施工的过程中,新技术层出不穷,有效推动了沥青路面施工质量的提升。

1. 泡沫沥青技术的应用

该技术在应用的过程中,主要发挥了泡沫沥青能够增加粒料剪切强度和水稳定性的优势,同时能够节约能源。在实际应用中,仅需要对沥青进行加热,节省了施工时间。该技术在施工过程中受季节以及气候的影响较小,因此得到广泛的应用。国内外的很多单位也在研发泡沫沥青发生装置,以更好地发挥该技术的优势,推动沥青路面施工质量的提升。

2. 温拌沥青技术的发展与应用

温拌沥青混合料的拌和和碾压温度在热拌和冷拌沥青混合料温度之间,又能够很好地保持其性能。在整个施工过程中,有害气体的排放也得到了有效的控制,可谓实现了经济效益和生态效益双赢。温拌沥青技术是今后沥青路面施工技术发展的主要趋势。

第 2 章 市政工程沥青路面结构组合设计

2.1 沥青路面应力分析

2.1.1 沥青路面应力分析理论

关于沥青路面应力分析理论，在历史上先后有弹性半空间体理论和弹性层状体系理论。弹性层状体系只是一种理想的结构模型，因为沥青路面是用沥青材料作为结合料修筑面层与各类基层和垫层所组成的路面结构。弹性层状体系理论较弹性半空间体理论更能反映沥青路面的实际工作状况。沥青路面是层状体系，沥青混合料是一种黏弹性材料，在荷载作用下，其应力-应变关系一般呈非线性特性，变量随应力作用时间而变化，并且在应力卸除后会有不能恢复的残余变形。因此，从力学性质上讲，沥青路面属于非线性的黏弹塑性综合体。但是，考虑到动荷载的特性，如行驶车轮作用的瞬时性，其在路面结构中产生的黏塑性变形比较小，因此可以将路面结构厚度大、强度高的高等级路面结构视为线弹性体，计算时按线弹性层状体系理论分析。

2.1.2 应力状况分析

车辆荷载作用在沥青路面上时，就会有竖直压应力、径向弯拉应力产生；随着温度的变化也会产生弯拉应力或径向压力。在常温下，竖直应力使沥青路面产生的竖直变形一般是黏弹性的，即随着荷载的消失逐渐恢复。沥青路面的竖直变形与基层和土基的竖直变形一起构成路面的整体弯沉。

在高温下，沥青面层软化，在车辆荷载作用下，产生黏弹性变形的同时，常常会产生塑性变形。塑性变形成了沥青路面车辙的一部分，此时也是沥青路面车辙形成的初级阶段。随着车辆的竖直荷载作用，沥青路面的刚度也会加大，拉应力会出现在底部，也随着沥青路面刚度的变大而变大。对于面层，拉应力增大的程度更加急剧。沥青面层的底部最大拉应力一般在荷载面的中轴处。但当面层很厚时,双圆荷载下的底部最大拉应力随层厚的增大而逐渐移向双圆荷载面的对称轴处。

在圆形均布水平荷载作用下,面层内会出现较大的径向拉应力,特别是在荷载边缘处。增加面层的刚度,会导致层内剪应力增大。在竖直荷载作用下,面层内任一水平面的最大径向剪应力一般出现在通过荷载作用面边缘的垂线上,最大值出现在面层的中部。

此外,当路面温度变化时(升温或降温),层间的结合力限制了路面的自由胀缩,因此路面将产生温度应力。特别是在降温过程中,沥青面层由于收缩受到基层的制约而产生拉应力,当该应力超过其自身的抗拉强度时会引起路面开裂。路面开裂在荷载与温差的共同作用下,逐渐向沥青面层扩展,最终形成面层的横向裂缝,该种裂缝称为反射裂缝。

2.2 沥青路面结构组成

沥青路面结构层通常由面层、基层、底基层、垫层组成。

(1) 面层是直接承受车轮荷载反复作用和自然因素影响的结构层。其表面层可根据使用要求设置耐磨的抗滑层或密级配的沥青层,中面层、下面层可根据公路等级、沥青层厚度、气候条件等,选择适当的沥青结构层。

(2) 基层设置在面层之下。车辆荷载通过面层传递到基层,再由底基层传递到垫层。基层是公路的主要承重层,所以基层所选用材料的稳定性好、强度高。按强度原理和技术性能的不同,基层可分为柔性基层和半刚性基层两大类:柔性基层是用各种粒料按嵌锁原理或密实原理构筑的;半刚性基层是用无机结合料稳定地方性材料构筑的。半刚性基层按稳定剂的种类分为水泥稳定类、石灰稳定类和工业废渣稳定类。

(3) 底基层是设置在基层之下,与基层共同承重的结构层。底基层所用材料的强度和稳定性比基层略低。

(4) 垫层是设置在底基层与土基之间的结构层,起排水、隔水、防冻、防污等作用。垫层一般设置在地下水位高、排水不良或有裂隙水等水文不良、路基经常处于潮湿状态的路段。垫层材料可采用粗砂、砂砾、煤渣、矿渣等粒料或无机结合料稳定材料。

2.2.1 沥青路面面层结构

沥青面层是在路基表面上用沥青混合料铺筑的一种层状结构物。沥青面层分为沥青混凝土、热拌沥青碎石、乳化沥青碎石、沥青贯入式、沥青表面处治5种类型。这些分类是与交通量以及公路等级相适应的。沥青面层可分为单层、双层、三层;双层结构分为表面层、下面层;三层结构分为表面层、中面层、下面层。

沥青面层一方面直接承受车轮荷载反复作用,并将荷载传递到基层以下的结构层,另一方面又抵抗自然因素的影响,为汽车运输提供安全、快速、舒适的行车条件,而且还应具有高温抗车辙、低温抗开裂以及防止雨水渗入基层的功能。

表面层应平整密实、抗滑耐磨、稳定耐久,同时应具有高温抗车辙、低温抗裂、抗老化等品质;中面层应具有一定的密水性、抗剥落性,抗剪强度高;下面层应具有良好的抗疲劳裂缝的性能并兼顾其他性能要求。中、下面层对抗滑性能和平整性方面的要求比表面层稍低,但对密实防水和抗剪切变形等方面要求较高。

有特殊使用要求的公路,可根据实际情况选择面层类型。高级公路、一级公路一般选用三层沥青面层结构,沥青的面层常用密实型中粒式或者细粒式沥青混凝土混合料,其一定的空隙率可以防止水害和冻害的发生,同时具有抗裂性好、疲劳强度高、耐久性优越的特点。一般认为密实型中粒式或细粒式沥青混凝土宜用于表面层,空隙率一般为3%~6%,可以防止水害和冻害。对于重交通或特重交通等级路面,当普通混合料不能满足要求时,可采用SMA混合料或改性沥青混合料。

沥青的中面层和下面层对混合料具有很高的要求,其经受着与表面层相同的不利工作环境,对平整性和抗滑性要求相对较低,但对密实防水和抗剪切变形等方面要求较高,通常可以选用密实性中粒和粗粒混合料。

沥青面层的厚度选择也与公路等级有关。从压实的角度来看,沥青最小压实厚度与公称最大粒径值相关。在路面结构组合设计中,沥青面层存在着最小厚度:如果沥青面层太薄,就不能独立地作为一个结构层,这不仅不能满足路面的力学性能要求,也给施工带来不便,影响压实效果;如果沥青面层太厚,则会提高造价,造成资源浪费。因此,在工程中,要根据实际需要进行设计施工。

2.2.2 沥青路面基层结构

沥青路面的基层主要承担向下传递全部荷载、支承面层的重要功能,同时还受到土基水温状况多变而发生地基承载力变化的敏感性的影响,因此基层是承上启下,保证路面结构耐久、稳定的承重结构层。

沥青路面基层结构按照材料与力学特性的不同可以分为柔性基层、半刚性基层和刚性基层等。

(1) 柔性基层。

柔性基层主要采用沥青处治的级配碎石和无结合料的级配碎石修筑基层。通常,沥青碎石适用于中等交通及更高交通等级的柔性基层;而无结合料的级配碎石适用于交通等级较低的,中等交通以下的沥青路面基层。柔性基层与沥青面层一样都属于柔性结构,因此应力、应变传递的协调过渡比较顺利,同时由于结构材料均为有级配的颗粒状材料,排水畅通,不易受水损害。柔性基层的缺点在于基层本身刚度较低,因此沥青面层将承受较多的荷载弯矩,在同样交通荷载作用下,沥青面层应采用较厚的结构层。

(2) 半刚性基层。

半刚性基层是主要采用水泥、石灰或工业废渣等无机结合料,对级配集料做稳定处理的基层结构。半刚性基层对集料的品质要求不是很高,且经过适当养生,结合料硬化之后,整个基层产生板体效应,大大提高了路面结构的整体刚度。半刚性基层沥青路面整体刚度较强,因此沥青面层的厚度可以适当减小。由于半刚性基层承受了荷载弯矩的主要部分,沥青面层由荷载引起的裂缝破坏较少。半刚性基层的主要缺点是本身的收缩裂缝难以避免,如沥青面层没有足够的厚度(通常认为沥青面层厚度小于 20 cm),基层的横向收缩裂缝在使用初期即会反射至沥青面层,形成较多的横向开裂。此外,在多雨地区,半刚性基层直接铺筑在沥青面层下,雨水不易向下渗透,造成沥青路面水损害等病害,因此在选用时应全面权衡利弊。

(3) 刚性基层。

刚性基层采用低强度等级混凝土修筑基层混凝土板,板上铺筑沥青面层。刚性基层沥青路面的基层混凝土板承受了绝大部分车轮荷载,沥青面层的弯拉应力很小,主要考虑表面的功能效应,即满足路面平整性、抗车辙、防水、防渗等要求。刚性基层沥青路面同样存在因基层收缩裂缝向上发展而形成沥青面层横向裂缝等病害的可能性。

基层结构一般较沥青面层厚,通常需要 20~40 cm,甚至更厚。为了节省原材料,降低造价,可将基层分为上基层、下基层(也称为底基层)。虽然都属于基层结构,但是下基层的工作环境较上基层稍好,因此可以采用性能略低的结合料与集料。基层材料以集料为主,应尽量利用当地材料,以降低工程造价。

选择基层类型关系到路面结构的耐久性和长期使用性能,应根据路面结构所承受的交通等级进行比选,同时考虑地基支承的可靠性、当地水温状况、路基排水与路基稳定的可靠程度设计不同方案,比较后择优选定。

在各方面工作条件都十分恶劣的情况下,可以考虑各种基层组合使用。如地基承载力不佳、交通繁重、路基排水不良,可以考虑半刚性基层和柔性基层组合应用,一方面提高结构承载力,减小沥青面层荷载应力,另一方面发挥柔性基层变形协调、利于渗水排水的优势,使路面始终保持良好的工作状态,还可避免横向裂缝反射到面层。对于严重超载的沥青路面,除了采用组合基层,也可以采用配钢筋的混凝土或连续配筋的混凝土板,将其作为基层的沥青路面。

基层结构的厚度主要应满足强度和刚度的设计要求,在厚度设计时应逐层进行验算。除此之外,还应考虑施工实施的可行性和材料规格对厚度的影响。一般情况下,基层的厚度应大于混合料最大粒径的 4 倍,同时还应考虑压实机具的功能,通常取能一次压密的最佳厚度。若基层厚度超过最佳厚度,可分几层摊铺,使每层厚度接近最佳厚度。

2.2.3 沥青路面垫层结构

沥青路面垫层结构位于基层以下,主要用于路基状况不良的路段,以确保路面结构不受路基中滞留的自由水的侵蚀以及冻融的危害。

从垫层设置目的与功能出发,垫层分为防水垫层、排水垫层、防污垫层、防冻垫层。

(1)当路基处于潮湿、过湿状态,土质不良,粉土含量高时,在毛细水作用下,水分将自下而上渗入底基层和基层结构,为隔断地下水源应设置防水垫层。防水垫层应不含粉土、黏土的成分,主要采用粗砂、砂砾、矿渣等粗粒材料铺筑。在防水垫层以下应铺设不透水层(如透水系数低的黏土层及土工织物反滤层),防止自下而上的渗透和污染。

(2)排水垫层的功能主要是排除通过路基顶面渗入的潜水、泉水和毛细上升水。排水垫层的材料规格、排水能力、结构层厚度均应满足路面结构排水设计的规定与要求,通过设计和计算确定。排水垫层与路基路面排水系统的衔接、出口的设置等都应按照设计要求选定。排水垫层以下应设置土工织物反滤层,严防路基土通过地下水进入排水垫层,从而污染结构,降低排水功能。若排水垫层同时也承担着排除地面渗入路面结构的雨水的功能,则排水层与底基层的交界面也应设置反滤层,以防止基层材料的有害成分污染排水层,影响其排水功能。

(3) 对于地处软土地带的潮湿路段,为了防止路基土侵入路面污染结构,可设置防污垫层作为隔离层,以保护路面结构。通常采用土工合成材料与粒料分多层间隔铺筑,即可达到防污的效果。有时将防污垫层设置在防水垫层及排水垫层以下,两种垫层同时使用,可取得良好的效果。

(4) 在季节性冰冻地区,当冻深较大,路基土为易冻胀土时,常常出现冻胀和翻浆。在这种路段应设置防冻垫层,以保护路面结构不受冻胀和翻浆的危害。防冻垫层应采用隔温性能良好、导热系数低的材料,如煤渣、矿渣、石灰煤渣稳定粒料等。在确定防冻垫层厚度时,除了应使路面结构总厚度满足力学强度和弯沉等设计控制指标的要求,还应满足防止冻胀的要求,以确保路基路面在冻深范围内不会出现聚冰带。防冻厚度与路基干湿类型、路基土种类、道路冻深以及路面结构材料的热物理性能有关。

2.2.4　沥青路面层间的结合

沥青路面各结构层之间应结合紧密,不因层间滑动或松散而丧失结构的整体效应。

(1) 面层与基层之间应设置透层沥青或黏层沥青。当采用半刚性基层时,为防止粒料松散和雨水下渗,宜采用单层层铺法表处或稀浆封层进行封闭。当采用水泥混凝土刚性基层时,也应设黏层沥青。

(2) 沥青面层有两层或三层又不能连续摊铺时,则应在铺上层之前彻底清扫下层表面的灰尘、泥土、油污等有可能破坏层间结合的有害物质,然后设黏层沥青。

(3) 透层沥青、黏层沥青、单层层铺法表处下封层、稀浆封层下封层的材料规格和用量,应根据气候特点、施工季节和结构类型的不同,按规范《公路沥青路面施工技术规范》(JTG F40—2004)的要求选定。

2.3　沥青路面结构组合设计

2.3.1　沥青路面结构组合设计原则

为确保沥青混凝土路面在设计年限内,在车辆荷载和各种自然因素的作用下能够取得最佳的经济效益,一定要选择合理的路面结构层次。下面结合多年的工程经验和理论数据,对路面结构组合设计的原则进行总结。

1. 适应行车荷载作用的要求

车辆荷载主要分为垂直力和水平力,同时车轮还会对公路的表面造成一定的磨耗。因此公路面层的抗变形能力和强度一定要满足要求。由于公路从上到下的各层强度和抗变形能力逐渐减小,在组合路面结构时,各结构层应按强度和刚度自上而下递减的顺序安排,充分发挥各个结构层的作用。

在对沥青路面进行设计时,一定要考虑交通量、公路的设计等级和沥青的质量,通过分析这些因素来合理确定沥青路面的厚度。在确定基层或底基层的厚度时,需要考虑所选用材料的力学性能、交通量、施工现场的具体地质情况、所选用的机械设备等因素。沥青路面相邻结构层材料的模量比对路面结构的应力分布有显著影响,是合理确定结构层层数、选定适宜结构层材料的重要考虑因素。

2. 在各种自然因素作用下稳定性好

沥青路面结构层组合设计涉及的一个关键问题是确保沥青路面的水稳性。如果沥青路面修筑在比较潮湿的路段,由于沥青面层不具有透气能力,基层中的水分无法通过面层散发,最终都聚集在基层。若公路基层选用含土量较高的材料,特别是塑性指数大的土,在水分过高的情况下,整体强度水平受到影响,容易出现路面开裂的不良现象。因此,如果拟建公路地段比较潮湿,一定要选择水稳性好的基层材料。如果拟建公路修建在气候干燥或者寒冷的地区,基层材料选用无机结合料稳定土时可能会出现收缩裂缝。直接在基层上铺筑沥青时,公路的沥青面层就会有反射裂缝出现,这对沥青面层的质量有着严重影响。为避免这种情况的发生,需要对面层适当加厚。

3. 考虑各类结构层的特点

路面结构层通常是用密实级配、嵌挤以及由结合料稳定形成板体等方式构成的,所以在设计和施工的过程中,一定要确保结构层的强度和刚度满足规定的要求。施工材料、施工方案、施工工艺、路面结构组合等都是影响结构层构成的重要因素。例如,石片基层上严禁直接铺筑沥青面层,一定要在两层之间铺设一层碎石过渡层。如果没有碎石过渡层,由于片石容易出现松动的现象,松动以后就会有裂缝反射到沥青面层上,沥青面层很容易出现开裂或沉陷的不良状况。这类片石也不能直接铺在软弱的路基上,而应在其间铺粒料层。又如,沥青混凝土或热拌沥青碎石之类的高级面层与粒料基层或稳定土基层之间,应设沥青碎石或设沥青贯入式联结层。为了保证路面结构的整体性和结构层之间应力传递的连续性,应尽量使结构层之间的结合紧密、稳定。

设计沥青路面时,一定要确保面层耐久、基层稳定坚固,结合工程的实际情况选择优良的施工材料,坚持养护方便、施工便利的原则,制订完善、详细的施工方案,采用先进的技术进行施工,确保工程满足经济、合理的要求。

2.3.2 沥青路面结构组合设计方法

1. 设计指标与标准

我国沥青路面结构设计采用双圆垂直均布荷载作用下的多层弹性层状体系理论,以路面弯沉和沥青混凝土层弯拉应力、半刚性及刚性材料基层弯拉应力为设计指标,进行路面结构厚度设计。设计完成后,路面结构的路面弯沉与各结构层的弯拉应力均应满足设计控制指标的极限标准。

设计控制指标是根据路面结构的损坏过程和损坏机理达到的极限状态,从力学响应提出的控制指标。路面结构设计中,结构厚度分布若满足了控制指标的极限标准,就能保证路面结构在设计使用期内正常工作,不致出现破坏的极限状态。

路面结构的破坏状态和机理是极其复杂的,至今还没有完全为人们认识。即使有一些破坏状态已为人们认识,但是要从力学机理的角度,从理论上做出准确的分析并将其列入设计系统,使其成为一项控制指标,也需要漫长的研究过程。目前,弯沉与弯拉应力(或弯拉应变)是各种力学经验法普遍采用的设计控制指标。

路面结构的路面弯沉是表征路面结构在设计标准轴载作用下垂直方向的总位移。弯沉是表征路面结构总体刚度的指标。在荷载作用相同、土基支承相同的条件下,弯沉越小,表明总体刚度越大,抗变形能力与抗压入、抗弯曲能力也越强。弯沉的大小也能表征土基支承的强弱。在炎热的夏季,沥青面层抗高温稳定性也能间接地、相对地由弯沉表征。以弯沉作为设计控制指标的另一个优点是便于直接测量。因此,我国沥青路面设计较长时间都以路面弯沉为设计控制指标。

回弹弯沉大的路面,经受轴载次数不多的重复作用之后,将呈现某种形态的破坏;回弹弯沉小的路面,经受轴载较多次重复作用之后,才呈现这种形态的破坏,即在达到相同程度的破坏时,回弹弯沉的大小同该路面的设计使用寿命(即轴载累计重复作用次数)成反比关系。路面损坏的过程是随着累计轴载次数的增加而逐步发展的。通常可以通过长期观测,建立起累计轴载次数 N 与路面损坏阶段的统计数学模型。不同等级道路所容许出现的破坏阶段特征是不一样的,当路面表面特性(如平整度、抗滑性能、车辙深度等)超出规定的界限,影响安全或行车质量时,即使路面表面破坏尚未达到严重程度,也认为路面已达到极限状态。因此,路面设计使用期内能够承受的与极限状态所对应的路面弯沉与累计轴载次数在该极限破坏阶段达到了平衡。对于等级略低的公路,通常不以路面使用品质为设计使用期末的极限状态,而是以某一种路面结构性能破坏为极限状态,对应的路面弯沉大一些。由此可以确定,在路面结构经受设计使用期累计通行标准轴载次数后,路面状况优于各级公路极限状态时,该路面必须具有的路面弯沉,即设计弯沉 l_d。

用路面弯沉作为设计指标,能够从总体结构与宏观性能方面确保路面结构在设计年限内正常工作。但是,弯沉指标无法表征路面结构内个别结构层的某个指标是否处于破坏极限状态。此外,由于路面实测弯沉随气候环境发生变化,有时候难以确定弯沉与路面结构工作状态的绝对对应关系,因此需要建立第二项设计指标。经过长期观察和研究,国内外工程界普遍认为路面结构在车轮荷载作用之下,某一结构层的水平弯拉应力达到并超过该层材料的抗拉极限强度时,首先在轮载下方产生初始裂缝,随着车轮的反复多次作用,初始裂缝逐步延伸,并在垂直方向扩展,导致路面表面产生各种裂缝,进一步发展成局部范围或大面积的损坏。路面结构在车轮荷载作用下的结构层极限拉应力一般发生在层底。

在车轮荷载作用下,沥青路面各结构层都出现水平向正应力,有的出现压应力,也有的出现拉应力。各个层位水平向正应力的分布也不相同。而且各层位出现极限拉应力的大小、次序、分布状况因轮载的位置、整个路面结构的层位而异。理论计算和大量的实验表明,层位较高的刚性基层和半刚性基层,由于刚性板体结构效应,极限弯拉应力一般出现在刚性基层板或半刚性基层板的底部,初始裂缝首先由此发生,而基层上方的沥青面层不会首先产生初始裂缝。若基层板裂缝进一步发展,形成断裂裂缝,沥青面层随着应力重分布而逐步形成初始裂缝,最后导致沥青面层破坏。对于设置半刚性下基层的路面结构,通常极限状态首先发生在下基层底部并产生初始裂缝,然后裂缝向上发展使得基层拉应力增大而引起基层裂缝,最后扩展到沥青面层。

对于柔性基层沥青路面或组合基层沥青路面,由于柔性基层材料以粒状结构为主,不承担弯拉应力,沥青面层承受较大的轮载弯矩,整个路面结构的极限状态可能首先出现在沥青面层底部并形成初始裂缝,然后裂缝在车轮反复作用下逐步扩展,使沥青面层形成断裂裂缝。因此,对于柔性基层和组合基层的沥青面层,在路面结构设计中必须验算弯拉应力是否超出材料允许的极限标准。

我国《公路沥青路面设计规范》(JTG D50—2017)规定,沥青面层和基层层底拉应力作为沥青路面结构设计的第二项设计控制指标。

沥青路面在车轮反复多次作用下,沥青面层和刚性、半刚性基层的层底拉应力超过极限,形成初始裂缝并逐步扩展至断裂的过程,属于疲劳断裂损伤。大量路面试验、环道试验和小梁疲劳试验表明,承受一次加载断裂的极限弯拉应力与受多次加载后达到同样断裂时所承受的疲劳应力之间的关系,见式(2.1)。

$$\sigma_R = \frac{\sigma_{sp}}{K_s} \tag{2.1}$$

式中:σ_R 为路面结构材料的容许拉应力,即该材料能承受设计年限 N_e 次加载的疲劳弯拉应力,MPa;σ_{sp} 为路面结构材料的极限抗拉强度,MPa,由实验室按标准试验方法测得;K_s 为抗拉强度结构系数。

路面结构设计按两项指标设计结构层厚度,取其中较厚的层厚为最终设计结果,可以同时满足弯沉和弯拉应力两项设计指标的要求。

在沥青路面实际使用过程中,除了以上两种极限状态,引起路面损坏的形式还有很多种,在条件成熟的时候也可以考虑增加与之相应的设计控制指标。如为了控制热稳定性不足而产生的车辙,有的设计方法将车辙永久变形深度作为设计控制指标,也有的设计方法将沥青面层的抗剪极限强度作为设计控制指标以控制路面永久变形,还有的设计方法将低温裂缝的断裂应力或应变作为设计控制指标等。这些在今后的科学研究和设计方法的完善过程中还可以不断地深入探讨。

2. 路面结构厚度设计

(1) 路面结构厚度设计方程与设计参数。

沥青路面结构组合设计的各项工作即结构层材料选型、层位确定。结构层厚度初步选定之后,路面厚度设计验算阶段主要考察拟定的路面结构在经受设计使用期当量标准轴载的反复作用之后,是否能满足两项设计控制指标的要求,即能否满足式(2.2)、式(2.3)的要求。

$$l_s \leqslant l_d \tag{2.2}$$

$$\sigma_m \leqslant \sigma_R \tag{2.3}$$

式中:l_s 为拟定结构的计算路面弯沉,0.01 mm;σ_m 为拟定结构的验算结构层层底拉应力,MPa。

上述两个方程必须同时满足。若有一个方程不能满足,则应重新调整结构层的材料、层位与厚度,直到满足两项设计指标要求为止。

①计算路面弯沉。

路面弯沉(0.01 mm)按式(2.4)~式(2.6)计算。

$$l_s = 1000 \frac{2p\delta}{E_1} \alpha_c F \tag{2.4}$$

$$\alpha_c = f\left(\frac{h_1}{\delta}, \frac{h_2}{\delta}, \cdots, \frac{h_{n-1}}{\delta}; \frac{E_2}{E_1}, \frac{E_3}{E_2}, \cdots, \frac{E_0}{E_{n-1}}\right) \tag{2.5}$$

$$F = 1.63\left(\frac{l_s}{2000\delta}\right)^{0.38}\left(\frac{E_0}{p}\right)^{0.36} \tag{2.6}$$

式中:p 为标准车轴载轮胎接地压力,MPa;δ 为当量圆半径,cm;α_c 为理论弯沉系数;F 为弯沉综合修正系数;E_0 或 E_n 为路基回弹模量,MPa;E_1,E_2,E_{n-1} 为各结构层回弹模量,MPa;h_1,h_2,h_{n-1} 为各结构层厚度,cm。

②计算结构层层底拉应力。

结构层层底拉应力按式(2.7)计算。

$$\sigma_m = p\bar{\sigma}_m \tag{2.7}$$

式中:$\bar{\sigma}_m$ 为理论最大拉应力系数。

括号内的参数为输入数据,可由通用软件计算得到。

结构层的容许拉应力应通过实测其极限拉应力 σ_{sp} 后才能确定。

路面结构层的各项设计参数,包括抗压回弹模量和弯拉极限强度等,原则上都应该在确定原材料之后,配合工程,按规定取样后在实验室内完成测定工作。对于市政道路,所有的设计参数必须通过实验室确定。对于其他等级公路,若部分参数确实无法实际测定,可以参照规范论证选定。下面逐项分述各参数的选定方法。

a.路基回弹模量。

路基回弹模量的取值对路面结构厚度设计有较大的影响,因此必须合理确定路基回弹模量。路基回弹模量与土的性质、密实度、含水量、干湿状态及测试方法密切相关。当前,确定路基回弹模量的常用方法有以下几种。

(a) 现场实测法。现场实测法是在不利季节,采用刚性承载板直接在现场土基上实测路基回弹模量的方法。目前采用的测试方法是按照《公路路基路面现场测试规程》(JTG 3450—2019)的规定,用大型承载板测定 0~0.5 mm(路基软弱时测至 1 mm)的变形压力曲线,按式(2.8)计算。

$$E_{0b} = 1000 \frac{P}{Dl_{0b}}(1-\mu_0^2) \tag{2.8}$$

式中:E_{0b} 为用承载板法测得的路基回弹模量,MPa;P 为荷载,kN;D 为承载板直径,cm;l_{0b} 为计算回弹变形,0.01 mm;μ_0 为路基的泊松比,取 0.35。

路段的回弹模量设计值按式(2.9)计算。

$$E_{0D} = \frac{\overline{E_{0b}} - Z_a S}{K_1} \tag{2.9}$$

式中:E_{0D} 为某路段路基回弹模量设计值,MPa;$\overline{E_{0b}}$、S 为承载板实测路基回弹模量的平均值和均方差,MPa;Z_a 为保证率系数,高速公路、一级公路为 2,二、三级公路为 1.648,四级公路为 1.5;K_1 为不利季节影响系数。当在非不利季节实测路基回弹模量时,应考虑季节影响系数,取值根据当地经验决定。

除了承载板法,也可采用落锤式弯沉仪测定路基回弹模量。落锤式弯沉仪采用直径为 30 cm 的承载板,锤击荷载应与标准轴一侧轮载相当,由此测得的路基回弹模量按式(2.10)计算。

$$E_{0p} = 10000 \frac{\pi}{4} \frac{2p\delta}{l}(1-\mu_0^2) \tag{2.10}$$

式中:E_{0p} 为用落锤式弯沉仪测得的路基回弹模量,MPa;p 为实测的承载板接地应力,MPa;δ 为承载板半径,cm;l 为实测的承载板弯沉,0.01 mm。

路段的路基回弹模量设计值见式(2.11)。

$$E_{0D} = \frac{\overline{E_{0p}}}{K_a K_1} \tag{2.11}$$

式中:$\overline{E_{0p}}$ 为用落锤式弯沉仪实测的路基回弹模量平均值,MPa;K_a 为折减系数。

(b) 查表法。对于新建公路,当路基尚未建成、无实测条件时,可按下述步骤由查表法预估路基回弹模量,待路基建成之后进行实测,验证预估的准确性。

查表法步骤为确定临界高度、拟定土基平均稠度、预估路基回弹模量。

临界高度是指土基在不利季节,分别处于干燥、中湿或潮湿状态时,路床表面距地下水位或积水水位的最小高度。可根据当地土质、气候条件按照经验确定,也可根据《公路沥青路面设计规范》(JTG D50—2017)确定。在设计新建公路时,可根据当地经验或路基临界高度判断各路段路基的干湿类型,根据《公路沥青路面设计规范》(JTG D50—2017)确定。

根据土类和自然区划,参考《公路沥青路面设计规范》(JTG D50—2017),拟定土基平均稠度。

当采用重型击实标准时,路基回弹模量可较规范中数值提高20%～30%。

(c) 室内实验法。取代表性土样在最佳含水率条件下,用小承载板测得的回弹模量 E_0 值,应考虑不利季节、不利年份的影响,乘以折减系数 λ(表2.1)。不利季节土基的稠度值可根据设计路段的路基临界高度及相应的路基干湿类型以及土基标定含水率来确定。

表2.1 折减系数 λ

土基稠度值	$W_c \geq W_{c0}$	$W_{c0} > W_c \geq W_{c1}$	$W_c < W_{c1}$
折减系数	0.76	0.63	0.53

注:W_c 为平均含水量;W_{c0} 为液性含水量;W_{c1} 为塑性含水量。

(d) 换算法。在新建土基上用承载板法测定 E_0 时,同时测定回弹弯沉 l_0、承载比(CBR)与土性配套指标,并在室内按相应土性状态进行 E_0、CBR 测试,建立现场测定与室内试验结果的关系,得到 E_0-l_0、E_0-CBR 的相关换算关系式,以此为基础,可以单独采用室内试验法确定 E_0 值。

b. 结构层回弹模量。

结构层回弹模量是沥青路面结构设计的重要参数。由于结构层材料性质不同,测量回弹模量的方法也不一样。通常在选择试验方法和决定回弹模量取值时,应考虑下列因素:测试方法简便,测试结果稳定;测得的模量值应较好地反映该结构层在路面结构层位中的工作状态和力学特性;设计参数应与设计方法较好地匹配。

我国现行《公路沥青路面设计规范》(JTG D50—2017)规定,沥青路面结构按设计回弹总弯沉 l_d 和设计容许层底弯拉应力 σ_R 两个指标控制设计厚度。无论采用哪项指标控制设计厚度,各结构层的回弹模量均采用抗压回弹模量。

半刚性材料的抗压回弹模量按我国《公路工程无机结合料稳定材料试验规程》(JTG E51—2009)有关规定进行试验测定,并按规定龄期,测定各类混合料的抗压回弹模量,即水泥稳定类材料为90 d,石灰稳定类材料为180 d,水泥粉煤灰稳定类为120 d。

沥青混合料结构层的抗压回弹模量按我国《公路工程沥青及沥青混合料试验规程》(JTG E20—2011)进行试验测定。当以路面弯沉为设计指标时,取标准试验温度为 20 ℃;当以层底拉应力为设计验算指标时,取标准试验温度为 15 ℃,以适应不同设计控制指标所对应的最不利环境温度。

无结合料粒料结构层的抗压回弹模量测试,可以在工地上现场铺筑整层试槽,通过承载板法进行测试,详见《公路路基路面现场测试规程》(JTG 3450—2019)。

如考虑路面结构层回弹模量的最不利组合,回弹模量的设计值如下。

计算路面弯沉时,各结构层的材料抗压回弹模量设计值按式(2.12)计算。

$$E_i = \overline{E_i} - Z_a S \tag{2.12}$$

计算结构层层底拉应力时,计算层以下各层的模量设计值采用式(2.12)计算;计算层及其以上各层模量设计值采用式(2.13)计算。

$$E_i = \overline{E_i} + Z_a S \tag{2.13}$$

式中:$\overline{E_i}$ 为各层试件模量的平均值;Z_a 为保证率为95%的系数,取2.0;S 为各试件模量的标准差。

c. 结构层材料的弯拉极限强度。

沥青面层与有机结合料或无机结合料稳定粒料基层的弯拉极限强度 σ,应按照我国有关规程规定的方法进行测定。根据我国规范,采用间接拉伸试验即劈裂试验,来测定结构层材料的弯拉极限强度。

(2) 路面结构厚度设计步骤。

新建沥青路面结构厚度设计按照以下步骤进行。

①根据设计任务书的要求,按设计回弹弯沉和容许弯拉应力两个设计指标分别计算设计年限内的标准轴载累计当量轴次,确定交通量等级、面层类型,并计算设计弯沉和容许弯拉应力。

②按路基土类与干湿类型及路基横断面形式,沿线将路基划分为若干路段,确定各路段土基回弹模量。

③参考当地的工程经验,拟订若干路面结构组合与厚度方案,根据选用的材料进行配合比试验,测定各结构层材料的抗压回弹模量、抗拉强度,确定各结构层材料设计参数。

④计算路面弯沉与结构层层底拉应力。

⑤根据设计指标,采用多层弹性体系理论设计程序计算路面结构设计层的厚度,验算层底拉应力是否满足容许拉应力的要求。如不满足要求,可调整路面

结构层厚度、变更路面结构组合，或调整材料配合比，提高材料极限抗拉强度，再重新计算。

⑥对于季节性冰冻地区，应验算防冻厚度是否满足要求。

⑦进行技术经济比较，确定采用的路面结构方案。

第 3 章　路基施工技术

3.1　路基施工概述

路基施工可分为路堑开挖和路基填筑。土方路基多采用机械化施工,而石方路基施工,特别是石方路堑的开挖往往需要采用爆破方法。路基土石方工程量大,分布不均匀,不仅与路基工程相关的设施(如路基排水、防护与加固等)相互制约,而且与公路工程其他工程项目(如桥涵、隧道、路面及附属设施)相互交错。因此,路基施工在质量标准、技术操作、施工管理等方面具有特殊性,必须予以研究和不断改进。

道路路基是按照路线位置和一定技术要求修筑的带状构造物,是道路的重要组成部分,也是路面的基础,承受由路面传来的行车荷载。路基的强度与稳定性,一方面通过完善的设计予以保证,另一方面依靠科学缜密的施工方法得以实现。路基土石方工程往往占总工程量的 60%～70%。其施工质量直接影响路面的使用质量、整个路面的使用寿命以及交通与人身的安全,所以必须对路基施工过程予以充分重视。

1. 路基施工的基本方法

随着国民经济的快速发展,机械化程度的提高,路基施工的方法也朝着系统化、规模化、高度机械化方向发展。从发展的特点来看,目前路基施工的方法都在向着尽可能节省人力、减少环境污染、创造最大经济效益的方向发展。迄今为止,路基施工的基本方法主要经历了以下几个发展过程。

(1) 人工施工。

人工施工主要是使用手工工具对路基进行简单改造,其特点是效率低下、劳动强度大、施工进度慢等。

(2) 简易机械化施工。

简易机械化施工方法是以人力为主,配合简易机械的一种施工方法。简易机械化施工可降低劳动强度,提高工作效率,在我国经济欠发达的地区,仍不失为值得提倡的一种施工方法。

(3) 爆破法施工。

爆破法施工主要针对山区公路。当路基岩石比较坚硬时,一般采用爆破法施工。

(4) 高度机械化施工。

当道路等级较高或工程量较大时,一般采用高度机械化的方法进行系统化施工。此方法的主要特点是使用配套机械,最大限度地降低劳动强度并提高劳动生产率,显著加快施工进度,提高工程质量,降低工程造价,保证施工安全。高度机械化施工是加速公路建设,实现公路施工现代化的根本途径。

施工方法应综合考虑结构物所在地段的工程地质及水文地质条件、周边环境、道路交通、场地条件、施工难度、工期和土建造价等多种因素后再确定。

2. 路基施工的一般程序和内容

(1) 做好施工前的准备工作。

做好施工前的准备工作,是保证施工顺利进行的重要前提,必须给予足够的重视。准备工作可大致归纳为组织准备、物资准备和技术准备等。

(2) 修建小型人工构造物。

小型人工构造物包括小桥、涵洞、挡土墙等。这些工程通常与路基施工同时进行,但要求人工构造物先行完工,以保证路基工程不受干扰。

(3) 完成路基土石方工程。

路基土石方工程包括开挖路堑、填筑路堤、压实路基、整平路基表面、整修边坡、修建排水沟及防护加固工程。

(4) 工程检查与验收。

工程检查与验收是路基施工中的重要环节。在施工过程中,当某部分工程特别隐蔽时,应按照施工标准及技术规范的要求进行检查与验收。中间验收的目的在于检查工程质量,及时发现存在的问题,研究分析后及时采取补救措施。在全部工程完工后,还应由施工单位会同使用、设计和养护单位进行交工验收。

路基工程检查与验收的项目,主要包括路基及有关工程的位置、高程、断面尺寸、压实度或砌筑质量等。凡不符合要求的工程,应分析原因,接受教训,并采取相应的措施纠正错误,必要时应推倒重建。

3. 市政道路路基施工技术质量要求分析

(1) 结构稳定性。

路基支撑着道路路面,在路基工程施工过程中,必须保证路基结构的稳定性。路基结构的稳定性与道路路面的稳固性联系紧密。在路基工程施工过程中，可通过精密的施工技术提高路基的稳定性，避免路基出现变形的状况。在正式施工之前，必须对施工情况展开系统的考察，立足实际需求，合理地选择施工技术，保证路基的稳定性，避免在后期维护过程中出现变形。

（2）强度合理性。

如今城市化水平显著提升，城市车辆的数量越来越多，城市道路等交通基础设施面临极大的压力。为了避免车流量过大造成路基坍塌，必须系统考察城市交通的相关需求，为路基工程技术的应用提供依据，避免外力作用超过路基的荷载力。为了使路基更加密实，需要增加混凝土的振捣力度，使路基内部结构保持一定的强度。立足设计的相关要求，对路基开挖与填筑等环节展开系统施工，以保证施工技术的标准与规范。

（3）水温稳定性。

路基的稳定性与水温联系紧密。若当地的气温比较低，地面水与地下水就很容易出现周期性冻融的状况，严重影响路基的强度。路基施工过程中，在水温最不利的状况下，也要保证路基高度的稳定性。必须做好充足的准备工作，系统审核路基材料。

3.2　施工准备工作

施工准备工作是指工程施工前所做的一切工作。它不仅在开工前要做，开工后也要做，它有组织、有计划、有步骤、分阶段地贯穿整个工程建设。认真细致地做好施工准备工作，对合理利用资源、加快施工速度、提高工程质量、确保施工安全、降低工程成本及获得较好经济效益都有重要作用。

路基施工前的准备工作是保证路基施工顺利实施的基本前提。根据规定，如果施工前的准备工作经监理工程师审核后未达到合同规定的要求，则不予批准开工。因此必须高度重视，认真对待。

路基施工准备工作的内容主要包括组织准备、物资准备、技术准备和现场准备。

1. 组织准备

在路基施工之前，应建立一个健全、灵活、运转自如、高效的施工组织管理机构，制订施工管理制度，明确分工，落实责任。根据工程规模的不同，各机构也可能有不同之处。各个部门配备的专业人员应按职称、能力形成梯队。所需要的人数视工程规模大小、艰难程度而定。路桥专业技术人员数量一般按每人管理3~5 km配置。

2. 物资准备

物资准备主要包括驻地建设、路基施工机械设备、经理部驻地建设、预制场、搅拌站、材料库、机械停放场、路基工程原材料、试验及检测设备等的准备。

3. 技术准备

技术准备工作的主要内容就是熟悉设计文件、进行技术交底和实施施工调查。设计文件是组织施工的主要依据,熟悉、审核施工图样是领会设计意图、明确工程内容、掌握工程特点的重要环节。施工单位在接到施工设计文件后,应立即组织有关技术人员对施工设计文件进行审核,充分领会设计意图,核对地形和地质资料。

图样会审重点关注以下问题:①核对设计是否符合施工条件;②设计中提出的工程材料、工艺要求,施工单位能否实现和解决;③设计能否满足工程质量及安全要求,是否符合国家有关规范和标准;④设计图样及说明是否齐全;⑤设计图样上的尺寸、标高、工程数量的计算有无差、错、漏、碰现象。

施工人员在熟悉设计文件和充分准备的基础上,参加由业主召集,设计、监理、施工单位组织的设计交底和图样会审。设计人员向施工单位讲清设计意图和对施工的主要要求,施工人员应对图样和有关问题提出质询,并由设计单位进行逐条答复,对合理的建议按程序进行变更设计或补充设计。

设计图样是施工的依据。施工单位和全体施工人员必须按图施工。未经业主和监理工程师同意,施工单位和施工人员无权修改设计图样,更不能没有设计图样就擅自施工。

技术交底通常包括施工图样交底、施工技术交底及安全技术交底等。这项交底工作分别由高一级技术负责人、单位工程负责人、施工队长、作业班组逐级组织进行。

施工恢复定线测量及施工放样是施工准备阶段的主要技术工作。施工单位根据设计图样、监理工程师书面提供的各导线点坐标及水准点标高进行复测,闭合后将复测资料交监理工程师审核。

施工人员应根据监理工程师批准的定线数据进行施工放线。路基施工前,施工人员应根据设计图、施工工艺和有关规定恢复路线中线桩,钉出路基用地界桩及路堑坡顶、边沟、取土坑、护坡道、弃土堆等的具体位置桩。道路中线桩,直线部分每20 m一个,每100 m设一个永久性固定桩;曲线部分除每20 m设一个整里程桩外,曲线的起点、终点、圆缓点、缓圆点都应设置固定桩。在中线桩施测后,首先进行横断面测量,然后根据路基横断面图及实测标高进行边桩放线。

在挖方断面的坡顶点位置上,钉挖断面的边桩。边桩上应注明里程、挖深(m),左右边桩以拼音字头(Z或Y)或英文字头(L或R)表示。一般在距边桩一定距离的外方设栓(护)桩,以备边桩丢失后及时恢复。同时,导线点、水准点应设立特殊标志进行保护,以免在施工中遭到破坏。

施工人员在准确放样后,应提供放样数据及图表,报监理工程师审批。施工人员经批准后才可进行清表开挖。测量精度应满足交通运输部颁布的有关公路工程验收标准或合同规定标准。

4. 现场准备

在公路的中心施工控制桩恢复完成后,即可进行路基的土石方施工。路基施工前,应首先在地面上把路基的轮廓表示出来,即把路堤坡脚点和路堑坡顶点找出来钉上边桩,同时还应把边坡的坡度表示出来,为路堤填筑和路堑的开挖提供施工依据。

施工前应清除施工现场范围内所有阻碍或影响工程质量的障碍物,具体工作内容如下。

(1) 用地划界及房屋和其他建筑物的拆除。

①公路用地的划界工作一般由建设单位(业主)完成。个别地段尚未划定的,施工单位应立即报告监理工程师,并会同建设单位尽快解决。

②施工单位在施工前对路基范围内的既有垃圾堆、淤泥、软土、草丛、池塘等应妥善处理。路基施工范围内的既有房屋、道路、河沟、通信电力设施及其他建筑物,均应会同有关部门事先拆迁或改移。

(2) 清除小树和小灌木丛。

在路基施工范围内,对妨碍视线和影响行车的小树和小灌木丛,均应在施工前进行砍伐或移栽。砍伐后的树木应堆放在不妨碍施工的地方。

高等级公路、一级公路和路基填土高度小于1 m的其他公路,应将路基范围内的树根全部挖除,并将坑穴填平夯实。采用机械化施工的路堑,应将树根全部挖除。在填方和取土的地段应进行表面清理。清理的深度应根据种植土的厚度确定。清除的种植土应集中堆放。填方地段在清理完地表后,应整平压实并达到规定的要求,方可进行填方作业。

(3) 施工场地排水。

施工场地排水是指疏干、排除场地上所积的地面水,保持施工场地干燥,为施工提供正常的条件,通常设置纵、横排水沟,形成排水系统,将水引至附近沟渠、低洼处予以排除。

3.3　路堑开挖施工

3.3.1　路堑开挖的一般规定

土质路堤的挖填,首先必须做好施工排水,包括开挖地面临时排水沟槽并设法降低地下水位,以便始终保持施工场地的干燥。路堑开挖应在全横断面进行,自上而下一次成型,注意按设计要求放样,不断检查、校正,不得乱挖、超挖。路堑底面,若土质坚实,应尽量不扰动土体,予以整平压实;若土质较差,水文地质条件不良,应根据路面强度设计要求加深边沟、设置地下盲沟以及挖松表层一定深度原土层,重新分层填筑压实或必要时予以换土加固,以确保路堑底层土基的强度与稳定性达到规定标准。路堑开挖原则包括以下几点。

(1) 按设计坡度分层开挖,每层开挖深度应根据机械修整边坡的便利程度确定。

(2) 天然软土层开挖应考虑弃土外运问题,保证开挖现场的便道畅通,合理组织现场交通,并结合本单位的运输设备吨位考虑。

(3) 石方爆破作业以小型及松动爆破为主,严禁过量爆破。对坡面2 m范围内采用光面爆破和预裂爆破技术。

(4) 开挖形成的边坡按设计要求及时防护,避免长期暴露,造成坡面坍塌。

(5) 尽量考虑移挖作填,必须舍弃时,遵循高土高弃、低土低弃、劣土废弃、优土还田的原则。

(6) 在能保证路堑边坡和弃土堆自身稳定的情况下,考虑对附近建筑物、农田、水利、河道、交通的影响,防止水土流失、淤塞排灌沟渠等弊端,合理确定弃土堆位置与高度。

(7) 注重开挖现场文明施工,保证施工有序、安全生产。

3.3.2 开挖方案与施工方法

土方路堑的开挖方法,根据路堑深度、纵向长度及现场施工条件,可以采用以下几种基本方案。

1. 横向挖掘法

(1) 单层横向全宽挖掘法。从开挖路堑的一端或两端,按断面全宽一次性挖到设计高程,逐渐向纵深挖掘,挖出的土方一般都是向两侧运送。这种方法适用于挖掘深度小且较短的路堑。

(2) 多层横向全宽挖掘法。从开挖的一端或两端,按横断面分层挖至设计高程。这种方法主要适用于开挖深而短的路堑。土质路堑的开挖可采用人工作业,也可选用机械作业。

采用横向挖掘法开挖路堑,应注意以下事项。

①用人工按横向挖掘法挖路堑时,可在不同高度分几个台阶开挖,其深度一般宜为 1.5~2.0 m。无法自两端一次横挖到路基高程或分台阶横挖,均应设单独的运土通道及临时排水沟,以免相互干扰,影响工效,造成事故。

②用机械按横向挖掘法挖路堑且弃土(或移挖作填)运距较远时,宜用挖掘机配合自卸车进行。每层台阶高度可增加到 3~4 m。其余要求与人力开挖路堑相同。

③横向挖掘法也可用推土机进行。当弃土或移挖作填土的运距超过推土机的经济运距时,可用推土机推土堆积,再用装载机配合自卸车运土。机械开挖路堑应注意的是,边坡应配合平地机或人工分层修刮平整,以保证边坡的平整和稳定。

2. 纵向挖掘法

(1) 分层纵挖法。沿路堑全宽,以深度不大的纵向分层进行挖掘。此方法适用于较长的路堑开挖。

(2) 通道纵挖法。先沿路堑纵向挖掘一条通道,然后将通道向两侧拓宽以扩大工作面,并将该通道作为运土路线及场内排水的出路。该层通道拓宽至路堑边坡后,再开挖下层通道,如此纵深开挖至路基高程。该方法适用于路堑较长、较深,两端地面纵坡较小的路堑开挖。

(3) 分段纵挖法。沿路堑纵向选择若干适宜处,将较薄一侧路堑壁横向挖穿,使路堑分成数段,各段再纵向开挖。该方法适用于路堑过长、弃土运距过远的傍山路堑,一侧路堑壁不厚的路堑开挖。

当采用分层纵挖法挖掘的路堑长度较短(不超过 100 m)、地面坡度较陡时,宜采用推土机作业。推土机作业时,每一铲挖地段的长度应能满足一次铲切达到满载的要求,一般为 5～10 m。铲挖宜在下坡时进行:对普通土坡度宜为 10%～18%,不得大于 30%;对松土坡度不宜小于 10%,不得大于 15%;傍山卸土的运行道路应设有向内稍低的横坡,且应同时留有向外排水的通道。

当采用分层纵挖法挖掘的路堑长度较长(超过 100 m)时,宜采用铲运机作业,有条件时最好配备一台推土机配合铲运机(或使用铲运推土机)作业。对拖式铲运和铲运推土机,其铲斗容积为 4～8 m³ 的适宜运距为 100～400 m,容积为 9～12 m³ 的适宜运距为 100～700 m。自行式铲运机运距可增加一倍。铲运机的运土道,单道宽度应不小于 4 m,双道宽度应不小于 8 m;其纵坡坡度,重载上坡应不大于 8%,空驶下坡不得大于 50%;弯道应尽可能平缓,避免急弯;路基表层应在回驶时刮平,重载弯道处路基应保持平整。铲运机作业面的长度和宽度应能使铲斗易于达到满载。在起伏地形的工地,应充分利用下坡铲装;取土应沿其工作面有计划地均匀进行,不得局部过度取土而造成坑洼积水。铲运机卸土场的大小应满足分层铺卸的需要,并留有回转余地。填方卸土应边走边卸,防止成堆,行走路线与外侧边缘的距离宜不小于 20 cm。

3. 混合挖掘法

当路线纵向长度和挖深都很大时,为扩大工作面,可将多层横向全宽挖掘法和通道纵挖法混合使用。先沿路堑纵向挖通道,然后沿横向坡面挖掘,以增加开挖坡面。每一坡面的大小,应以能容纳一个施工小组或一台机械作业为宜。

3.4 填方路堤施工

3.4.1 填方路堤施工的一般规定

1. 一般要求

(1)填方路堤施工前,应按照有关规定对原地面进行清理及压实。所有填方作业均应严格按照图样或监理工程师的要求施工。

(2) 路堤基底应在填筑前进行压实,施工单位应将压实后新测绘的填方工程断面图提交监理工程师核准,否则不得填筑。

(3) 填方作业不得对邻近的结构物和其他设施产生损坏及干扰,否则,由此引起的后果应由施工单位自负。

(4) 整个施工期间,施工单位必须保证排水畅通。如因排水不当而造成工程损坏,施工单位应自费立即进行修补。

(5) 路堤填料中石料含量大于或等于70%时,应按填石路堤施工;小于70%时,应按填土路堤施工。

(6) 特殊路基施工前,施工单位应按图样要求,提出处理方案报监理工程师批准。

(7) 路堤基底及路堤每层施工完成后未经检验合格,不得进行上一层的填土施工。

2. 零填挖路基

零填挖路床顶面以下 0～300 mm 的压实度,应不小于 95%。如不符合要求,施工人员应翻松后再压实,使压实度达到规定的要求。

特殊路基土层上的零填挖路床面,施工人员应按图样的要求,实行换填、改善或翻拌晾晒。换填、改善厚度应按图样或由监理工程师根据现场情况确定,并分层压实,换填的填料最小强度和最大粒径应符合质量标准的要求,其压实度应达到质量标准的要求。

3. 填土路堤

(1) 填方路堤必须按路面平行线分层控制填土标高;填方作业应分层平行摊铺;保证路基压实度。每层填料铺设的宽度,每侧应超出路堤设计宽度 300 mm,以保证修整路基边坡后的路堤边缘有足够的压实度。不同土质的填料应分层填筑,且应尽量减少层数,每种填料层总厚度不得小于 500 mm。土方路堤填筑至路床顶面最后一层的压实层厚度应不小于 100 mm。

(2) 路堤填土高度小于 800 mm(不包括路面厚度)时,对原地表清理与挖除之后的土质基底,应将表面翻松深 300 mm,然后整平压实。其压实度应符合规范要求。

(3) 路堤填土高度大于 800 mm 时,应将路堤基底整平处理并在填筑前进行碾压,其压实度应不小于85%。

(4) 地面自然横坡或纵坡坡度陡于1:5时,应将原地面挖成台阶,台阶宽度应满足摊铺和压实设备操作的需要,且不得小于1 m。台阶顶一般做成坡度为2%~4%的内倾斜坡。砂类土上则不挖台阶,但应将原地面以下200~300 mm的表土翻松。

(5) 加宽旧路堤时,应沿旧路堤边坡挖成向内倾斜的台阶;所有填料宜与旧路堤相同或选用透水性较好的材料。

(6) 连接结构物的路堤工程,其施工方法不应危害结构物的安全与稳定性。

(7) 在路堤范围内修筑便道或引道时,该便道或引道不得作为路堤填筑的部分,应重新填筑成符合要求的新路堤。

(8) 任何靠压实设备无法压碎的大块硬质材料,应予以清除或破碎,破碎后的硬质材料最大尺寸不超过压实层厚度的2/3,并应均匀分布,以便达到要求的压实度。

(9) 填土路堤分几个作业段施工时,若两个相邻段交接处不在同一时间填筑,则先填段应按1:1坡度分层留台阶;若两段同时施工,则应分层相互交叠衔接,其搭接长度不得小于2 m。

(10) 用透水性较小的土填筑路堤时,应将含水量控制在最佳含水量±2%范围内;当填筑路堤下层时,其顶部应做成坡度为4%的双向横坡;当填筑上层时,不应覆盖在由透水性较好的土所填筑的路堤边坡上。

(11) 土石混合填料不得采用倾填法施工,应进行分层填筑,分层压实。每层摊铺厚度应根据压实机械类型和规格确定,不宜超过400 mm。

(12) 用土石混合料填筑的路堤的压实度由现场试验确定,并报监理工程师检验批准。

4. 填石路堤

修筑填石路堤,应将石块逐层水平填筑,分层厚度宜不大于500 mm。石料强度应不小于15 MPa,石块最大粒径不得超过压实厚度的2/3。人工铺填粒径为250 mm以上的石料时,应大面向下摆放平稳,紧密靠拢,所有缝隙填充小石块或石屑。人工铺填粒径为250 mm以下石料时,可直接分层填筑,分层碾压。市政道路填石路堤的路床顶面以下300 mm范围内宜填筑符合要求的土并压实,填料最大粒径应不大于150 mm。

填石路堤应使用重型振动压路机分层洒水压实。压实时继续用小石块或石屑填缝,直到压实层顶面稳定、不再下沉(无轮迹)、石块紧密、表面平整为止。

施工中压实度由压实遍数控制。压实遍数由现场试验确定,并报监理工程师检验批准。

5. 路基填、挖交界(纵、横)地段的路堤填方

(1) 横向半填半挖地段填方。

①横向半填半挖地段填方,应按图样要求分层填筑,以免因填筑不当而出现路基纵向裂缝。

②认真清理半填断面的原地面,根据图样要求及规范规定将半填断面原地面表面翻松或挖成台阶,再进行分层填筑。

③填筑时,必须从低处往高处分层摊铺碾压,特别要注意填、挖交界处的拼接,碾压要做到密实无拼痕。

④半填半挖路段的开挖,必须待下半填断面原地面处理好,经监理工程师检验合格后,方可开挖上挖方断面。挖方中非适用材料必须废弃,严禁将其填在半填断面内。

⑤若图样对半填半挖路基采用土工合成材料加筋,则土工合成材料的设置部位、层数和材料规格、质量要求应符合图样要求及规范的有关规定。

(2) 纵向填、挖交界处的路基填方。

①纵向填、挖交界处的路基填方,应按图样要求分层填筑,以免因填筑不当而出现路基横向裂缝。

②纵向填、挖交界处施工首先应认真清理填方路段的原地面,清理长度依据填土高度和原地面坡度而定,原地面清理应符合图样要求。

③纵向填、挖交界处的开挖,必须待填方处原地面处理好并经监理工程师检验合格后,方可开挖挖方断面,挖方中非适用材料严禁用于填筑。

④纵向填、挖交界处填筑时,必须从低处往高处分层摊铺碾压,特别要注意填、挖交界处的拼接,碾压要做到密实、无拼痕。

⑤纵向填、挖交界处常伴随着半填半挖横断面,施工人员在施工中应按图样要求妥善安排,做到纵、横交界填筑均衡,碾压密实无拼痕。

⑥若图样对纵向填、挖交界处采用土工合成材料加筋,应按图样要求及有关规定设置土工合成材料。

6. 结构物处的回填

(1) 结构物(包括涵台背、锥坡、挡土墙墙背等)处的回填是指结构物完成

后,用符合要求的材料分层填筑结构物与路基之间的遗留部分。

(2) 结构物处的回填,应按图样和监理工程师的要求进行。回填时圬工强度的具体要求及回填时间,应按《公路桥涵施工技术规范》(JTG/T 3650—2020)的规定执行。

(3) 回填材料除图样另有规定外,宜选用透水性材料(如砂砾、碎石、矿渣、碎石土等),或半刚性材料(如石灰土等),或监理工程师同意的其他材料;填料的最大粒径不得超过 50 mm。

(4) 台背填土顺路线方向长度:顶部距翼墙尾端不小于台高加 2 m,底部距基础内缘不小于 2 m;拱桥台背填土长度应不小于台高的 4 倍;涵洞填土长度每侧应不小于 2 倍孔径长度。

(5) 结构物处的填土应分层填筑,每层松铺厚度宜不超过 150 mm,结构物处的压实度要求从填方基底或涵洞顶部至路床顶面均为 95%。

(6) 在回填压实施工中,应对称回填压实并保持结构物完好无损。压路机达不到的地方,应使用小型机动夯具或监理工程师同意的其他方法压实。若对结构物有损坏,施工单位应自费进行补救,直到监理工程师验收合格为止。

7. 排水

(1) 在地表过分潮湿或水田地段,应在路堤两侧护坡道外开挖纵向排水沟,在路基范围内开挖纵横向排水沟,排除积水,降低地下水位,并应按排水设计或监理工程师的指示进行施工。

(2) 应在护坡道外侧的排水沟的外侧填筑土埂,防止水流入。

(3) 在路基范围内开挖的横向排水沟,当起切断或降低地下水位作用时,应回填渗水性良好的砂砾料。

(4) 在路基范围内有大片低洼积水地段时,可先做土埂排除积水,并将杂草、淤泥以及不适宜的材料清除出路堤,按监理工程师要求的深度将此地面翻松(若此地面密实度达到要求可不挖松),经处理后再进行压实。旱地或地表土质疏松时也应进行原地面压实。压实度均应符合规范要求。

3.4.2 不同土质填筑路堤的规定

采用不同土质的土填筑路堤,在高等级公路施工中是十分常见的。若将不同性质的土任意混填,会造成路基病害,因此必须注意以下几点。

(1) 不同土质的土应分层填筑,层次尽量减少,每层总厚度最好不要小于

0.5 m。不得混杂乱填,以免形成水囊或滑动面。

（2）透水性差的土填筑在下层时,其表面应做成一定的横坡（一般为外向坡度为4%的横坡）,以保证来自上层透水性填土的水分及时排除。

（3）为保证水分蒸发和排除,路堤不宜用透水性差的土层封闭,也不应该覆盖在透水性较大的土所填筑的下层边坡上。

（4）根据强度与稳定性要求,合理地安排不同土质层位。一般地,不因潮湿及冻融而变更其体积的优良土应填在上层,强度（变形模量）较小的土应填在下层。

（5）为防止相邻两端不同土质填筑的路堤在交界处发生不均匀变形,交界处应做成斜面,并将透水性差的土填在斜面的下部。

3.4.3 填筑方案与施工方法

1. 填筑方案

土质路堤（包括石质土）按填土顺序可分为分层平铺和竖向填筑两种方案。分层平铺是基本的方案,如符合分层填平和压实的要求,则效果较好,且质量有保证,有条件时应尽量采用。竖向填筑是在特定条件下,路堤填筑可采用的方案。此外,还有下部竖向填筑、上部分层平铺的混合填筑方案。

（1）分层平铺。

分层平铺有利于压实,可以保证不同用土按规定层次填筑。图3.1为土质路堤填筑方案示意。其中正确方案的要点是:不同用土水平分层,以保证强度均匀;透水性差的用土,如黏土等,一般宜填于下层,表面为双向横坡,有利于排除积水,防止水害;同一层次有不同用土时,搭接处成斜面,以保证在该层厚度范围内,强度比较均匀,防止产生明显变形。不正确方案的问题主要是:未水平分层,有反坡积水,夹有冻土块和粗大石块,以及有陡坡斜面等。其主要问题在于强度不均匀和排水不利。此外,还应注意用土不能含有杂质（草木、有机物等）及未经处理的劣质土（细粉土、膨胀土、盐渍土与腐殖土等）。桥涵、挡土墙等结构物的回填土,以砂性土为宜,防止不均匀沉降,并按有关操作规程堆积回填和夯实。

旧路改建工程路基的填筑应采用分层填筑、逐层压实的方法。为使新旧路基紧密结合,加宽之前,沿旧路边坡须挖成阶梯,然后分层填筑,层层夯实,不允许将薄层、新填土层贴在原路基的表面。阶梯宽一般为1 m左右,阶高约0.5 m。

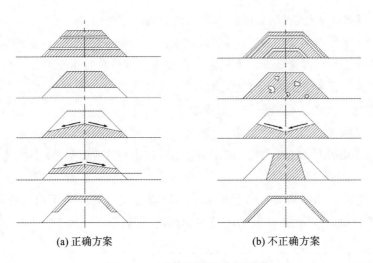

图 3.1　土质路堤填筑方案示意

(2) 竖向填筑。

竖向填筑是指沿路中心线方向逐步向前伸填。路线跨越深谷和池塘时,地面高差大,填土面积小,难以水平分层卸土,以及在陡坡地段上半挖半填路基,局部路段横坡较陡或难以分层填筑等情况下,可采用竖向填筑方案。竖向填筑的质量取决于填土密实程度,为此宜采取必要的技术措施。例如,选用振动式或锤式夯击机,选用沉陷量较小及粒径较均匀的砂石填料;路堤全宽一次成型;暂不修建较高级的路面,容许短期内自然沉落。

(3) 混合填筑。

混合填筑是在路堤下部采用竖向填筑而在上部采用分层填筑的方法,这样可以使上部填土获得足够的密实度。一般在不易压实的地段采用,必要时可考虑参照地基加固时采用的注入、扩孔或强夯等措施,以保证填土具有足够的密实度。

2. 施工方法

(1) 块石、碎石、砾石类填料填筑施工。

块石、碎石、砾石类填料填筑采用机械化施工。路堑开挖硬质岩石和取土场填料,采用装载机、挖掘机挖装,自卸汽车运输。推土机初平,平地机精平,压路机碾压。施工中按照"三阶段、四区段、八流程"的施工工艺组织施工。

三阶段:施工准备阶段、施工阶段、整修验收阶段。

四区段:填筑区、平整区、碾压区、检测区。

八流程:施工准备、基底处理、分层填筑、摊铺整平、洒水晾晒、碾压夯实、检验签证、路基整修。

路基填筑采用15 t自卸汽车运输填料,纵向分段、水平分层布料,推土机初平,平地机精平,振动压路机振动碾压。施工前先进行现场填筑压实试验,确定不同压实机械、不同填料施工含水量的控制范围、松铺厚度、碾压遍数、最佳的机械组合。填筑时设专人指挥车辆,并根据设计位置布置沉降仪、坡脚位移观测桩和其他观测设备。施工过程中加强施工检测,合格后再填筑下一层。

(2)改良土填料填筑施工。

①填料物理改良。

填料采用花岗岩全风化物时,先进行试验分析。对于易风化软岩的风化物,通过试验确定,可掺入中粗砂或碎石土进行物理改良。对于碎块石硬质岩填料,可根据试验进行级配改良。根据试验确定掺入量,确保填料级配满足要求。

②填料化学改良。

通过在细粒土中掺加3%~5%的水泥或5%~8%的石灰进行改良,水泥或石灰作为外加剂。外加剂的种类和技术条件符合设计及相关规范要求,在投入使用前进行检验,检验合格后方可采用。掺入化学改良土中的施工用水符合工程用水标准。化学改良土外加剂分类堆放,采取防风、防雨设施,防止材料受潮、变质。外加剂的用量根据试验确定。试验方法采用室内试验结合现场填筑试验进行,对化学改良土确保填筑后其无侧限抗压强度满足要求。

③填筑施工。

改良土路堤填筑前,应进行试验路段填筑压实施工,取得数据,从而指导大面积路堤填筑施工。

拌和好的混合料立即用自卸汽车运至填筑现场。化学改良土在运输过程中用防雨膜覆盖,以免混合料含水量改变。施工过程中,应对混合料的含水量进行检测,通过晾晒、洒水等措施将改良土含水量控制在最佳含水量±2.5%范围内。

压实机械采用重型振动压路机。采用化学改良土(尤其是水泥改良土)时,通过填筑试验确定拌和到碾压完成所需的时间,不人于混合料的终凝时间;压实质量及时检查,需进一步碾压时应紧接着进行,确保压实质量一步到位。

改良土每层填筑压实厚度不超过30 cm,两工作段的纵向搭接长度不小于2 m,混合料中不含超尺寸颗粒土块、未消解石灰颗粒和素土层。碾压时,各区段交接处应互相重叠压实,纵向搭接长度不得小于2.0 m,纵向行与行之间的轮迹重叠不小于0.4 m,上下两层填筑接头应错开不小于3.0 m。

下层施工完成且经质量检验合格后,进行上层铺筑。对化学改良土进行保湿养生,养生期不少于 7 d。养生期间实行交通管制,除洒水车外,其他车辆禁止通行。采取环保措施,杜绝对周边环境的污染。

雨天不宜进行化学改良土施工。对于已经摊铺好的改良土,在下雨之前,集中压实机械进行碾压,直至压实合格再及时养生,并用塑料薄膜覆盖。

(3) 石质路堤填筑施工。

石质路堤填筑主要利用路堑、隧道挖方移挖作填。填料最大粒径不大于 15 cm(基床以下路堤),级配满足设计要求,符合相关规范。

硬质岩石填筑施工前先清理挖方中的大石块,对剩下的填料进行试验检测,确定填料的类别及级配情况:若满足要求则直接作为填料;若不满足要求则进行级配改良。当需要掺入石质颗粒时,可将大石块破碎后作为改良掺加料。

施工中按照"三阶段、四区段、八流程"的施工工艺组织施工。

路基填筑采用 15 t 自卸汽车运输填料,纵向分段,水平分层布料,推土机摊铺,平地机整形,振动压路机振动碾压。

(4) 路堤边坡压实。

为保证路堤边坡压实度要求,路堤填筑时每侧加宽 50 cm,碾压从路基边坡位置向中间进行,碾压遍数与路堤碾压遍数相同。

(5) 质量检测控制。

建立先进、可靠、精确、完整、有效的质量控制与检测体系,加强路基施工的质量检测控制,对所用填料、路基压实质量等进行严格的过程控制,保证所采用的各种技术参数正确,保证填料特性、工程措施及适用范围等全过程受控。

填料种类、质量满足设计要求。填筑前对取土场填料进行取样试验;填筑时对运至现场的填料进行抽样检验,填料土质变化或更换取土场时应重新进行检验。在路堤填筑前,填方的材料应每 5000 m^3 或在土质变化时取样,进行颗粒分析、含水量与密实度、液限、有机质含量、CBR 试验和击实试验。进行击实试验时用重型击实法,确定土的最大干密度和最佳含水量。

①用于路堤填料铺筑长度,试验路段的全幅路基长度不小于 200 m,并提出试验报告,报监理工程师审批,并报业主备案。

②试验报告内容应包括填土高度、压实设备的类型、最佳组合方式、碾压遍数及碾压速度、材料的含水量、设计高程、平整度以及施工工艺要求等。

③填方试验路段经监理工程师批准后方可大面积施工。回填的每种填料都应进行现场压实试验。试验路段所用的填料和机具应与施工的机具相同。

3.4.4 高填方路堤

1. 高填方路堤的一般规定

(1) 水稻田或常年积水地带,用细粒土填筑路堤高度在 6 m 以上,其他地带填土或填石路堤在 20 m 以上时,可按照高填方路基施工。

(2) 在进行原地面清理后,如地基土的强度不符合设计要求,应按照图样或监理工程师的要求进行处理或加固。

(3) 高填方路堤应严格按照设计边坡填筑,不得缺填。

(4) 高填方路堤每层填筑厚度,应根据所采用的填料按有关规定执行。

(5) 高填方路堤材料来源不同,性能相差较大时,应分层填筑,不应分段或纵向分幅填筑。

(6) 高填方路堤受水浸淹部分,应采用水稳性高及渗水性好的填料,其边坡比应符合图样要求,且不宜小于 1∶2。

(7) 半挖半填的一侧高填方路基为斜坡时,应按规定挖好横向台阶,并应在填方路堤完成后,对设计边坡外的松散弃土进行清理。

(8) 高填方路堤必须进行沉降和位移观测,观测方法应符合规范有关规定或经监理工程师批准,观测资料应提供给监理工程师审查,以便做出路面铺筑的有关决定。

2. 高填方施工方法

(1) 施工前先填筑试验路段。填筑试验路段可取得压实设备的类型、最佳组合方式、碾压遍数及碾压速度、工序、每层材料的松铺厚度、材料的含水量等有关数据以指导施工。

(2) 高填方地段施工前准备工作。施工前仔细对填方区进行现场勘察,掌握填方区地质情况,对于特殊地基,应根据设计和施工规范的要求,按特殊地基处理方法进行基底处理;对于一般原地面,先将原地面树木、杂草及腐殖土清除,并疏干积水、晾晒、平整,原地面横纵坡坡度陡于 1∶5 的地段挖成宽度不小于 1 m 的台阶,然后用压路机碾压到规范要求的压实度。

(3) 填方区上料。运料前,挖方区的填料经试验合格后使用。采用挖掘机或装载机装车,自卸汽车运输到填方区。汽车卸料时,安排专人指挥,按每层 50 cm 的松铺厚度计算卸料密度,由远及近进行卸料,一层料卸完后,即停止卸料,进入摊铺和整平阶段。

(4) 填方的平整。当填方区一层填料上料完成后,按层厚 50 cm 的松铺厚度,采用大型履带式推土机初步摊平,并在初平后的填料上来回碾压,完成初步压实。每层初步平整完成后,形成一定的路拱以利排水。机械无法到达的边角处应采用人工找平。

(5) 填方的压实。在经过平整后的填层面上采用大吨位振动式压路机碾压。碾压时直线段由两边向中间,小半径曲线段内侧向外侧,纵向进退式进行,横向接头重叠 0.4~0.5 m,纵向碾压轮迹重叠 0.4~0.5 m,压路机的行驶速度控制在 4 km/h 之内;初压时采用静压,然后改为振动压实,其压实遍数均由试验确定。机械无法到达的边角处或压实机械不能达到要求的地方,采用强夯处理。

(6) 压实度检测。采用灌砂法进行检测,路堤填筑前,每种填料按试验规范要求取样进行土工试验,确定土样的最大干密度和最佳含水量;各填层所测得的压实度必须符合路基填筑压实度规范要求,否则要继续进行碾压,或对填料进行含水量分析,检验含水量是否在最佳含水量±2%的范围之内,若偏大或偏小,则分别采取翻松晾晒或洒水湿润等措施进行处理,然后重新进行碾压,直至符合要求为止。

(7) 沉降稳定观测。施工前,在路基沉降区范围以外的稳定区域埋置 2~3 个观测基点,用全站仪及水准仪精确定出基点的标高及基线的方位;在路基两侧的路堤坡脚处、坡脚以外 2 m 和 4 m 处每隔 200 m 分别对称埋置 3 个测点,测点用钢筋混凝土桩制成。在路基填筑前根据基点的标高及基线的方位用全站仪观测,定出测点的初始位置,并做好记录;在路基填筑过程中,每天对测点进行一次观测(测点位移变化不大时,可 3 d 一次或 7 d 一次),并记录观测数据。当测点的水平和竖向位移超出规范要求时,地基沉降处于不稳定状态,这时必须立即停止填筑,并采取相关措施进行处理,待路基稳定后方可继续填筑。

3. 高填方土质路基填土注意事项

(1) 填筑用土的要求。

填土不得使用腐殖土、生活垃圾土、淤泥、冻土块和盐渍土。填土不得含草、树根等杂物。

(2) 基底处理的要求。

原地面横坡度不陡于 1∶5 时,基底应清除草皮;横坡度陡于 1∶5 时,原地面应挖成台阶。台阶宽度应不小于2 m,每级台阶高度宜不大于30 cm。

基底为耕地或松土时,必须清除树根、杂草,先压实再填筑。水塘、水沟等处,应抽干积水,清除淤泥和腐殖土,压实基底后方可填筑。

(3)填筑施工的要求。

①填土必须分层填筑压实。其分层最大厚度必须与压实机具功能相适应,不得大于30 cm。

②填土宽度每侧应宽于填层设计宽度,压实宽度不得小于设计宽度,最后削坡。

③填筑宜采用水平分层填筑法施工,即按照横断面全宽分成水平层次,逐层填压密实。填筑时应先填中间,逐渐填至边缘。原地面不平时,应从低处开始填筑。

④不同种类的土必须分段分层填筑,不应混杂。用不同种类的土填筑的层数宜少。不因潮湿及冻融而变更体积的优良土应填在上层。如用透水性较差的土填筑路基下层,其工作面宜做成坡度为2%～4%的双向横坡,以利排水。填筑上层时,不应包覆在透水性较好的下层填土的边坡上。

⑤原地面坡度大于12%的地段,可采用纵向分层填筑法施工,沿纵坡分层,逐层填压密实。

⑥当填方分几个作业段施工,两段交接处不在同一时间填筑时,则先填地段应按1∶1坡度分层留台阶;若两个地段同时填筑,则应分层相互交叠衔接。其搭接长度不得小于1 m。

⑦若采用压路机压实,应遵循先轻后重、先稳后振、先低后高、先慢后快以及轮迹重叠等原则。压实度应满足设计要求。

3.5 路基压实

3.5.1 路基压实的意义与机理

路基在施工过程中,实施挖和填等工序后,土料的天然结构被破坏,呈松散状态,土料之间留下了许多空隙。土是三相体,土粒为骨架,颗粒之间的空隙被水和气体所占据。因此,必须利用机械对路基进行压实,让土颗粒重新排列,使之互相靠近、挤紧,使小颗粒填充于大颗粒土的空隙中,让空气逸出,从而使土的空隙减小,形成新的密实体,让内摩擦力和黏聚力增加,使路基强度增加,稳定性提高。

压实良好的路基强度高,抵抗变形能力强,可以避免自然沉降或在重型汽车作用下路基产生进一步压实和沉陷,可以明显降低土体的透水性、毛细水的上升高度和饱水量,提高路基水稳定性,能在一定程度上防止季节因素造成的病害,而为路面的正常工作创造有利条件。

筑路材料绝大部分是松散材料,压实的质量决定路基和各种路面材料层的强度和稳定性。因此,路基和各种路面材料层都必须进行良好的压实,以达到规范规定和施工设计的压实度。

3.5.2 路基压实施工工艺

1. 压实原则与注意事项

(1) 压实原则。

路基的压实作业,应遵循"先轻后重、先慢后快、先边后中"的原则。

①"先轻后重"即初压轻,复压重;先静力碾压,后振动碾压。这也是路基分层压实压路机选型的原则。

②"先慢后快"是指压路机的碾压速度随着碾压遍数增加应逐渐加快。初压时要以较低的速度进行碾压,这样可以延长碾压力的作用时间,增加影响深度,加快土体变形,避免产生碾压轮拥土现象,防止压路机陷车等异常情况发生。随着碾压遍数的增加,铺筑层的密实度也迅速增加。加快碾压速度则有利于提高铺筑层表层的平整度和提高压路机的作业效率。

③"先边后中"是指碾压作业时压路机必须先从路基的一侧(距路基边缘 30~50 cm 处),沿路基延伸方向,逐渐向路基中心线处进行碾压,在越过路基中心线 30~50 cm 后,再从路基的另一侧边缘开始向路基中心线处碾压。

值得注意的是:实施弯道碾压作业时,应先从路基内侧逐渐压向路基外侧,也即从路基低处压向路基高处。碾压一遍后,再从内侧开始向外侧碾压,如此循环;对傍山路基的碾压,则应先从靠山坡的一侧开始,逐渐向沟谷一侧碾压。为防止发生陷车和翻车事故,在碾压山区公路路基沟谷一侧时,碾压轮应距离路基边缘 100 cm。

(2) 路基压实作业中的主要注意事项。

①碾压时,相邻碾压轮应相互重叠 20~30 cm。

②压实作业时,应随时掌握压实层的含水量,只有在最佳含水量时,压实效果才最好。

③保证当天铺筑,当天压实。

④碾压中,土体出现"弹簧"现象,应立即停止碾压,并采取相应措施,待含水量降低后再进行碾压。对于局部"弹簧"现象,也应及时处理,不然会造成路基强度不均,留下隐患。

⑤碾压时,若压实层表层出现起皮、松散、裂纹等现象,应及时查明原因,采取措施处理后再继续碾压。一般情况下,土壤含水量低、压路机单位线压力高、碾压遍数过多及土质不良等原因易造成上述不良现象。

⑥碾压作业中,应随时注意路基边坡及铺筑层土体的变化情况,出现异常应及时处理,以免发生陷车或翻车事故。一般情况下,碾压轮外侧距路缘不小于50 cm,山区公路则距沟崖边缘不小于100 cm。

⑦遇到死角或作业场地狭小的地段,应换用机动性好的小型压实机械,予以压实。切不可漏压,以免路基强度不均匀,留下隐患。

⑧每班作业结束后,应将压路机驶离新铺筑的路基,选择硬实平坦、易于排水的地段停放。

2. 施工工艺分析

(1) 压实试验。

路基压实效果受多项因素的影响,包含路基土的力学性质、土体的含水量、地层强度、路基厚度、压实度等。各项因素对路基压实的影响程度不尽相同,且通常存在多项因素共同作用的情况。因此,需明确各项对路基压实造成影响的因素,分析各项因素产生的影响机制,确定合适的压实方案。试验是压实方案制订环节的必要工作,根据试验路段的施工情况确定最为适宜的压实方法,包含压实顺序、压实设备行进速度、压实厚度、压实遍数等。为保证试验结果富有参考价值,需要选择具有代表性且长度在100 m以上的路段,并严格依据规范操作,具体如下。

①在确定试验路段后,对土体进行取样,组织重型击实试验,目的在于明确最大干密度和最佳含水量,试验时记录完整数据,绘制相关关系曲线,以便直观分析土体的特性,针对土体的含水量采取有效的控制措施。

②试验后,确定合适的铺层厚度和压实遍数。通常,铺层厚度的设定主要根据现场土质特性和压路机性能而定,松铺厚度以30 cm为宜,各层的厚度应保持

均匀。

③碾压遍数的确定也是试验中的重点内容。在相同压实度要求的前提下,不同土质条件的压实遍数存在差异,例如砂性土的压实遍数较少,黏性土较多。而从设备的角度来看,在相同区段、相同压实度控制目标的前提下,振动压路机的压实遍数较少,轮胎压路机略有增多,光轮压路机需要更多的碾压遍数才能够使路基达到压实度要求。

④试验人员详细采集包含土体含水量、铺筑层厚、压实遍数在内的各项关键参数,对比分析,确定一套适宜的压实方案。

(2) 压实设备的配套。

土壤性质是压实设备选型时的主要考虑对象。对砂性土做压实处理时,宜优先考虑振动压路机,此时光轮压路机缺乏可行性;现场为黏性土时,依次考虑夯压机、振动压路机。不同压路机的适用范围存在不同,需要视现场土质条件做合理的选择,以便充分发挥压实设备的性能优势。

(3) 含水量的检测与控制。

含水量会对路基的压实度造成显著的影响。在含水量合理的情况下,才可取得最大的干密度,从而保证压实效果。因此,压实环节需加强对路基土含水量的检测,判断与最佳含水量的差距,灵活采取调控措施。通常,实测含水量可略高于最佳含水量,但超出幅度不可大于1%。部分路基土的含水量偏低,可采取洒水的方法提高该值。

(4) 压实作业。

待上述准备工作完成后,正式安排路基压实作业,具体的作业流程如图 3.2 所示。压实前先检测土体的含水量,判断与最佳含水量的偏差是否在许可范围内。实测值偏高则以翻晒的方法处理,偏低则洒水闷料,直至含水量合理为止。

压实初期,设备以慢速行进,稳定在 4 km/h 以内。直线段,从两侧开始逐步向中间推进,小半径曲线段则优先从内侧开始施工,再转向外侧。遇横向接头时,用振动压路机处理,重叠部分控制在 0.4~0.5 m。压实应具有全面性,需要有效覆盖各边角部位。若压实采用的是振动压路机,首先安排静压,然后再逐步提高设备行驶速度,高效压实,且全程遵循先弱振、后强振的基本原则。遇有大型车辆通过的路段时,合理规划行车路线,充分发挥大型车辆在压实方面的优势,保证压实的有效性。随着大型车辆的行驶,其产生的轴载较大,具有压实路基的效果,但需避免车辆持续在相同路线行驶的情况,否则会导致局部受到过度压实,产生明显车辙,进而影响路基的整体质量。为此,需合理疏导大型车辆,优化行驶路径,使其在整个路幅宽度内行驶。

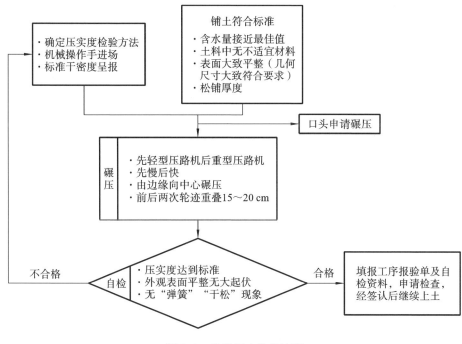

图 3.2 路基压实作业流程

3.5.3 影响压实效果的主要因素

路基的压实过程受多种因素的影响。在室内对细粒土进行击实试验时,影响土的压实度的主要因素有含水量、土颗粒的组成和击实功能。在施工现场碾压细粒土路基时,影响路基压实度的主要因素有土质、含水量、压实功及压实厚度等。

1. 土质对压实度的影响

土质对压实效果影响很大,不同土质的土的最佳含水量和最大干密度有较大的差异,但击实曲线的趋势基本相同。分散性较高的土,其最佳含水量值较高,最大干密度值较低,这些土的土颗粒较细,比表面积大,需要较多的水分包裹土颗粒形成水膜。亚砂土和亚黏土的最佳含水量小于黏土,而压实后的最大干密度大于黏土。因此,在相同的压实功下,亚砂土和亚黏土的压实性能优于黏土。

2. 含水量对压实度的影响

在压实过程中,土的含水量对所能达到的密实度起到很大的作用。由室内试验得到的含水量与干密度关系曲线可知,影响干密度的含水量存在最佳值。当土的含水量小于最佳含水量时,土的干密度随含水量的增大而增大;当达到最佳含水量时,干密度达到最大值;当含水量超过最佳含水量时,干密度随含水量的增大而减小。这表明,只有将含水量控制在最佳含水量附近,才有可能达到最大干密度。产生这一现象的原因是:在最佳含水量范围内,包裹于土颗粒表面的水膜能够降低土颗粒之间的吸引力,减小土的内摩擦角,土粒在外力作用下容易发生相对位移,重新排列成紧密的结构;当含水量超过最佳含水量并继续增加时,土粒间的空隙几乎全部被水充满,由于水是不可压缩的,单位体积内土颗粒的含量不再增加,因此在相同的压实功下,土的干密度反而逐渐减小,压实效果变差。

3. 压实功对压实度的影响

压实功是指压实工具的重量、碾压遍数或垂落高度、作用时间等。它是影响压实效果的另一重要因素。同一种土的最佳含水量,随压实功的增大而减小,最大干密度则随着压实功的增大而增大;在相同的含水量条件下,压实功越高,土体的密实程度就越高。因此,工程实践中可以增加压实功(选用重碾、增加碾压遍数和延长时间等),以提高路基强度或降低最佳含水量。但用增加压实功的方法提高土基强度的效果有一个限度,压实功增加到某一值时,强度提高极为缓慢,在经济效益和施工组织上不合理,甚至压实功过大会导致土基结构破坏。相比之下,严格控制最佳含水量,比增加压实功收效更大。当含水量不足,洒水有困难时,可适当增大压实功,以获得相应效果;如果土的含水量过大,增加压实功后可能会出现"弹簧"现象。

4. 压实厚度对压实度的影响

压实厚度对压实效果具有明显的影响。在相同的压实条件下(土质、湿度与压实功不变),通过实测土层不同深度的密实度得知,密实度随深度的增加而减小,表层 5 cm 处的土体压实度最高。不同压实工具的有效压实深度有所差异。根据压实工具类型、土质及土基压实的基本要求,路基分层压实的厚度有具体规定数值:一般情况下,夯实宜不超过 20 cm;12~15 t 压路机,宜不超过 25 cm;振动压路机或夯击机,宜以 50 cm 为限。实际施工时的压实厚度应通过现场试验确定。

3.5.4 压实质量与控制

1. 路基下卧层处理

路基下卧层承担着路基上层的全部荷载,应控制下卧层的施工质量:①路基填筑前应彻底清理路床内的淤泥、杂草;②路床内的积水要及时排除、晒干,保证路床有一定的强度;③发现局部"弹簧"现象,要彻底清除,并用料回填;④在路基填土前用推土机将路床推平,并用压路机进行碾压;⑤软土处理要彻底,不能留有隐患。

2. 路基填料控制

(1) 路基填料选择。

用于填筑路基的沿线土石材料,其性质往往有较大的变化。需采用能被压实到规定密实度且能形成稳定的填方路基的材料,不能使用沼泽土、淤泥、冻土、有机土、泥炭及液限大于50和塑性指数大于26的土。同时土中不应含有草皮、树根等易腐朽物质。受条件限制采用黄土、膨胀土做填料时,填料必须经过处理,满足规范要求方可使用。在路基填筑施工前,必须对主要取土场采集代表性土样,进行土工试验,用规定方法求得各个土场土样的最大干密度和最佳含水量,以便指导路基土的施工。施工时,土质应均匀,且不得使各种土质混杂使用,同一种土填筑厚度不能小于50 cm(两层)。经野外取土试验,符合表3.1规定的土才能使用。

(2) 填土材料的填前试验。

填土材料的填前试验包括液限、塑限、塑性指数、天然稠度和液性指数的试验,颗粒大小分析试验,含水量试验,密度试验,相对密度试验,土的击实试验,土的强度试验(CBR值)。

根据这些数据,能够从理论上判定土的种类,剔除不合格的土质。通过土的重型击实试验,绘出填方用土的干密度与含水量关系曲线,以便确定各类型土的最大干密度和达到最大干密度的最佳含水量。

(3) 试验路段控制试验。

试验路段控制试验的目的是确定正确的压实方法,确保土方工程达到规定的密度。试验内容包括压实设备的选择,压实工序、压实遍数、压路机行走速度的确定,以及填料有效厚度的确定。压实试验中,应详细记录各种已定的填筑材料的压实工序、压实设备类型,各种填筑材料的含水量界线、松铺厚度和压实遍数,测量高程变化等参数。压实试验必须达到规定的密实度。

表 3.1 路基填料最小承载比和最大粒径要求

填料应用部位(路面底面以下深度)/m				填料最小承载比 CBR/(%)			填料最大粒径/mm
				高速、一级公路	二级公路	三、四级公路	
填方路基	上路床		0~0.30	8	6	5	100
	下路床	轻、中及重交通	0.30~0.80	5	4	3	100
		特重、极重交通	0.30~1.20				
	上路堤	轻、中及重交通	0.8~1.5	4	3	3	150
		特重、极重交通	1.2~1.9				
	下路堤	轻、中及重交通	>1.5	3	2	2	150
		特重、极重交通	>1.9				
零填及挖方路基	上路床		0~0.30	8	6	5	100
	下路床	轻、中及重交通	0.30~0.80	5	4	3	100
		特重、极重交通	0.30~1.20				

(4) 含水量的控制。

施工中首先做好路基排水工程及施工场地的临时排水设施,路堑施工土方含水量控制重点是人工降低地下水位,可开挖纵、横向渗水沟。土场内外挖纵、横渗水沟或采用无砂管降水,使土方含水量降低。测定土方水分散失系数,可指导洒水、确定碾压作业段长度,减少二次洒水所造成的损失。含水量是影响路基土压实效果的主要因素,故需检测准备填入路基中的土的含水量。用透水性不良的土做填料时,控制其含水量在最佳含水量的±2%之内,方可开始碾压。

(5) 土质控制。

在最佳含水量下的压实可以花费最少的压实功,得到最好的压实效果。不同土质其最佳含水量不同:粉质低液限砂土的最佳含水量为 12%~16%。细砂、粉质低液限砂土、粉质中液限黏土及高液限黏土的最佳含水率为9%~12%。

在工地,判断土是否接近最佳含水量可采用简易鉴定方法:用手捏土(或灰土等)可成团,较费劲,手掌无水印,土团自 50 cm 高处落在地上散成蒜瓣状,自 100 cm 高处落在坚实地面上即松散,出现这些现象表明土已接近最佳含水量。

(6) 填料分层厚度控制。

路基填筑时的松铺厚度必须严格控制。一般路段松铺厚度小于或等于30 cm,构造物两侧松铺厚度不得大于15 cm。路床顶面最后一层的最小压实厚度大于或等于10 cm。如果填土厚度过薄,会出现脱皮开裂的现象。填土分层的压实厚度和压实遍数与压实机械类型、土的种类和压实度有关,应通过试验路段来确定。同样质量的振动压路机的有效压实深度是光轮静碾压路机的1.5～2.5倍。如果压实遍数超过10遍仍达不到压实度要求,则应减小压实厚度。只有各填筑层具备相当理想的压实度和良好的整体板体性后,路基整体才能稳定,并实现对地表水的防渗封闭和对地下水的隔断作用。若某一局部强度不足,则可能导致整个道路破坏。

(7) 路基碾压。

填筑路基时,应要求从基底开始在路基全宽范围内分层向上填土和碾压,尤其应注意路堤的边缘部分。路堤边缘往往不易压实,处于松散状态,雨后容易滑塌,故两侧可先填40～50 cm,压实工作完成后再按设计宽度和坡度予以刷齐整平。路基压实时,第一遍用振动压路机进行静压,然后再振动压实,具体要求如下。

①直线段和大半径曲线段,应先压边缘,后压中间;小半径曲线段因有较大的超高,碾压顺序应先低(内侧)后高(外侧)。

②压路机碾压轮迹重叠轮宽的1/3～1/2。

③振动压路机碾压6～8遍,一般就可以达到密实度要求。

④压路机的行驶速度过慢影响生产率,过快则对土的接触时间过短,压实效果差。一般光轮静碾压路机的最佳速度为2～5 km/h,振动压路机的最佳速度为3～6 km/h。

⑤影响压实效果的主要因素包括含水量、土类,以及压实功能。根据现场施工经验,在压实前最好实测一下路基土的实际含水量,经验证明土壤的实际含水量在最佳含水量的±(1%～3%)进行碾压效果最好。现场实测含水量的简单办法是乙醇燃烧法。该方法简单易做,很适合施工现场操作。如果因工期关系没有时间晾晒,可以考虑掺拌石灰以减少土的含水量。

(8) 压实工具及压实层厚度控制。

不同压实工具压力传播的有效深度也不同:夯击式机具最深,振动式机具次之,碾压式机具最浅。一种机具的作用深度,在压实过程中不是固定不变的,土体松软则压力传播较深,随着碾压遍数增加,上部土层逐渐密实,土的强度相应提高,其作用深度也就逐渐减小。当压实机具很重时,土的密实度随施荷时间增加而迅速增加,超过某一限度后,土的变形急剧增加,甚至达到破坏状态;当压实机具过重,甚至超过土的强度极限时,会立即引起土体结构破坏。

压实过程中,压路机速度对压实效果也有影响。当对压实度要求较高,以及铺土层较厚时,行驶速度应慢一些。碾压开始宜用慢速,随着土层的逐渐密实,速度逐步加快。正式碾压时,若为振动压路机,第一遍应静压,然后振动碾压,且由弱振增至强振。这样的话,既能使整个填土层达到良好、均匀的压实效果,还能保证路基的平整度。

(9)平整度控制。

规范中未对路基土分层填筑时的平整度做规定,但长期的施工经验表明,压路机在平整的路面上行驶时,对每一处的压实功都是相等的。碾压完成后各点的压实度比较均匀,统计曲线离散程度小。平整度差的路基在碾压时,压路机对路基土产生向下的冲击力。由于力的分布不匀,碾压完毕后各点得到的压实功均不相同,压实度也不均匀,可能出现某一段落、某一区域的压实度达不到要求的情况,因此必须增加检测频率,划分出不合格区域,重新碾压。

(10)台背回填的压实度控制。

台背回填是路基压实中的薄弱环节,因此施工时应特别重视。

①应将台背区划分为特别夯实区,并划定特别夯实区的宽度,一般不小于 3 m。在此范围内的压实度应高于同一层次的路基压实度。

②改善填料的结构。长期以来,填料多采用路基填表土,由于重型压实机械在台背范围内难以操作,压实度很难达到规范要求。所以,必须从设计角度出发,改善填料的结构,采用砂、级配砂砾、砾石等材料。

③严格分层夯实。台背回填的松铺厚度应比路基填土松铺厚度小 10~15 cm。

④通道、涵洞可采取先填筑路堤后开挖基坑的方法,以减小夯实宽度,并回填级配砂砾,以确保回填质量。总之,台背回填时应注意:选择渗水性较好的土;保证桥头路基有足够压实度,达到设计规范要求;加强桥头路基的排水。

(11)压实度检测。

路基压实度的检测方法较多,采用的方法有灌砂法、环刀法、核子密度仪测定法等。

①灌砂法工作量大,做试验所需时间较长,但试验数据较直接、真实,精度也较高,为检测砾类土压实度常用的方法。

②环刀法操作简单、数据准确,深受质检部门和施工单位的欢迎。但环刀法

不适合砾类土的检测。

③核子密度仪测定法可测定填表土的密度、含水量,有使用方便、快速的优点,但由于其精确度不高,不宜用于仲裁试验或作为验收的依据。

无论采用上述何种方法,均应严格遵守试验规程,使检测出的任何一组数据真实、可靠。

第4章 沥青混合料配合比设计

4.1 沥青混合料配合比设计阶段

沥青混合料设计的目的是根据建设项目沿线的气候和交通荷载情况，选择沥青和集料，并且按照合理的设计方法将这些材料有机结合起来，使竣工以后的沥青路面性能满足气候和交通荷载的要求。

沥青混合料的设计过程为选择材料，确定一个合理的矿料级配，并在此基础上确定一个适宜的沥青含量和合理的混合料密度。在一定的级配和原材料组成的沥青混合料中，若沥青含量过高，混合料将产生塑性变形，导致车辙和泛油等病害；若含油量过少，沥青混合料将松散、发脆，路面的耐久性降低。不同的配合比设计，将对沥青混合料的使用性能产生不同的影响。

沥青混合料配合比设计阶段如下。

(1) 目标配合比设计阶段。

利用工程实际使用的材料，按规范规定的方法，优选矿料级配，确定最佳沥青用量，直到符合配合比设计技术标准和配合比设计检验要求，并以此作为目标配合比，供拌和机确定各冷料仓的供料比例、进料速度及试拌。

(2) 生产配合比设计阶段。

①确定拌和机热料筛分用的振动筛。振动筛应根据混合料的规格选用。筛网的筛分能力（即每小时通过的集料量）与混合料级配、集料品种、类型、集料的洁净程度、筛孔尺寸、筛子的倾角和振荡力有关。

②原材料复核与拌和机冷料流量确定。

a.对进场的原材料，应进行原材料筛分试验复核工作，并与目标配合比设计所用原材料进行比较。

b.对沥青拌和机冷料仓的送料速度与电机转速的关系应进行标定，并根据形成的关系曲线，选定相应的电机转速进行送料。

生产热拌沥青混合料，通常采用4~5种不同粗细规格的集料，每种集料置于相应的冷料仓中。各个冷料仓的集料通过仓口下的小皮带（或履带）输送到通往拌和机的大输送带上,仓口开启的大小和皮带运行的速度均直接影响各冷料仓供料的多少。因此,可通过调整冷料仓出料口的开启大小和皮带运行的速度来控制各冷料仓的供料数量(在实际生产中,一般均固定出料口的开启度,通过改变皮带运行的速度调整供料的数量),使混合料的颗粒组成符合目标配合比。

③确定各热料仓集料和矿粉的用量。必须对二次筛分后进入各热料仓的集料取样进行筛分,合成矿质混合料的级配经计算与目标配合比接近,以确定各热料仓集料和矿粉的用料比例,供拌和机控制室使用。

④确定最佳油石比(最佳沥青用量)。

a. AC 型混合料取目标配合比设计的最佳油石比 OAC(optimal asphalt content)、OAC±0.3%和 OAC±0.6%共5个油石比;根据计算的矿料配合比例,用实验室小型拌和机拌制沥青混合料进行试验,按目标配合比设计方法选定最佳油石比。

b. 生产配合比确定的最佳油石比与目标配合比确定的最佳油石比之差应不超过 0.2%,且生产配合比与目标配合比设计的空隙率之差应不超过 0.2%。如超出此规定,应分析原因,重新进行生产配合比设计,并进行混合料性能检验。

⑤沥青混合料性能检验。按以上生产配合比,用室内小型拌和机拌制沥青混合料制备试件,并进行水稳定性检验。

(3)生产配合比验证阶段。

①应采用生产用拌和机对生产配合比进行试拌。试拌时,拌和机各项参数(矿料加热温度、沥青加热温度、冷料仓进料比例及进料速度)须按正常生产状态进行设置。

②试拌后的沥青混合料应进行马歇尔试验或旋转压实检验,并进行沥青含量、筛分试验。混合料级配与生产配合比之差应符合现行《公路沥青路面施工技术规范》(JTG F40—2004)的规定。

③试拌后的沥青混合料各项技术指标经检验合格后,方可铺筑试铺路段。否则,应分析原因并改正,再次进行拌和机试拌,直至试拌沥青混合料满足相关技术要求。

需要强调的是,经设计确定的标准配合比在施工过程中不得随意变更。生产过程中应加强跟踪检测,严格控制进场材料的质量。生产过程中如遇材料发生变化,检测沥青混合料的矿料级配、马歇尔技术指标不符合要求,应及时调整配合比,使沥青混合料的质量符合要求并保持相对稳定,必要时重新进行配合比设计。

(4)确定施工级配允许波动范围。

根据标准配合比及各筛孔的允许波动范围,制订施工用的级配控制范围,用以检查沥青混合料的生产质量。

4.2 沥青混合料配合比设计方法

沥青混合料设计方法分为两种,一种是体积法,一种是应力应变法(如 GTM 法)。GTM 法即旋转压实剪切试验(gyratory teting machine)。

4.2.1 体积法

体积法根据控制标准的不同分为两种。一种是空隙率标准,以美国的 Superpave 沥青混合料配合比设计法为代表,求得满足空隙率要求和矿料间隙率要求的用油量。该方法更注重混合料整体的结构特性。另外一种是马歇尔法。该方法关注稳定度与流值、密度与空隙率的分析,求得与所选矿料相适应的沥青用量即为最佳沥青用量。

1. Superpave 沥青混合料配合比设计法

Superpave 沥青混合料配合比设计法是由美国研究所首先推出的,即高性能沥青路面设计方法。这是一种创新型的设计方法,也是对现代社会沥青混合料配合比最全面的总结和创新。这种设计方法的核心是根据沥青混合料的空隙率、饱和度、矿料间隙率等体积指标参数进行沥青混合料的配合比设计,并且进行沥青混合料的水稳性分析。

(1)高性能沥青路面设计方法中,对材料的选取是整个设计方案的第一步,也是整个设计方案的基础。在选取并分配好材料的等级后,接下来就需要对材料的配合比和用量进行定量的分析。这是确保沥青混合料配合比方案能够高效实行的关键。在进行材料的配合比设计时,需要对建筑环境进行考察,了解当地的建筑环境和对沥青品种的需求,也可以利用现代的一些先进的设计软件,保证材料配合比数量的协调,使高性能沥青路面的设计方案更加有效。

(2)按照材料配合比方案进行材料的配置。在高性能沥青路面设计方案中,材料的选取和配置是整个方案的基础,只有实际配置出符合要求的沥青混合料,才能说明高性能沥青路面的设计方案是成功的。在进行实际材料的配置时,需要相关操作员工严格按照预先设定的材料配置方案操作,降低不规范操作出现的概率,从而配置出高质量的沥青混合料,为沥青路面的建设提供足够的帮助,保证高质量沥青路面的建设成果。

(3)验证在最大压实次数下的密实度标准参数,并且评估其水稳性。级配和最佳沥青用量确定后,需要在最大压实次数下验证混合料的密实度是否满足要求,然后采用"压实沥青混合料抗水损害阻力"方法进行水敏感性分析。

用Superpave沥青混合料配合比设计法进行设计时,由于中等交通量设计水平Ⅱ和大交通量设计水平Ⅲ还不成熟,目前采用低交通量设计水平Ⅰ进行沥青混合料的设计。Superpave沥青混合料配合比设计法以性能为考虑问题的出发点,设计成果在某种程度上预测了沥青混合料的路用性能,同马歇尔法相比有了相当大的进步。但是采用该方法进行沥青混合料配合比设计时,仅采用体积指标而未考虑沥青混合料的强度指标。

2. 马歇尔法

马歇尔法由美国密西西比州工程师马歇尔提出,并且由美国陆军工程兵团进行了完善。马歇尔法具有操作简单、设备价格便宜、便于携带等特点,是世界上绝大多数国家进行沥青混合料配合比设计和施工质量控制时采用的主要方法。马歇尔法的最大优点是关注沥青混合料的密度与空隙率、稳定度与流值的特性,通过分析获得沥青混合料合适的空隙率与饱和度,求得最佳沥青用量。

使用马歇尔法进行沥青混合料配合比设计时,需要清楚地认识到马歇尔法的基本原理和设计操作步骤。马歇尔法最初的基本原理是体积设计,即按照沥青使用的体积指标来进行沥青不同材料的选取和配置。随着社会的进步,马歇尔法更多的是按照实际的需求来进行设计。马歇尔法主要包括3个环节:了解设计目的、考虑生产配合比和进行试验验证。了解设计目的,能够确保设计出的沥青混合料配合比方案更加适合实际的需求。考虑生产配合比就是要结合实际生产能力尽可能降低生产的成本,提高沥青混合料配合比的设计效率。进行试验验证是使用马歇尔法的一个重要保障,以便判断这种设计方案是否适应当地的需求。

但这种方法也具有一定的局限性,主要表现在:①交通量划分简单;②不能准确模拟车轮对路面的作用情况;③不能很好地适应改性沥青混合料,在进行改性沥青混合料试验时,常出现荷载稍微增加,变形却持续增加的现象;④与实际路面的性能相关性较差。

4.2.2 应力应变法

应力应变法通过沥青混合料被旋转压实到平衡状态时的各项参数来确定路面混合料的设计密度和最佳沥青用量。这种方法较好地模拟了车轮对路面的实际作用。下面以 GTM 法为例进行阐述。

1. GTM 法的介绍

GTM 法是由美国发明的一种沥青混合料配合比设计方法。这种方法最初用于空军跑道设计，随着经济的发展与信息技术的普及，也逐渐用于普通路面沥青混合料的配合比设计，并且发挥着重要作用。沥青路面的设计需要严格考虑沥青的应变能力，这是确保沥青路面质量的关键。GTM 法充分考虑沥青的应变能力，通过对材料的应变比的分析，找出应变比高的材料，以保证沥青混合料的应变能力；最大限度地模拟了汽车对路面的实际作用情况，以推理的方法来设计沥青混凝土；根据汽车对路面的实际作用压强来设计沥青混凝土，使设计的沥青混合料的抗剪强度大于其所受的剪应力，将混合料产生的应变控制在适当的范围内。同时，沥青路面的抗压能力也是非常重要的。使用 GTM 法时，需要根据抗减安全系数对沥青混合料进行测试，选取抗压能力较强的混合料，以确保沥青路面的抗压能力，并减少路面凹陷。

GTM 法完全利用力学的应力应变原理，通过解决目前汽车触地压强不断上升的问题，减少沥青路面在重载交通下出现的车辙、推移、拥包等剪切破坏。

2. GTM 法的设计原则

（1）设计荷载为轮胎和路面的接触压强，不是轮胎的气压，也不是标准轴载累计作用次数。

（2）沥青路面的抗剪强度不小于荷载作用下产生的剪应力。

（3）将应变控制在适当的范围之内，使其没有永久变形产生。

（4）压实到设计荷载作用下的最终密度。

3. GTM 法的优点

（1）GTM 法的试验采用科学推理的方法，基于应力应变原理进行设计，并且在一定的压力下对试件揉搓旋转，使得对试件的作用力和汽车轮胎与路面的作用力十分相似，并且在旋转成形过程中减少骨料的破碎。

(2) GTM法拥有3种试模型号,分别为10.5 cm×15.2 cm、15.2 cm×25.4 cm、20.3 cm×30.5 cm。在进行沥青混合料配合比设计时,可根据沥青混合料的类型选择试模,尤其对于粒径大于26.5 mm的粗粒式沥青混合料更显出其优越性。

(3) GTM法与公路实际情况联系更紧密。利用GTM法设计沥青混合料配合比时,充分考虑了公路行车荷载的实际情况,根据每条公路的情况,在设计沥青混合料配合比时选择不同的设计压强,因而设计的沥青混合料配合比更合理。

(4) 采用GTM法设计沥青混合料配合比考虑了车辙产生的因素。从理论分析,产生车辙的因素主要有两个:①沥青路面在行车荷载的反复碾压下进一步压密;②沥青混合料在高温时的强度不足以抵抗车轮荷载的反复作用,轮下部分沥青混凝土产生剪切变形逐渐被挤压到两侧,使两侧的沥青混凝土面层鼓起并形成侧向流变。而GTM法在设计时充分考虑了这些问题,采用的垂直压强是该公路汽车轮胎对路面的实际压强,并且试件在该压强下被压实到平衡状态。同时,GTM法设计的沥青混合料配合比满足了行车荷载作用下需要的抗剪强度,因此也不会因抗剪强度不足而产生侧向推移。

4. 采用GTM法时涉及的指标

(1) 应变比。

应变比是最大角应变与最小角应变的比值,是对沥青混合料稳定性的量度,与沥青混合料的永久变形有关。该指标由最终旋转角除以中间稳定阶段的旋转角确定。不稳定的沥青混合料由于塑性流动,其旋转角在压实过程中增大,而稳定的沥青混合料的旋转角不会有明显的增加。当压实稳定值接近1.0时,沥青混合料一般表现为稳定;而当该值超过1.1时,沥青混合料一般表现为不稳定。应变比的确定:应变比=最终应变/混合料稳定状态时的应变。

(2) 抗剪安全系数。

抗剪安全系数是指沥青混合料被压实到平衡状态时的抗剪强度与行车荷载作用下需承受的剪应力的比值。抗剪安全系数不小于1.3比较适合我国目前的交通状况。

(3) 密度。

采用GTM法设计沥青混合料配合比时,可以采用控制旋转次数、控制试件的高度或者使沥青混合料压实到平衡状态等方法,令沥青混合料达到一定的密度。当混合料压实到平衡状态时,该密度与实际路面在设计荷载作用下的最终密度相当。所谓"平衡状态"是指 GTM 设备每转 100 转时,试件单位重量的变化不大于 0.016 g/cm³。

根据以上 3 个指标,GTM 可以进行以下几项工作:①测试一项计划中的沥青混合料配合比能否达到设计要求;②预测已经完工的道路的变形损坏情况;③确定最佳的含油量,防止出现车辙、泛油等现象;④确定路基的最佳级配和最佳的含水率。

4.3　热拌沥青混合料配合比设计

4.3.1　原材料控制

原材料是保证沥青混凝土路面施工质量的第一步,也是最重要的一个控制环节。不同的料源,不同的批次,施工使用的材料与配合比设计使用的材料的不一致性,都直接影响沥青混合料的配合比设计在施工控制中的实用性。为完成一个好的配合比设计,控制原材料质量是首要条件。这就要求施工单位要把控原材料的质量,保证"三关":首先是招标及订货关,供货单位必须提供各种原材料的质量检测报告;其次是进货关,供货单位供应的原材料不一定与投标时的承诺一致,进货时必须重新检验;最后是使用及保管关,材料进场后的存贮、堆放、管理是必须重视的第三关。

1. 材料选择原则

(1) 配合比设计的各种矿料必须按现行《公路工程集料试验规程》(JTG E42—2005)规定的方法,从工程实际使用的材料中取代表性样品。进行生产配合比设计时,取样至少应在干拌 5 次以后进行。

(2) 配合比设计所用的各种材料必须符合气候和交通条件的需要,其质量应满足规范规定的技术要求。

(3) 不同型号的沥青材料具有不同的技术指标,适用于不同等级、不同类型的路面。在选择沥青材料的时候,要考虑气候条件、交通量、施工方法等情况。寒冷地区宜选用稠度较小,延度较大的沥青,以免冬季产生裂缝;较热地区宜选用稠度较大,软化点高的沥青,以免夏季泛油、发软。一般路面的上层宜用较稠的沥青,下层和联结层宜用较稀的沥青。

（4）沥青混合料的粗集料要求洁净、干燥、无风化、无杂质,并且具有足够的强度和耐磨性。一般选用高强、碱性的岩石轧制成接近于立方体、表面粗糙、具有棱角的颗粒。当单一规格的集料某项指标不合格,但不同粒径规格的材料按级配组成的集料混合料指标能符合规范要求时,允许使用。

2. 原材料质量控制

（1）沥青。

沥青是一种非常关键的材料,在一般情况下所使用的沥青为SBS改性沥青。这种沥青的特点在于高温、低温性能都较好,而且具有非常良好的弹性恢复的性能。在沥青材料进入工地时,相关的施工单位实验室必须根据相关的规定和要求对沥青进行严格抽检,进场合格的沥青必须贮备在一些专用的贮备罐中。需要注意的是,在贮备罐中需要加设搅拌设备来确保沥青在使用时是均匀的。

（2）集料。

集料是矿料级配的一个主要的组成部分,也是进行主要受力支撑的关键材料,是沥青混凝土路面铺设过程中的骨架。其均匀程度、颗粒形状和表面粗糙度情况都将决定整个沥青混合料的嵌挤力情况及相应的摩阻力情况。矿料级配将对沥青混合料的各项性能指标产生直接的影响。如果想要配制出物理性能比较理想的合成矿料级配,相关的施工单位需要把控好集料的质量,特别是操作过程中的质量控制。为提高进料过程中的管理,工地的实验室需要对进场材料进行逐批的检验。为确保进场后每一种规格集料不出现相互混杂的情况,相关的工地沥青混凝土拌和站需要对进站道路及贮料场地进行一定的硬化处理,并注意设置隔离墙、防雨棚。

粗集料在沥青混合料中起骨架作用,在结构层中起承重和抵抗高温变形等作用。粗集料的各项技术指标必须符合规范要求,尤其是压碎值、针片状含量、吸水率等关键指标,在进场前后都须严格加以监控。粗集料的规格尺寸的选定必须与设计厚度相结合,同时也应注意结合拌和站筛网尺寸,防止因筛孔尺寸设置不匹配出现溢料过多或等料现象。

细集料在沥青混合料中主要起填充粗集料空隙、增加沥青混合料的整体性、减少沥青混合料在施工过程中的离析、提高路面的密实效果和防水破坏能力的作用。因此,在设计和施工过程中,必须严格控制细集料的含泥量,同时注意控制筛孔0.6～2.36 mm的含量,避免出现矿料级配断档或颗粒分布不均等现象。

4.3.2 目标配合比设计

1. 矿质混合料的组合设计

(1) 确定沥青混合料类型。

根据公路等级、路面类型及所处的结构层次等,选择沥青混合料类型,或者根据工程设计文件或者招标文件规定确定沥青混合料类型。

(2) 确定矿质混合料的级配范围。

沥青路面工程的混合料设计级配范围由工程设计文件或招标文件规定,密级配沥青混合料的设计级配宜在《公路沥青路面施工技术规范》(JTG F40—2004)规定的级配范围内,根据公路等级、工程性质、气候条件、交通条件、材料品种,通过对条件大体相当的工程的使用情况进行调查研究后调整确定,必要时允许超出规范级配范围。密级配沥青稳定碎石混合料可直接将规范规定的级配范围作为工程设计级配范围使用。经确定的工程设计级配范围是配合比设计的依据,不得随意变更。调整工程设计级配范围宜遵循下列原则。

①对夏季温度高且高温持续时间长,重载交通多的路段,宜选用粗型密级配沥青混合料(AC-C 型),并取较高的设计空隙率。对冬季温度低且低温持续时间长的地区,或者重载交通较少的路段,宜选用细型密级配沥青混合料(AC-F型),并取较低的设计空隙率。

②为确保高温抗车辙能力,同时兼顾低温抗裂性能的需要,配合比设计时宜适当减少公称最大粒径附近的粗集料用量,减少筛孔 0.6 mm 以下部分细粉的用量,使中等粒径集料较多,形成 S 形级配曲线,并取中等或偏高水平的设计空隙率。

③确定各层的工程设计级配范围时,应考虑不同层位的功能需要,经组合设计的沥青路面应能满足耐久、稳定、密水、抗滑等要求。

④根据公路等级和施工设备的控制水平,确定的工程设计级配范围应比规范级配范围窄,其中 4.75 mm 和 2.36 mm 通过率的上下限差值宜小于 12%。

⑤沥青混合料的配合比设计应充分考虑施工性能,使沥青混合料容易摊铺和压实,避免造成严重的离析。

(3) 组成材料的原始数据测试。

对选定的材料现场取样,对粗集料、细集料和矿粉进行筛分试验,按试验结果分别绘出各组成材料的筛分曲线。同时测得各组成材料的相对密度,以供计算。

（4）计算组成材料的配合比。

根据各组成材料的筛分试验资料，采用图解法或计算法，求出符合要求级配范围的各组成材料用量比例。采用图解法时，矿料级配曲线按《公路工程沥青及沥青混合料试验规程》(JTG E20—2011)的方法通过泰勒曲线绘制，如图 4.1 所示。其指数 $n=0.45$，横坐标按 $x=d_i^{0.45}$ 计算（d_i 为由下向上，第 i 层筛的标称筛孔尺寸，mm），纵坐标为普通坐标，如表 4.1 所示。以原点与通过集料最大粒径 100% 的点的连线为沥青混合料的最大密度线。

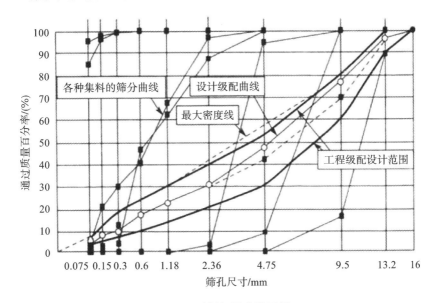

图 4.1 矿料级配曲线示例

表 4.1 泰勒曲线的横坐标

d_i	$x=d_i^{0.45}$	d_i	$x=d_i^{0.45}$
0.075	0.312	13.2	3.193
0.15	0.426	16	3.482
0.3	0.582	19	3.762
0.6	0.795	26.5	4.370
1.18	1.077	31.5	4.732
2.36	1.472	37.5	5.109
4.75	2.016	53	5.969
9.5	2.754	63	6.452

(5) 调整配合比计算得的合成级配。

通常情况下,合成级配曲线宜尽量接近设计级配中限,尤其是 0.075 mm、2.36 mm 和 4.75 mm 筛孔的通过量。

高速公路、一级公路、城市快速路和主干路等交通量大、车辆载重大的道路,宜偏向级配范围的下(粗)限;一般道路、中小交通量和人行道路等宜偏向级配范围的上(细)限。

合成级配曲线应接近连续或有合理的间断级配,不得有过多的犬牙交错。设计合成级配不得有太多的锯齿形交错,且在筛孔 0.3～0.6 mm 范围内不出现"驼峰"。当反复调整不能满意时,宜更换材料设计。

(6) 最佳油石比确定。

在矿料级配确定以后,最佳油石比的确定也相当重要。当计算马歇尔体积指标时,选取的基础参数很容易发生混淆。例如计算矿料的合成毛体积相对密度时,各档矿料均应采用毛体积相对密度;而当计算理论最大相对密度时,矿料的相对密度也应与沥青混合料一致,即当混合料采用表干法、蜡封法或体积法测定毛体积相对密度时,粗集料也采用毛体积相对密度;混合料采用水中重法测定表观相对密度代替时,粗集料、细集料(石屑、砂)和矿粉均采用表观相对密度。

4.3.3 生产配合比设计

1. 确定各热料仓矿料配合比

根据目标配合比设计中的矿料组成比例及沥青混合料拌和机的每小时生产量,分别计算出各种矿料的每小时供料量,对拌和机反复进行冷料匹配调试,直至各冷料仓的供料量达到目标配合比设计要求。待拌和机调试完毕,开机给热仓供料取样,且必须从拌和机二次筛分后进入各热料仓的材料中取样。此时的控制要点是各热料仓取样必须取热料仓中部有代表性的料,且取样至少应在干拌 5 次以后进行。取样后,按照《公路工程集料试验规程》(JTG E42—2005)规定的方法,对各热仓样品进行水洗筛分。根据筛分结果,借助电子计算机的电子表格用试配法进行热仓矿料配合比的设计。在试配控制过程中,力求设计级配曲线与施工要求的级配范围的中值线基本重合,并且接近目标配合比设计的级配曲线。

2. 确定生产的最佳油石比

以目标配合比设计的最佳油石比 4.2% 为基准,按 0.3% 的油石比间隔变化,分别以 3.9%、4.2%、4.5% 的油石比和计算确定的各热料仓矿料配合比准备 3 份马歇尔试验用材料。用实验室的沥青混合料拌和机拌制出 3 种油石比的沥青混合料,并按照《公路工程沥青及沥青混合料试验规程》(JTG E20—2011)规定的方法进行马歇尔试验。通过检测 3 种油石比的马歇尔试验结果全部满足规范要求,并进行优化比较,选择 4.2% 为生产最佳油石比。按最佳生产配合比做一组马歇尔试件,进行浸水马歇尔试验,得出浸水残留稳定度为 86%,符合规范规定浸水残留稳定度不得小于 80% 的要求。

4.3.4 生产配合比验证

1. 沥青混合料油石比和矿料级配检测

按照确定的生产配合比进行试拌试铺,在施工过程中分别从拌和站和施工现场随机取样,并按照《公路工程沥青及沥青混合料试验规程》(JTG E20—2011)规定的方法,采用离心法进行抽提试验。经多次抽样检测,沥青混合料的油石比均满足规范规定的 ±0.3% 要求。按照《公路工程集料试验规程》(JTG E42—2005)规定的方法,分别对抽提试验后的矿料进行水洗筛分,矿料级配曲线也全部满足规范要求,并且与生产级配曲线相接近。

2. 沥青混合料物理指标和力学性能检测

在试拌试铺施工过程中分别从拌和站和施工现场随机取样,采用与目标配合比设计相同的成型方法制备试件,按照《公路工程沥青及沥青混合料试验规程》(JTG E20—2011)规定的方法进行马歇尔试验,检测其马歇尔稳定度为 13.6 kN,浸水残留稳定度为 85.7%,空隙率为 4.5%,均能满足规范要求。

3. 沥青混凝土压实度检测

通过对完成的试铺路段进行钻芯取样,检测其路面压实度平均值为 98.5%,变异系数为 0.81%。这说明施工机械的类型、数量、组合方式和压实工艺均能满足施工需要。

4.4 SMA 混合料配合比设计

SMA 是沥青玛琋脂碎石的简称,是一种由沥青结合料、矿粉、纤维与细集料组成的沥青玛琋脂结合物填充在间级配的粗集料骨架间隙所形成的沥青混合料。

因此,SMA 具有抗高温、低温稳定性,良好的水稳定性、耐久性和表面功能(抗滑、车辙小、平整度高、噪声小、能见度好)。SMA 路面耐久性好,故养护工作少,经济效益和环境效益良好。SMA 配合比设计分成粗集料骨架和沥青玛琋脂填充料两部分设计。粗集料骨架设计 4.75 mm 筛孔通过率是关键性指标,要求必须要有充分的矿料空隙率(void in mineral aggregate, VMA)、粗集料骨架间隙率(void in coarse aggregate, VCA)等体积指标。玛琋脂胶浆设计最小沥青量和空隙率是关键性指标。而现在 SMA 大部分也使用了改性沥青。从使用情况表明,SMA 路面结构形式在良好的配合比设计及施工条件下,大大提高了路面的使用寿命,并逐渐推广使用。

4.4.1 原材料的选择和质量要求

为了使设计的沥青混合料能够达到预定的效果,具有更好的性能,从而提高路面的耐久性、完整性和强度,必须做好配合比设计这一工作,必须从原材料、施工工艺、质量控制等方面进行控制。

用于 SMA 路面的原材料主要有粗集料、细集料、矿粉和沥青(改性沥青)、纤维稳定剂等。下面以 SMA 混合料中的 SBS 改性沥青配合比设计为例。

1. SBS 改性沥青的要求

改性沥青是指掺加橡胶、树脂、高分子聚合物、磨细的橡胶粉或其他填料等外加剂(改性剂)或对沥青采取轻度氧化加工等措施,使沥青的性能加以改善而制成的混合料。

做 SBS 改性沥青试验时,应对每批次的沥青取样进行检验。取样一定要具有代表性。每份试样应及时使用,避免重复加热使用。进行软化点、针入度、延度试验时,一定要加热到规定温度,一次性浇筑到试模上,不允许中间有夹层,否则试验误差较大。

2. 粗集料

为了保证SMA沥青路面有良好的耐高温性能、表面抗滑性能以及满足沥青混合料施工配合比的掺配性,粗集料必须使用坚韧的、粗糙的、有棱角的优质石料。宜采用碎石或碎砾石,其质量和粒径规格应符合《公路沥青路面施工技术规范》(JTG F40—2004)。

粗集料应洁净、干燥、表面粗糙、无有害杂质,具有一定的强度。粗集料应有一定的棱角,具有两个以上的破碎面;与沥青黏附性不小于4级。粗集料还应具有良好的颗粒形状;针片状颗粒含量要少,以便有更好的嵌挤作用。

3. 细集料

细集料应洁净、干燥、无风化、无有害杂质、具有一定颗粒组成,并和改性沥青有一定的黏附性。采用天然砂时,天然砂虽然可提高施工和易性与压实性,但含量过高可能出现不利的"驼峰"配合比曲线(0.3～0.6 mm级配范围内出现拐点),导致压实不稳定;同时,使矿料空隙率降低,路面高温性能和抗水损害性能削弱。SMA路面应尽量使用机制砂。机制砂是由坚硬岩石破碎而成的,所以有良好的棱角性和嵌挤性能。缺少机制砂时,可以考虑使用质量好的石屑来代替。

4. 填充料

填充料应该干燥、洁净、无有害杂质,其质量应符合《公路沥青路面施工技术规范》(JTG F40—2004)规定的要求。改性沥青混合料的填充料最好采用将石灰岩或岩浆岩中的强基性岩石等憎水性石料磨细后得到的矿粉。矿粉在沥青结合料中的作用至关重要,在SMA中矿粉用量要比普通沥青混凝土多一倍左右。矿粉的质量尤为重要,不宜使用混合料生产中回收粉,因为采用回收粉时的车辙高温稳定性试验的动稳定度和马歇尔稳定度要比使用矿粉低得多。矿粉必须存放在室内干燥的地方。

5. 纤维稳定剂

SMA中使用的纤维稳定剂主要有3种:木质纤维、矿物纤维、聚合物有机纤维。

在SMA沥青混合料中掺加纤维稳定剂宜采用木质纤维,而且是松散型的。

因为掺加木质纤维的 SMA 的混合料的动稳定度明显高于掺加矿物纤维。

纤维应在 250 ℃ 的干拌温度下不变质、不发脆。纤维应存放在室内或有棚盖的地方，应避免受潮。

4.4.2　配合比设计

SMA 沥青配合比设计应符合《公路沥青路面施工技术规范》(JTG F40—2004)要求中关于热拌沥青混合料配合比设计的要求，通过目标配合比设计、生产配合比设计及生产配合比验证，确定矿料最佳级配及最佳沥青用量。

SMA 沥青混合料的配合比设计采用马歇尔试件的体积设计方法进行，设计重点是矿料各部分的级配、各种体积指标以及沥青用量。马歇尔试验的稳定度和流值并不作为配合比设计接受或者否决的唯一指标，这是与普通的密级配沥青混合料配合比设计的最大区别之处。

1. 目标配合比设计阶段

(1) 设计初级级配测定粗集料间隙率 VCA_{DRC}。

为了能达到良好的级配，应选择 3 组不同粗细程度的级配配合比，绘制设计级配曲线，分别位于工程设计级配范围的上方、中值及下方。设计级配应在标准级配的基础范围。设计级配中不能有太多的锯齿形交错，关键筛孔 4.75 mm、2.36 mm 的通过量不能出现驼峰，选择最优级配以达到密实嵌挤。测定集料的 VCA_{DRC}。为了充分发挥 SMA 混合料粗集料石结构的嵌挤作用，筛孔 4.75 mm 以上的粗集料形成一个骨架，骨架以外的间隙占整个试件的体积的百分数，即粗集料的骨架间隙率 VCA_{mix} 一定要小于 VCA_{DRC}，这是检验粗集料形成骨架嵌挤的关键指标。

(2) 选定初试沥青含量，测定 VMA、VCA_{mix}。

按照确定的初试沥青用量，用 3 组初试级配拌和制作马歇尔试件，试件数量每组 5 个；双面击实 50 次。在选择沥青含量时应该有最低限量，这也是 SMA 的一大特点。但沥青含量也不宜过大，应根据设计以及当地的气候来选择。测定理论密度及毛体积相对密度时的测定方法应统一。对 3 组试验结果进行比较，将 VCA_{mix} 与 VCA_{DRC} 进行对比，从中选择符合 $VCA_{mix} < VCA_{DRC}$ 要求的级配。

(3) 通过马歇尔试验测定空隙率,确定最佳沥青用量。

根据选定的级配选取 3 个不同沥青用量制作试件,进行马歇尔试验,根据空隙率,从而确定最佳用油量。马歇尔试件的空隙率是 SMA 配合比设计的最重要的指标,测定其密度一般会选择表干法。

(4) 目标配合比设计检验。

对选定的最佳用油量和确定的最佳级配拌料制作试件进行检验,包括水稳定性试验、车辙高温稳定性试验、谢伦堡沥青析漏试验、肯塔堡飞散试验、构造深度试验和渗水试验。

①水稳定性试验:目前沥青路面的水损害程度越来越严重,而减小沥青空隙率对防止水损害有重要作用。当水稳定性试验达不到要求时,可以掺加消石灰或抗剥落剂。但试验证明加消石灰的效果比加抗剥落剂要好很多。SMA 混合料 48 h 浸水马歇尔试验残留稳定度不小于 80%,不使用改性沥青的不小于 75%;冻融劈裂试验强度不小于 80%,不使用改性沥青的不小于 75%。

②车辙高温稳定性试验:SMA 沥青混合料必须要进行车辙高温稳定性试验,对其高温抗车辙能力进行验证。SMA 沥青混合料动稳定度一般达到 3000~6000 次/mm。由于现在交通量显著增多,车辙高温稳定性问题是路面常见的损坏之一,进行车辙试验是非常重要的。在试验中,要注意温度控制以及沥青含量与前面的配合比一致。

③谢伦堡沥青析漏试验:SMA 用来确定沥青含量的一种方法,通过试验确定沥青混合料中有无多余的自由沥青数量,进而确定最大沥青含量。如果沥青用量过大,产生多余的自由沥青,就会造成玛琋脂上浮,影响构造深度,降低高温稳定性。

④肯塔堡飞散试验:飞散试验是为了检验集料与沥青结合料的黏结力。如果集料飞散,可能是由于沥青结合料用量偏少或是沥青结合料差。集料和沥青的黏结力不足,在交通荷载的反作用力下容易造成集料的脱落,进而造成坑槽以及路面损坏。所以在配合比设计中,进行肯塔堡飞散试验是非常必要的。制作试验件的温度要保持一致。

⑤构造深度试验:构造深度用于评定路面表面的宏观粗糙度、路面表面的排水性能及抗滑性能。SMA 的表面构造深度也必须在配合比设计过程中予以检验,可以利用轮碾法成型制作试件进行测定。在测试过程中要保持试件的干净和干燥,不然会影响其试验结果。SMA 路面构造深度要求在 1.0~1.2 mm,这样路面的抗滑性能比较好,而且有利于路面的排水。

⑥渗水试验:SMA混合料基本上是不渗水的。透水情况应取决于混合料配合比以及现场的压实程度。假如空隙率控制在3.5%~4.5%,SMA混合料基本不会渗水。在配合比设计中应该采用轮碾法碾压成型的试件进行检验,在试件表面进行渗水系数试验。

2. 生产配合比设计阶段

按照目标配合比比例进行冷料仓上料,经过拌和站的四级振动筛的二次筛分(以SMA-13为例,筛网的规格为0~3 mm、3~7 mm、7~11 mm、11~16 mm),再从拌和机热料仓取样进行级配筛分,进行生产配合比设计。为确定各热料仓的比例,将公称粒径4.75 mm、2.36 mm、0.075 mm作为关键筛孔。关键筛孔关系到粗集料骨架间隙率VCA。接着取目标配合比设计的最佳沥青含量、最佳沥青含量±0.3%进行马歇尔试验,确定生产配合比的最佳级配和最佳油量。

应选用间歇式拌和机生产沥青混合料,从二次筛分进入各热料仓的材料中取样,并进行筛分,确定各热料仓的材料比例,供拌和机控制室使用。同时,反复调整冷料仓进料比例,使供料平衡,并取目标配合比的最佳沥青含量以及最佳沥青含量±0.3%进行马歇尔试验,确定生产配合比的最佳用量。

3. 生产配合比验证阶段

采用生产配合比进行试拌试铺。在试验路段施工中,用沥青混合料进行马歇尔试验与路上钻取芯样检验,由此确定生产用的标准配合比。

(1)在工程进程中,如果材料有变化,应在使用材料之前重新进行配合比设计,根据实践经验和马歇尔试验结果,经过试拌试铺论证确定。

(2)在整个试铺过程中,应对混合料进行抽提筛分、马歇尔试验、测定空隙率,并进行车辙稳定度试验。铺筑完后进行路面的现场测试,测试其压实度、渗水系数、构造深度等指标。通过试铺的路段检测出来的数据检验生产配合比。

通过以上阶段的配合比设计,最终得出指导生产施工的配合比,供以后生产施工使用。

4. SMA沥青混合料的质量控制

对于沥青面层混合料,在施工过程中应及时进行检测和试验。

(1)SBS改性沥青的质量检测:改性沥青施工质量应符合《公路沥青路面施工技术规范》(JTG F40—2004)的要求。应对改性沥青的针入度、软化点、延度等主要指标进行检测。

(2) 每进一批原材料则应进行检验,杜绝不合格材料进场。粗、细集分开堆放,以免混合。细集料最好配有防雨棚。

(3) SMA 混合料的质量控制。SMA 混合料制造过程的质量控制与普通沥青大致相同,主要有以下 4 方面。

① 拌和温度。改性沥青的原材料和成品料的温度、集料烘干加热温度、混合料拌和温度及混合料的出厂温度应该符合规范要求,随时进行检验。不合格要坚决废除。

② 矿料级配沥青含量。对于间歇式拌和机,必须逐盘打印各热料仓材料的比例、矿粉的比例、沥青的比例以及一盘混合料的总量。随机计算出矿料级配比例,与标准配合比进行对比,观察其误差有没有超出范围。实验室随机取混合料进行油石比筛分,得出矿料级配和沥青含量,观察是否符合规范要求。要求油石比误差不超过 3%。

③ 应使用每天的出厂沥青混合料制作试件,进行马歇尔试验。马歇尔稳定度、流值以及 SMA 的体积指标必须符合规范要求,尤其是空隙率。

④ SMA 的路面检测:施工现场的检测内容包括压实度、厚度、平整度、弯沉、构造深度、渗水系数、宽度等。

4.5　OGFC 沥青混合料配合比设计

OGFC 是一种开级配抗滑磨耗层混合料,OGFC 混合料的空隙率一般达到 15%~25%,下雨时,地表水可透过多孔的 OGFC 沥青层沿下面层表层排至两侧。这不仅有效减少了表面积水引起的水雾、溅水及眩光现象,而且还提供了足够的表面粗糙度,减少了车辙变形,降低了噪声。

OGFC 路面的性能特点如下。

(1) 排水及抗滑性能好,完全排除或者减少雨天路面积水,消除高压水膜将轮胎托起而产生的水漂现象,大大减少行驶车轮引起的水雾及溅水,使雨天行车的能见度提高,并且避免了雨天夜间行车车灯造成的眩光。

(2) 可使气流顺利消散,有效降低气压噪声和滑黏噪声。

(3) 大颗粒间的相互直接接触所构成的骨架结构承担了荷载的作用,高温下抵抗变形的能力强。

4.5.1 原材料组成

1. 集料

OGFC沥青混合料的粗集料达到80%左右,由粗骨料形成骨架结构,所以粗骨料的性能关系到混合料性能,其性质、形状及级配对OGFC沥青混合料的性能有着重要的影响。对粗骨料进行选择时,首先要考虑集料的岩性。碱性石料与沥青接触时,会发生化学吸附反应,在沥青与石料接触面上形成新的化合物,对于保持混合料的水稳定性有利,因此一般选用碱性石料为OGFC沥青混合料的集料。常见的碱性石料有玄武岩、辉绿岩等。酸性石料不能直接作为沥青混合料的集料,应加抗剥落剂等进行技术处理后方可使用。石料的颗粒形状与混合料的性能关系密切,压制成的碎石形状以近似立方体、表面粗糙、棱角分明为最佳,针片状颗粒含量应控制在一定范围内。OGFC沥青混合料对细集料、填料(主要指矿粉)、纤维稳定剂等都有相应的技术要求。

2. 沥青

沥青混合料是由沥青胶结料与矿料组成的路面材料,胶结料的性能对混合料影响很大。OGFC路面由于混合料粗颗粒过多,细颗粒过少,虽然能形成骨架,但颗粒之间不能够形成强有力的嵌锁作用,混合料的强度受胶结料的黏结影响大,所以要求沥青具有很高的黏性,以确保沥青混合料的稳定性。OGFC路面具有大空隙特点,容易受空气及太阳紫外线的作用,加速沥青的老化。为了防止由此产生的老化,人们对胶结料的抗老化性能提出了更高的要求。OGFC路面雨水经常从路面结构内部排除,极易受到水的损害,所以,要求沥青与矿料有很好的黏附性。

考虑到我国公路上重载多的实际情况,混合料应该具有较高的抵抗塑性变形的能力。根据以上分析,OGFC混合料所用沥青应该具有以下特点:①沥青黏性好;②优良的抗老化性能;③与集料的强黏附性。

铺筑OGFC路面时,采用普通沥青很难满足上述要求。为得到性能良好的结合料,最好采用高黏度改性沥青。

4.5.2 配合比设计

OGFC沥青混合料的配合比设计采用马歇尔法进行,并以空隙率为配合比设计主要指标。这种配合比设计的特殊之处是沥青含量难以使用通常的马歇尔试验方法确定,而是采用谢伦堡沥青析漏试验结果选定。通常以谢伦堡沥青析漏试验确定的沥青混合料不致产生流淌的沥青用量为上限,以肯塔堡飞散试验检验沥青混合料在通车后粒料不致松散、脱落、飞散时的沥青用量为下限。沥青用量一般都通过试验计算确定,要求测定集料的毛体积密度和表观密度,计算混合料所需的有效沥青用量及总沥青用量。

1. 确定设计矿料级配

按《公路工程集料试验规程》(JTG E42—2005)规定的方法精确测定各种原材料的相对密度,粗集料按 T0304 方法测定,机制砂及石屑可按 T0330 方法测定,也可以用筛出的 2.36～4.75 mm 部分的毛体积相对密度代替,矿粉(含消石灰、水泥)以表观相对密度代替。由于 OGFC 沥青混合料的级配选择影响最终的路面使用性能,级配的选择在配合比设计中是很重要的一步。通常使初选的级配在《公路工程集料试验规程》(JTG E42—2005)规定的工程设计级配范围内,并在充分参考同类工程的成功经验的基础上,在级配范围内适配 3 组不同 2.36 mm 通过率的矿料级配,将其作为初选级配。

2. 确定沥青用量

制作马歇尔试件,马歇尔试件的击实次数为双面 50 次。用体积法测定试件的空隙率,绘制 2.36 mm 通过率与空隙率的关系曲线。根据期望的空隙率确定混合料的矿料级配,再计算初始沥青用量。以确定的矿料级配和初始沥青用量拌和沥青混合料,按《公路工程沥青及沥青混合料试验规程》(JTG E20—2011)规定的方法分别进行马歇尔试验、谢伦堡沥青析漏试验、肯塔堡飞散试验、车辙高温稳定性试验,其空隙率与期望空隙率的差值不宜超过 1%。如不符合要求,应重新调整沥青用量,拌和沥青混合料进行试验,直至符合要求为止。如各项指标均符合要求,即配合比设计完成,应出具配合比设计报告。

第5章 沥青路面施工准备

5.1 施工准备工作概述

施工准备工作是施工组织管理人员在具备了施工管理基础知识,熟悉路面工程设计图纸、招投标文件和施工技术的情况下,综合运用施工技术、施工管理组织学知识,依据工程项目所在地区的自然条件、工程情况以及劳动力、原材料、主要机械与设备等供应情况和路面施工质量要求等,编制路面实施性施工组织设计(或施工方案),做好路面施工前的一切准备工作。

施工准备工作的主要内容包括组织准备、技术准备、施工现场准备、物资准备等。

5.1.1 组织准备

组织准备的主要内容是建立施工组织机构、确定路面施工班组、编制路面施工管理规划、确定路面施工目标。

1. 建立施工组织机构

施工组织机构是指为完成施工任务而成立的负责现场施工与管理工作的项目经理部(项目部),包括职能部门及生产、环保、安全、质量等基层操作体系。

施工企业取得施工任务后,首先应组建工程项目部,确定项目领导班子。项目部在项目经理领导下开展工作。为了充分发挥项目部在项目管理中的主导作用,应贯彻"少而精"的原则合理设置机构,做到规章制度完备、岗位职责具体、目标任务明确、各项措施到位、运行功能齐全。

结合工程项目的规模、复杂程度和专业特点,根据项目管理组织机构设置原则,选用适当的组织机构形式,组建目的明确、精干高效、技术配备精良、设备先进齐全、生产快速高效的施工组织管理机构,建立项目分工责任制,完善工程质量分级管理体系,明确各自的责任、权限和义务等。

项目部应在遵守企业规章制度的前提下,根据项目管理需要,制订施工过程中必要的组织与技术管理规章制度。

2. 确定路面施工班组

施工班组是直接参与施工的基层生产组织,应选择经验丰富、责任心强、工作认真负责、可靠的施工班组。一般根据需要由班组人员分工兼任记工、领料、保管、质量检查、安全检查等工作。班组的人数及工作性质,应根据工程需要及管理需要确定。

施工班组的建立有两种形式:一种是按工艺专业化原则建立,如木工班、钢筋班、混凝土班等;另一种是按施工专业化原则建立,如路面基层班、路面面层班等。

施工班组的合理组织和劳动力合理安排,是保证施工连续性、紧凑性、协调性和经济性的前提。

3. 编制路面施工管理规划

路面施工管理规划对项目施工管理的组织、内容、方法、步骤、重点工作进行预测和决策,是具体安排的纲领性文件。

路面施工管理规划的主要内容有以下方面:①进行工程项目分解,形成施工对象分解体系,以便确定阶段性控制目标,从局部到整体地进行施工活动和进行施工管理;②建立路面施工管理工作体系,绘制路面施工管理工作体系图和路面施工管理工作信息流程图;③编制施工管理规划,确定管理要点,形成文件,有利于执行。

4. 确定路面施工目标

路面施工目标有阶段性目标和最终目标。路面施工目标也可分为质量目标、安全目标、工期目标、成本目标等。在劳动组织准备阶段确定路面施工目标,是为了保证工程项目在施工阶段进行全过程控制。

根据确定的路面施工目标,结合路面工程施工进度计划、劳动力的调配情况,合理地组织安排施工环节和施工过程,严格劳动纪律,严把工程质量关,实施奖惩制度,最大限度地创造最佳效益。

5.1.2 技术准备

路面施工前的技术准备工作包括设计文件熟悉和核对、补充资料调查、实施性施工组织设计和施工预算编制、路面施工测量放样、原材料试验和混合料配合比设计、路面施工技术交底等。对于采用新技术、新工艺及新材料的市政道路的路面施工,除做好上述准备工作外,还应在路面大规模施工前铺筑试验路段,为路面正式施工提供技术依据。

1. 设计文件熟悉和核对

设计文件是工程施工最重要的依据之一。施工前要组织技术人员领会设计文件的意图,熟悉设计文件中的各项技术指标,认真分析技术经济的合理性和施工的可行性。对设计文件中有疑问、错误或设计不妥之处,应及时与建设单位(业主)、设计单位和监理工程师联系,共同进行调查分析,选择合理的解决方案。

对路面工程设计文件和路面设计图纸进行现场核对的主要内容如下。

(1) 各项路面施工计划的布置和安排是否符合路面施工技术规范的要求。

(2) 路面工程设计图纸、技术资料是否齐全,有无错误和相互矛盾之处。

(3) 路面工程设计文件所依据的水文、气象、地质、岩土等资料是否准确、可靠、齐全。

(4) 工程设计内容和技术条件是否准确,包括设计规模、各分项工程的结构特点和形式。

(5) 设计文件中路面结构是否合理,质量要求和集料级配范围是否合理。

(6) 路线中线、主要控制点、转角点、水准点、三角点、基线等是否准确无误。

(7) 路面施工方法、料场分布、运输工具、道路条件等是否符合工程现场实际情况。

现场核对时,如发现设计有错误或不合理之处,应提出修改意见报上级主管部门审批,待核准批复后进行现场测量及设计单位修改设计、补充图纸等工作。

2. 补充资料调查

进行现场补充资料的调查,是为优化和修改设计、编制实施性施工组织计划、因地制宜地布置施工场地等收集资料。调查的内容主要包括如下。

(1) 工程所在地的地形、地质、水文、气候等自然条件。

(2) 路面自采加工材料的料场分布、储量、供应量与运距等情况。

(3) 路面地方性生产材料供应情况。

(4) 施工期间可供利用的房屋数量。

(5) 当地劳动力资源、工业生产加工能力、运输条件和运输工具,施工场地的水源、水质、电源、通信,生活物品供应状况以及当地民俗风情、生活习惯等。

3. 实施性施工组织设计和施工预算编制

编制路面实施性施工组织设计和施工预算,是路面施工前非常重要的技术准备工作。施工单位应根据设计文件中的施工组织计划和建设单位在承包合同中的具体要求,结合工程项目路面的特点、施工具体条件、路面工程量、施工难易程度以及路面施工设备、人员、材料供应情况和路面工期要求,编制具体、切实可行的实施性施工组织设计,并报监理工程师和业主批准。

4. 路面施工测量放样

路面开工前应做好施工测量放样工作,内容包括导线、中线、水准点复测,检查与补测纵横断面,校对和增加水准点,分别放样各结构层宽度、厚度、高程等。

5. 原材料试验和混合料配合比设计

对于拟选择的自采加工材料的料场、地方性生产材料供应料场和外购材料,按照有关规定选取代表性的试样,进行原材料各项技术性能指标试验,在此基础上进行路面混合料配合比设计试验,确定混合料的施工配合比。原材料试验和混合料配合比设计结束后,应及时向监理工程师提交报告,经监理工程师审核批准后方可采购和使用。

6. 路面施工技术交底

技术交底即把设计对施工的要求、施工方案及措施转达给施工人员,这是落实技术责任制的前提。进行技术交底的目的是保证严格按照路面施工图、实施性施工组织设计、施工操作规程、安全生产规程、工程施工及验收规范和其他相关技术规范进行施工。

采用新技术、新结构、新材料、新工艺等的路面工程,应先由路面总工程师向施工队技术员交底,施工队向作业班组技术员交底,然后作业班组技术员向具体操作人员交底。一般路面工程由施工队的单位工程技术负责人向班组长和工人交底。

路面施工技术交底内容包括如下。

(1) 路面设计图纸交底,主要是设计图纸上必须特别注意的问题,如尺寸、轴线、高程、预留孔和预埋件的位置、规格和数量等。

(2) 原材料交底,即使用材料的品种、规格和质量要求等。

(3) 路面施工工艺交底,即采用的施工方法、操作工艺和其他工种的配合等。

(4) 路面施工规范、技术标准交底,即采用的施工规范、质量评定标准和有关要求。

(5) 技术措施交底,即保证质量、安全生产、降低成本、文明施工和工程产品保护等技术措施要求。

(6) 样板交底,凡采用新技术、新工艺、新材料的工程和技术复杂的工程,应在正式施工前,做出样板或实际样品,经有关多方核查研究同意后,方可正式施工。

(7) 路面设计变更情况交底。

5.1.3 施工现场准备

1. 临时设施

在路面工程正式开工前,充分建造好相应的临时设施,如加工场地、临时仓库,行政、生活用临时房屋,临时供水、供电、供热等。

(1) 加工场地。

加工场地的建筑面积,通常参照有关资料或根据施工单位的经验确定,也可按有关公式计算。

大型沥青混凝土或水泥混凝土搅拌设备的场地面积,根据设备说明书的要求确定。必要时应对拌和场的场地和进出场道路、堆料场地等进行硬化处理。在细集料的堆放场地应搭设防雨棚,防止细集料受到污染。

上述加工场地的结构形式应根据当地条件和使用期限而定。使用年限短的加工场地采用简易结构,如油毡或草屋面的竹木结构;使用年限较长的加工场地则可采用瓦屋面的砖木结构或活动房屋等。

(2) 临时仓库。

临时仓库分为转运仓库、中心仓库和现场仓库等。临时仓库组织包括确定材料储备量和仓库面积等。

建筑材料的储备量既要保证工程连续施工的需要,也要避免材料积压而增大仓库面积。供应不易保证、运输条件差、受季节影响大的材料可增大储存量。常用材料的储备量宜通过运输组织确定。对于不经常使用和储备期长的材料,可按年度需用量的某一百分比储备。

一般的仓库面积可按有关公式计算,特殊材料(如爆炸品、易燃或易腐蚀品)的仓库面积,按有关安全要求确定。仓库除满足总面积要求外,还要正确确定仓库的平面尺寸,即仓库的长度和宽度。仓库的长度应满足装卸要求,宽度要考虑材料的存放方式、使用方便和仓库的结构形式。

(3) 行政、生活用临时房屋。

行政、生活用临时房屋的建筑面积取决于工地的人数,包括施工人员和家属人数。

编制施工组织设计时,应尽量利用工地附近的现有建筑物,或提前修建能利用的永久建筑,如道班房、加油站等,不足部分修建临时建筑。

临时建筑应按节约、适用、装拆方便的原则设计,其结构形式按当地气候、材料来源和工期长短确定,通常有帐篷、活动房屋和就地取材的简易工棚等。

(4) 临时供水、供电、供热。

临时供水、供电、供热应解决确定用量、选择供应来源、设计管线网络等问题。

确定用量时,应考虑施工生产、生活和特殊用途(如消防、抗洪)的需用量。选择供应来源时,首先考虑当地已有的水源、电源。若当地没有或供应量不足,须自行设计解决。

在沿线河流上取水时,要取样化验,检查水质是否符合工程或生活的使用要求。路线附近可利用的水源要与就近掘井取水进行经济比较确定。在有自来水设施的地区施工,饮用水使用自来水,工程及其他用水如无合适天然水源可利用,也可使用自来水,但要与供水单位订立供水协议。

施工和生活用电最好利用当地电源,要了解供电单位能否满足工地用电的要求,并与供电单位订立供电及安装输电线路和设施的协议。当供电单位经常定期停电、供电量满足不了施工需要或根本就没有可利用的电源时,应自备电源。

2. 土基检查

不论是路堤、路堑还是原有路面,铺筑路面结构层之前,必须进行检查验收,其压实度、弯沉、高程、平整度等技术指标达到规定的要求后,才可进行路面施工。如发现路基土过干、表层松散,则应适当洒水、碾压;如路基土过湿、发生"弹簧"现象,应采取挖开晾晒、换土、掺石灰或水泥等措施。

3. 施工现场交通管制

为了确保路面施工安全有序,对施工现场范围内的公路两端和必经的交叉路口、部分设施设备等设置施工标志,进行施工现场交通管制。应对附近人群进行施工安全宣传。

5.1.4　物资准备

路面施工要消耗大量的人力、材料和机具,正式开工前应进行所需材料的购买、采集、加工、调运和储备等工作,同时要检修或购置及安装一些路面施工机械、机具,做好施工人员的生活、后勤保障准备工作。材料和施工机械、机具的准备工作是路面施工组织计划的重要组成部分。

1. 材料准备

当地采购或开采加工的材料(如砂、石等),必须对其产地、品质、数量、运输和价格做详细的调查分析。需要临时开采加工的材料,了解可否发包给当地生产供应部门,并与自行组织生产进行经济比较。特别要注意在设计文件提供的材料产地以外,能否找到材料品质符合要求、运距更近的产地。

自采材料和外运材料,经检验和选择,按需要的规格和数量运到现场,堆放位置应根据实施性施工组织计划进行合理安排。

路面工程材料运输,可利用当地已有的运输力量,必须了解当地可利用的运输工具的类型、数量、运输能力和运价。如果当地运输力量不能满足要求或经比较不经济,可自行组织运输。

2. 施工机械、机具准备

应按照施工合同规定,配备足够的施工机械、设备及器具,保证其均处于良好的技术状态及满足施工的需要,并应有相匹配的维修措施。

根据路面实施性施工组织计划,一次或分批配齐足够的施工机械和相关工具。

对于有些不常使用的机械设备可以采用租赁方式,施工单位只要向租赁者按合同规定定期交付一定的租赁费便可取得设备的使用权,从而可以减少或根本就不需要购买那些不常使用的设备。在租赁设备调查中,首先要了解出租设备的型号、功能、数量等能否满足施工要求,同时还要将租赁与自购进行经济比较,以便择优选用。如选择租赁设备,要签订租赁合同。机械设备的放置,应考虑施工要求。

3. 安全防护准备

应严格执行《公路工程施工安全技术规范》(JTG F90—2015)的规定要求,加强安全生产管理,落实安全生产责任,提高作业人员的安全意识,准备好各种安全防护设施和劳动防护用品,正确使用安全防护用品。

项目部办公区、员工生活区、施工现场、拌和场地等,应先确定危险源,并制订相应的防范措施及应急预案。项目部所有员工和施工人员(包括合同工、农民工)及在建工程均应选择合适的保险种类进行投保。

安全防护措施应是施工组织设计的重要组成部分,同时,这些措施必须有效、可靠并落实。

5.2 沥青路面施工机械

5.2.1 沥青路面施工机械选择原则

1. 选择的基本原则

(1) 进行施工机械选择时,应当使其适合施工作业的性质,适合施工作业对象的特征、规模、运输距离等,进而使施工机械可以更好地发挥功能,促进施工作业效率的提高。此外,施工机械的生产能力也应符合相关的要求。

(2) 在进行施工机械选择时,应在条件允许的情况下选择技术先进的机械,以使建设的公路满足现代化运输的需求,即结构先进、性能稳定可靠、生产率高、单位产品费用低。

(3) 机械的购置和运转费用少、能耗低。在具体选择时,应当通过技术经济比较,进而选出生产率高、单位产品费用低的施工机械。

(4) 在进行机械的选择时,需要对比专用机械和通用机械。其中通用机械的适应性很广,可以用于很多的沥青路面施工,具备较高的使用率,而专用机械更多是为满足某一施工工程而进行具体设计的。因此,当施工条件和机械实际条件一致时,可以达到实现更高工程质量和生产率的目的。

(5) 如果工程量相对比较大、施工强度比较高,并且满足大型机械的作业条件,应当在沥青路面施工时选择大型机械,因为大型机械的生产率高,可最大限度降低单位产品的成本和能耗。

(6) 在进行施工机械选择时,应保证机械操作方便、防震防噪声、仪表设备齐全并配置空调,以使相关的驾驶人员可以更加舒适和安全地进行机械操作,促使机械提高生产率。

2. 组合的原则

为充分发挥施工机械的效能,对其进行科学合理的组合是关键。在实际的沥青路面施工中,一般不会仅仅使用单台机械施工,而是组合两种及以上的机械进行施工。在进行机械组合时,应当遵守以下几个原则。

(1) 尽量减少机械的组合数量,因为机械组合数量和机械工作效率成反比。机械组合数量越多,机械的工作效率越低。这是因为一旦机械组合中的一台机械存在故障而停工,就会迫使组合作业停止。如果机械的组合数量越多,则因故障而停止的概率也会越高。

(2) 在施工过程中,采用组合机械进行相关作业时,应当力保各机械的能力是平衡的。

(3) 在进行机械化施工的过程中,可以将机械组合分为几个系列并列施工,降低因某一机械故障而停工的概率。在进行机械组合时,应当尽量保证所有机械的机型是一致的,以便后期的维修和管理。

5.2.2 沥青路面施工机械的合理选择

1. 施工机械介绍

(1) 拌和机。

沥青混合料拌和时,需要多道工序,因此涉及的设备比较多。但是,不同的施工环境和施工条件下,相关施工要求是不同的,因此与其相关的施工装置也应当具有一定的差异。小型的拌和设备可以组成一台机组,而大型的拌和设备可以成为一座自动化工厂。值得注意的是,当前国内外的相关拌和设备,由于具有不同的工艺流程,可大致分为两类,即滚筒式拌和机和强制间歇式拌和机。

(2) 摊铺机。

摊铺机的功能就是将已经制作完成的沥青混合料十分均匀地摊铺在已经修

建完成的路面基层上,而且对其进行整形和预压。摊铺机不仅结构复杂,而且技术密集度高。根据摊铺机结构、可以达到的摊铺宽度、相关的功能以及传动形式等的不同,摊铺机可以分成不同的种类。例如,按传动形式划分,摊铺机分为自行式和拖式2种;按功能划分,摊铺机分为沥青混合料摊铺机、稳定土摊铺机、多功能摊铺机、双层摊铺机和薄层摊铺机5种。

(3) 压路机。

碾压就是为了保证沥青混合料的质量,使沥青混合料的功能特征和物理学性质可以满足相关的设计要求。在沥青公路路面的施工中,碾压是最后的环节,具体包括3个阶段,即初压、复压以及终压。保证碾压的质量,不仅可以使沥青路面达到很好的压实度,而且可以使其具备良好的平整度。

振动压路机的压实效率是最高的;钢轮压路机易将大骨料压碎,而且还会把外露骨料顶面的沥青膜磨掉;轮胎压路机不但不会将大骨料压碎,而且不会破坏沥青膜。因此,轮胎压路机是最重要的碾压设备,并且重型轮胎压路机的效果更好。

(4) 运输车。

在沥青混合料的运输过程中,污染、离析、温度变化等问题对路面施工十分不利。为避免这些问题,应当选择配备有油布并且自行进行装卸的运输设备。为了保证沥青混合料的温度和沥青路面摊铺的连贯性,应当选择吨位较大的运输车。

2. 沥青路面施工机械优化配置的策略

(1) 摊铺机的选择配置。

在沥青路面的施工中,摊铺机的机构和功能是复杂的,因此在实际的使用过程中,有很多的技术问题需要注意,进而确保摊铺机可以有效展开相关的作业,充分发挥自己的价值和功能。

在进行高等级公路摊铺时,履带式摊铺机是最常使用的,与此相关的熨平装置则会选择高密度机械加长形式,履带式摊铺机和高密度机械加长形式的熨平装置组合在一起,可十分有效地促进摊铺机预压实密度的提高,同时促进机械生产率和路面平整度的提高。

沥青路面摊铺宽度需要综合考虑公路等级、施工组织管理、路面幅度、机械配备情况以及施工习惯等因素确定。在实际的施工中,多采用以下2种方式:路面全幅宽一次或者两次摊铺完成。其中,采用路面全幅宽两次摊铺完成时,一般多采用梯队形摊铺施工法,具体来说,就是先铺一半路幅,在一定距离处再进行另一半路幅的摊铺。

摊铺速度一般是根据厚度、材料、施工技术、宽度等决定的。在确定摊铺速度时,要确保摊铺质量可以满足相关的施工技术要求。值得注意的是,由于不同地区的施工条件和环境不同,确定摊铺速度时,应当使其符合我国目前规范中的基本要求。

(2) 压路机选择配置。

应当根据摊铺机的生产率、摊铺厚度、混合料性能、施工条件等因素,确定压路机的种类、数量以及大小。摊铺机的生产率决定了需要的压实能力,进而决定压路机的数量和大小。此外,可根据混合料的性质确定需要使用的压路机。例如,混合料矿料含量的增加,将会导致压路机工作效率的降低;当沥青稠度相对比较高时,压路机的工作效率也会比较低。因此在进行压路机选择时,需要使压路机的质量、振幅等和沥青路面的摊铺厚度相符合。如果沥青路面的摊铺厚度大,则选择大型压路机,反之则可以选择中小型压路机,避免在进行沥青路面的铺设中产生波浪、推料等状况。

压路机通常是根据合同范围确定的,但是在工程开展之初,并不能立即确定压实的遍数。混合料的冷却速度以及其他的因素并不确定,因此在摊铺机初期工作中,需要仔细测量、观察以及试验。一般情况下,要求高温紧跟摊铺机碾压。在混合料厚度、温度等变化的情况下,温度参数可以帮助确定有效的压实时间,只有确定有效的压实时间才能进行压实机数量的选择。

5.3 沥青混合料拌和厂(场、站)设置

沥青混合料拌和厂(场、站)设置的基本要求如下。

(1) 沥青混合料拌和厂(场、站)必须符合国家环境保护、消防、安全等有关规定。沥青混合料拌和厂(场、站)应选在远离居民区、村庄并处于主风向下风向的位置。

(2) 拌和厂(场、站)与工地施工现场距离应确保沥青混合料的温度下降不超过混合料的最低摊铺温度要求,且不致因颠簸造成混合料的离析,影响混合料的质量。厂址离工地越近越好,最远不宜超过 40 km,有条件时应选在有 7 m 宽路面的交通干线公路附近。

(3) 拌和厂(场、站)宜设在摊铺路段的中间位置。拌和厂内部布置应满足

原材料储运、沥青及集料、矿粉加热与输送、供电等使用要求,并尽量紧凑,减少占地。

(4)砂石料场应建在交通运输方便、排水通畅的位置,其底部宜做硬化处理。各种集料应分隔储存,并设标识牌,严禁混杂。粗、细集料场宜设防雨、防污顶棚。

(5)拌和厂(场、站)应保证充足的电力供应。电力总容量应满足全部施工用电设备、夜间施工照明及生活用电的需要。供电设施必须安全可靠,并有相应的安全预控措施。

(6)应确保摊铺机械、运输车辆及发电机等动力设备的燃料供应。离加油站较远的工地宜设置油料储备库,但必须符合相关安全规定要求。

(7)原材料与混合料运输车辆不应相互干扰。厂内应具有完备的排水设施,厂内道路应做硬化处理,严禁泥土污染集料。

(8)对于沥青混凝土搅拌设备,应根据工程量和工期选择其生产能力和移动方式。沥青混凝土面层的施工,应选用拌和能力较大的搅拌设备,以使其单位产品所消耗的人工、燃料和易损配件等费用较低,故应选用生产量在 100 t/h 以上的沥青混凝土搅拌设备。

(9)场地形状宜为矩形,场内各项设施(包括拌和机、办公区、生活区等)的布置应协调。设备的主体应布置在中央位置,办公楼、宿舍、实验室等房舍应位于工厂进口处,并沿路边建造,砂石料堆场或储仓的设置应便于向搅拌设备供料,又便于车辆从外面运进和卸下砂石料。砂石料的储量以不少于 3 d 工作需要为宜,矿料仓、沥青库和燃料罐等设施的布置也应以便于向主设备供送所需材料为准。配电间或发电机房应安置在较偏僻而又安全的地方,称量矿料及成品料的地方应设置于车辆的出口处。

5.4 沥青路面试验路段铺筑

市政道路在施工前应铺筑试验路段。当同一施工单位在材料、机械设备及施工方法与其他工程完全相同时,也可利用其他工程的结果,不再铺筑新的试验路段。试验路段的长度应根据试验目的确定,通常宜为 100～200 m,并宜选在正线上铺筑。

热拌热铺沥青混合料路面试验路段铺筑分试拌及试铺两个阶段,应包括下列试验内容。

(1) 检验各种施工机械的类型、数量及组合方式是否匹配。

(2) 通过试拌确定拌和机的操作工艺,考察计算机打印装置的可信度。

(3) 验证沥青混合料生产配合比设计,提出生产用的标准配合比和最佳沥青用量。

(4) 通过试铺确定透层油或黏层油的喷洒方式和效果。

(5) 确定沥青混合料的摊铺、压实工艺及松铺系数等。

(6) 建立用钻孔取芯法与无破损法(如核子密度仪法)检测路面密度的对比关系。核子密度仪无破损检测在碾压成型后热态测定,取13个测点的平均值为1组数据,一个试验路段的数据不得少于3组。钻孔取芯法在第2天或第3天以后测定,钻孔数不少于12个。

(7) 确定沥青混合料的标准密度和压实度的标准检测方法。

(8) 检测试验路段的渗水系数。

试验路段铺筑应由有关各方共同参加,及时商定有关事项,明确试验结论。铺筑结束后,施工单位应就各项试验内容提出完整的试验路段施工、检测报告,并取得业主或监理的批复。

第6章 沥青路面施工

6.1 沥青路面透层、黏层、封层施工技术

为加强沥青路面各结构层的层间接触,避免层间滑动位移的产生,保持路面结构的整体性,在基层表面以及面层间设置沥青或沥青混合料联结层,即功能调节层。这些功能调节层不作为路面力学计算模型中的结构层,在路面厚度计算中不计其厚度。

1. 透层

为使沥青面层与非沥青材料基层良好结合,在基层上喷洒液体石油沥青、乳化沥青或煤沥青而形成的透入基层表面一定深度的薄层,称为透层、透层沥青或透层油。

沥青类面层下的级配砂砾、级配碎石基层以及水泥、石灰、粉煤灰等无机结合料稳定土或粒料的半刚性基层上必须浇洒透层沥青。基层上设置下封层时,透层油不宜省略。

2. 黏层

为加强路面沥青层与沥青层之间、沥青层与水泥混凝土路面之间的黏结而洒布的沥青材料薄层,称为黏层、黏层沥青或黏层油。

黏层是加强面层间结合的一种措施。当符合下列情况之一时,必须喷洒黏层油:①双层式或三层式热拌热铺沥青混合料路面的沥青层之间;②水泥混凝土路面、沥青稳定碎石基层或旧沥青路面上加铺沥青层;③路缘石、雨水口、检查井等构造物与新铺沥青混合料接触的侧面。

3. 封层

为封闭路面表面空隙、防止水分浸入而在沥青面层或基层上铺筑的有一定厚度的沥青混合料薄层,称为封层。其中,铺筑在沥青面层表面的封层称为上封

层,铺筑在沥青面层下面、基层表面的封层称为下封层。当前广泛使用的封层有稀浆封层和微表处两种类型。稀浆封层是指用适当级配的石屑或砂、填料(水泥、石灰、粉煤灰、石粉等)与乳化沥青、外加剂和水,按一定比例拌和而成的流动状态的沥青混合料,均匀地摊铺在路面上形成的沥青封层。微表处是指用适当级配的石屑或砂、填料(水泥、石灰、粉煤灰、石粉等)与聚合物改性乳化沥青、外加剂和水按一定比例拌和而成的流动状态的沥青混合料,均匀地摊铺在路面上形成的沥青封层。稀浆封层和微表处在材料组成和使用功能上有差异,但主要作用相同,具体表现在如下几个方面。

(1) 混合料较细,具有较好的流动性,很容易进入微裂缝和小坑槽中,将路面填充密实成整体,因此具有封闭裂缝和提高路面平整度的作用。

(2) 混合料中集料级配合理,能均匀、牢固、密实地黏附在路面上,具有较好的水稳定性,并能防止水分渗透,保持基层稳定。

(3) 集料的强度、压碎值、磨光值、含泥量等性能指标均达到标准要求,不论是酸性和碱性石料都能很好地黏附在路面上,有一定的耐磨性,在路面上形成磨耗层。

(4) 由于选择了坚硬而有棱角的集料,沥青能均匀地裹覆集料。封层后纹理深度较佳,摩擦系数显著增加,具有良好的抗滑性能。

(5) 可恢复路面性能,延长路面使用寿命,在路面养护中具有施工简单、造价低廉、功能恢复强的特点。

稀浆封层按照矿料粒径的不同,可分为 ES-1 型(公称最大粒径 2.36 mm)、ES-2 型(公称最大粒径 4.75 mm)、ES-3 型(公称最大粒径 9.5 mm)共 3 种,单层厚度分别为 2.5~3 mm、4~7 mm、8~10 mm;微表处按照矿料粒径的不同,可分为 MS-2 型(公称最大粒径 4.75 mm)和 MS-3 型(公称最大粒径 9.5 mm)共 2 种,单层厚度分别为 4~7 mm、8~10 mm。

6.1.1　施工准备

1. 材料

乳化石油沥青、液体石油沥青和煤沥青的质量应符合《公路沥青路面施工技术规范》(JTG F40—2004)的有关规定。乳化石油沥青可利用胶体磨或匀油机等乳化机械在沥青拌和厂制备,乳化剂用量(按有效含量计)宜为沥青用量的 0.3%~0.8%。制备乳化石油沥青的温度应通过试验确定,乳化剂水溶液的温度宜为 40～70 ℃,石油沥青宜加热至 120～160 ℃。乳化沥青制成后应及时使用,存放期以不离析、不冻结、不破乳为度。煤沥青使用期间在储油池或沥青罐中储存温度宜为 70～90 ℃,并应避免长期储存。经较长时间存放的煤沥青在使用前应抽样检测,质量不合格不得使用。

2. 集料

集料质量应符合《公路沥青路面施工技术规范》(JTG F40—2004)的矿料要求,颗粒状集料(粒径大于 1 mm)应选用强度高、硬度大、耐磨耗的砂石集料。稀浆封层所需集料适宜用矿渣、碎石,不适宜用轻质材料、页岩及泥岩等。对于粒径小于5 mm的细集料,应选用坚硬、干燥、洁净、无泥土和有机杂质、级配适当、砂当量不低于 45% 的石屑或砂。填料可用水泥、石灰或粉煤灰等,要求松散、干燥、不含泥土。

3. 水

水质应满足洁净水标准,盐水、工业废水及含泥水不能使用。

6.1.2 施工流程

透层、黏层与封层施工流程如图 6.1 所示。

6.1.3 施工技术要点

1. 透层施工技术要点

(1) 沥青路面各类基层都必须喷洒透层油,沥青层在透层油完全渗透基层后方可铺筑。基层上设置下封层时,透层油不宜省略。气温低于 10 ℃ 或大风或即将降雨时不得喷洒透层油。

(2) 根据基层类型选择渗透性好的液体沥青、乳化沥青、煤沥青做透层油,喷洒后通过钻孔或挖掘确认透层油渗透入基层的深度宜不小于 5 mm(无机结合料稳定集料基层)或 10 mm(无结合料基层),并能与基层联结成为一体。透层油的质量应符合要求。

(3) 透层油通过调节稀释剂的用量或乳化沥青的浓度来得到适宜的黏度,基质沥青的针入度通常宜不小于 100(1/10 mm)。透层用乳化沥青的蒸发残留

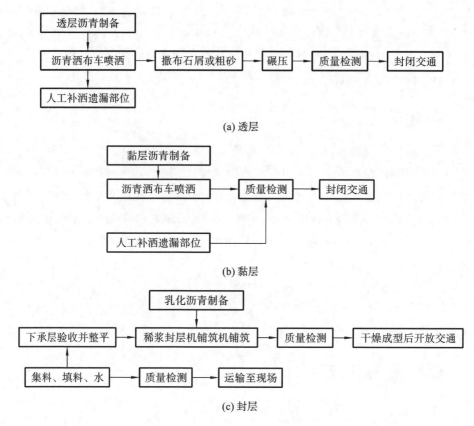

图 6.1 透层、黏层与封层施工流程

物含量允许根据渗透情况适当调整,当使用成品乳化沥青时可通过稀释得到要求的黏度。透层用液体沥青的黏度通过调节煤油或轻柴油等稀释剂的品种和掺量并经试验确定。

(4)透层油的用量通过试洒确定,不宜超出表 6.1 的要求。

表 6.1 沥青路面透层材料的规格和用量

用 途	液体沥青		乳化沥青		煤沥青	
	规格	用量/($L \cdot m^{-2}$)	规格	用量/($L \cdot m^{-2}$)	规格	用量/($L \cdot m^{-2}$)
无结合料粒料基层	AL(M)-1、2 或 3 AL(S)-1、2 或 3	1.0~2.3	PC-2 PA-2	1.0~2.0	T-1 T-2	1.0~1.5
半刚性基层	AL(M)-1 或 2 AL(S)-1 或 2	0.6~1.5	PC-2 PA-2	0.7~1.5	T-1 T-2	0.7~1.0

(5) 用于半刚性基层的透层油宜紧接在基层碾压成型后表面稍变干燥但尚未硬化的情况下喷洒。

(6) 在无结合料基层上洒布透层油时,宜在铺筑沥青层前1~2 d洒布。

(7) 透层油宜采用沥青洒布车一次喷洒均匀,使用的喷嘴宜根据透层油的种类和黏度选择并保证均匀喷洒,沥青洒布车喷洒不均匀时宜改用手工沥青洒布机喷洒。

(8) 喷洒透层油前应清扫路面,遮挡防护路缘石及人工构造物,避免污染。透层油必须洒布均匀,有花白遗漏应人工补洒,喷洒过量时应立即洒布石屑或砂吸油,必要时做适当碾压。透层油洒布后不得在表面形成能被运料车和摊铺机黏起的油皮,透层油达不到渗透深度要求时,应更换透层油稠度或品种。

(9) 透层油洒布后的养生时间随透层油的品种和气候条件由试验确定,确保液体沥青中的稀释剂全部挥发,乳化沥青渗透且水分蒸发,然后尽早铺筑沥青面层,防止工程车辆损坏透层。

2. 黏层施工技术要点

(1) 符合下列情况之一时,必须喷洒黏层油:双层式或三层式热拌热铺沥青混合料路面的沥青层之间;水泥混凝土路面、沥青稳定碎石基层或旧沥青路面层上加铺沥青层;路缘石、雨水口、检查井等构造物与新铺沥青混合料接触的侧面。

(2) 黏层油宜采用快裂或中裂乳化沥青、改性乳化沥青,也可采用快、中凝液体石油沥青,其规格和质量应符合本规范的要求,所使用的基质沥青标号宜与主层沥青混合料相同。

(3) 黏层油品种和用量,应根据下卧层的类型通过试洒确定,并符合表6.2的要求。当黏层油上铺筑薄层大空隙排水路面时,黏层油的用量宜增加到$0.6 \sim 1.0 \, L/m^2$。在沥青层之间兼作封层而喷洒的黏层油宜采用改性沥青或改性乳化沥青,其用量宜不少于$1.0 \, L/m^2$。

表6.2 沥青路面黏层材料的规格和用量

下卧层类型	液体沥青		乳化沥青	
	规格	用量/(L·m^{-2})	规格	用量/(L·m^{-2})
新建沥青层或旧沥青路面	AL(R)-3 或 AL(R)-6 AL(M)-3 或 AL(M)-6	0.3~0.5	PC-3 PA-3	0.3~0.6

(4) 黏层油宜采用沥青洒布车喷洒,并选择适宜的喷嘴,洒布速度和喷洒量

保持稳定。当采用机动或手摇的手工沥青洒布机喷洒时,必须由熟练的技术工人操作,均匀洒布。气温低于10℃时不得喷洒黏层油,寒冷季节施工不得不喷洒时可以分成两次喷洒。路面潮湿时不得喷洒黏层油,用水洗刷后需待表面干燥后喷洒。

(5)喷洒的黏层油必须为均匀雾状,在路面全宽度内均匀分布成一薄层,不得有洒花漏空或成条状,也不得有堆积。喷洒不足处要补洒,喷洒过量处应刮除。喷洒黏层油后,严禁运料车外的其他车辆和行人通过。

(6)黏层油宜在当天洒布,待乳化沥青破乳、水分蒸发完成,或稀释沥青中的稀释剂基本挥发完成后,紧跟着铺筑沥青层,确保黏层不受污染。

3. 封层施工技术要点

(1)下承层的准备。稀浆封层和微表处施工前,应彻底清除原路面的泥土、杂物,修补坑槽、凹陷,较宽的裂缝宜清理灌缝。在水泥混凝土路面上铺筑微表处时宜洒布黏层油,过于光滑的表面须拉毛处理。

(2)混合料拌制。混合料的拌制宜采用拌和厂机械拌和的方式。当采用阳离子乳化沥青拌和时,宜先用水使集料湿润,若湿润后仍难以与乳液拌和均匀,应改用破乳速度更慢的乳液,或用1‰~3‰浓度的氯化钙水溶液代替水润湿集料表面。混合料适宜的拌和时间应根据实际情况调节并通过试拌确定,矿料中加入乳液后的机械拌和时间不宜超过30 s,人工拌和时间不宜超过60 s。

(3)混合料摊铺。稀浆封层和微表处必须使用专用的摊铺机进行摊铺。单层微表处适用于旧路面车辙深度不大于15 mm的情况,超过15 mm的必须分两层铺筑,或先用V形车辙摊铺箱摊铺,深度大于40 mm时不宜用微表处。

(4)接缝处理。稀浆封层和微表处两幅纵缝搭接的宽度不宜超过80 mm,横向接缝宜做成对接缝。分两层摊铺时,第一层摊铺后至少开放交通24 h后方可进行第二层摊铺。

(5)施工气温控制。稀浆封层和微表处的最低施工温度不得低于10℃,严禁在雨天施工,摊铺后尚未成型的混合料遇雨时应予铲除。

(6)施工过程质量控制。稀浆封层和微表处铺筑后的表面不得有超粒径料拖拉的严重划痕,横向接缝和纵向接缝处不得出现余料堆积或缺料现象,用3 m直尺测量接缝处的不平整度不得大于6 mm。微表处不得有横向波浪和深度超过6 mm的纵向条纹。经养生和初期交通碾压稳定的稀浆封层和微表处,在行车作用下应不飞散且完全密水。

4. 沥青同步碎石封层施工技术要点

沥青同步碎石封层即用同步碎石封层车将沥青与一定规格、干净的碎石同步喷洒(撒)在原路面上,经过胶轮压路机和行驶车辆的自然碾压,形成一种以沥青为结合料的碎石封层(磨耗层)。与传统的碎石封层相比,其主要的特点有:良好的防滑性、防水性,对原路面病害的修复作用好,施工工期短,施工工艺简单,实用性强,应用范围广,同时降低了道路养护成本。

(1) 沥青同步碎石封层的施工工艺流程。

原有旧路面的处理→施工材料的准备→沥青同步碎石封层车现场喷洒(撒)→胶轮压路机碾压→开放交通→清扫路面、回收剩余集料。

(2) 施工技术要点。

①封层前要对原路面进行认真清扫,作业过程中应保证足够数量的胶轮压路机,以便在沥青温度降低之前或乳化沥青破乳后能及时完成碾压工序。另外,封层后即可通车,但在初期应限制车速,待 2 h 后可完全开放交通,从而防止快速行车造成石子飞溅。

②使用改性沥青为黏结料时,为保证雾状喷洒而形成均匀、等厚度的沥青膜,必须保证沥青的温度在 160～170 ℃。

③同步碎石封层车的喷油嘴高度不同,形成的沥青膜厚度会不同(因为各个喷嘴喷出的扇形雾状沥青重叠情况不同),调整喷嘴高度可使沥青膜的厚度符合要求。

④同步碎石封层车应以适宜的速度匀速行驶,在此前提下石料和黏结料两者的洒(撒)布率必须匹配。

⑤作为表面处治层或磨耗层的碎石封层,其使用条件是原路面平整度和强度满足要求。

6.2 热拌沥青混合料施工技术

热拌沥青混合料包括:沥青混凝土(AC)、密级配沥青稳定碎石(ATB)、半开级配沥青稳定碎石(AM)、开级配排水式沥青稳定碎石基层(ATPB)、沥青玛琋脂碎石混合料(SMA)、排水式沥青磨耗层(OGFC)等类型。其种类按集料公称最大粒径、矿料级配、空隙率划分,分类见表 6.3。它们的施工工艺大同小异,故对其施工技术进行综合阐述。

表 6.3 热拌沥青混合料种类

混合料种类	密级配		开级配			半开级配	公称最大粒径/mm	最大粒径/mm
	连续级配	间断级配	间断级配					
	沥青混凝土	沥青稳定碎石	沥青玛琋脂碎石	排水式沥青磨耗层	排水式沥青稳定碎石基层	沥青稳定碎石		
特粗式	—	ATB-40			ATPB-40	—	37.5	53.0
粗粒式	—	ATB-30			ATPB-30	—	31.5	37.5
	AC-25				ATPB-25		26.5	31.5
中粒式	AC-20	—	SMA-20		—	AM-20	19.0	26.5
	AC-16	—	SMA-16	OGFC-16	—	AM-16	16.0	19.0
细粒式	AC-13	—	SMA-13	OGFC-13	—	AM-13	13.2	16.0
	AC-10	—	SMA-10	OGFC-10	—	AM-10	9.5	13.2
砂粒式	AC-5					AM-5	4.75	9.5
设计空隙率注(%)	3～5	3～6	3～4	>18	>18	6～12	—	—

注:空隙率可按配合比设计要求适当调整。

6.2.1 一般规定

施工时,应遵守下列规定。

(1)施工前必须检查各种原材料的来源和质量。对经招标程序购进的沥青、集料等重要材料,供货单位必须提交最新检测的正式试验报告。从国外进口的材料应提供该批材料的船运单。对首次使用的集料,应检查生产单位的生产条件、加工机械、覆盖层的清理情况。所有材料都应按有关规定取样检测,经质量认可后方可订货。

(2)材料运至现场后必须取样进行质量检验。各种材料都必须在施工前或施工过程中以"批"为单位进行质量检验,经评定合格后方可使用,不得以供应商提供的检测报告或商检报告代替现场检测。不符合现行的《公路沥青路面施工技术规范》(JTG F40—2004)技术要求的材料不得进场。

(3)不同料源、品种、规格的材料不得混杂堆放。工程开始前或施工过程中,必须对集料的存放场地、防雨和排水措施进行确认。采取适当的措施防止对集料产生污染。对各种矿料,以同一料源、同一次购入并运至生产现场的相同规格材料为一"批";对沥青,以从同一来源、同一次购入且储入同一沥青罐的同一规格的沥青为一"批"。

(4) 各层沥青混合料的要求。各层沥青混合料应满足所在层位的功能性要求,便于施工,不容易离析。各层应连续施工并结合成为一个整体。当发现混合料结构组合及级配类型的设计不合理时应进行修改、调整,以确保沥青路面的使用性能。

(5) 热拌沥青混合料的配合比设计按马歇尔法确定。具体步骤见《公路工程沥青及沥青混合料试验规程》(JTG E20—2011)和《公路沥青路面施工技术规范》(JTG F40—2004)的有关规定。

6.2.2 原材料要求

1. 沥青

沥青路面使用的沥青包括道路石油沥青、乳化沥青、液体石油沥青、煤沥青、改性沥青、改性乳化沥青等。其适用范围应符合现行《公路沥青路面施工技术规范》(JTG F40—2004)的规定。

(1) 道路石油沥青使用广泛,以针入度为指标,可分为160号、130号、110号、90号、70号、50号、30号,共7个标号,每个标号的道路石油沥青又分为A、B、C这3个等级,分别适用于不同等级的公路和不同的结构层次。

(2) 沥青路面采用的沥青标号,宜按照公路等级、气候条件、交通条件、路面类型及在结构层中的层位及受力特点、施工方法等,结合当地的使用经验,经技术论证后确定。

(3) 道路石油沥青在储运、使用及存放过程中应有良好的防水措施,避免雨水或加热管道蒸汽进入沥青。

(4) 沥青必须按品种、标号分开存放。除长期不使用的沥青可放在自然温度下储存外,沥青在储罐中的储存温度不宜低于130 ℃,且不得高于170 ℃。桶装沥青应直立堆放,并加盖苫布。

使用成品改性沥青的工程,应要求供应商提供所使用的改性剂型号、基质沥青的质量检测报告。使用现场改性沥青的工程,应对试生产的改性沥青进行检测,质量不合格的不可使用。

2. 粗集料

(1) 沥青层用粗集料包括碎石、破碎砾石、筛选砾石、钢渣、矿渣等。粗集料必须由具有生产许可证的采石场生产或施工单位自行加工。

(2) 粗集料应该洁净、干燥、表面粗糙,其质量检测项目、技术要求及试验方法如表 6.4 所示。当单一规格集料的质量指标达不到有关规定要求,而按照集料配合比计算的质量指标符合要求时,工程上允许使用。对受热易变质的集料,宜采用经拌和机烘干后的集料进行检验。

表 6.4 沥青混合料用粗集料质量技术要求

指 标		高速公路及一级公路		其他等级公路	试验方法
		表面层	其他层次		
石料压碎值/(%)	不大于	26	28	30	T0316
洛杉矶磨耗损失/(%)	不大于	28	30	35	T0317
表观相对密度/(t·m^{-3})	不小于	2.60	2.50	2.45	T0304
吸水率/(%)	不大于	2.0	3.0	3.0	T0304
坚固性/(%)	不大于	12	12	—	T0314
针片状颗粒含量(混合料)/(%)	不大于	15	18	20	
其中粒径大于 9.5 mm/(%)		12	15	—	T0312
其中粒径小于 9.5 mm/(%)		18	20	—	
水洗法<0.075 mm 颗粒含量/(%)	不大于	1	1	1	T0310
软石含量/(%)	不大于	3	5	5	T0320

(3) 沥青路面表面层(或磨耗层)粗集料的磨光值应符合要求。除 SMA、OGFC 路面外,允许在硬质粗集料中掺加部分较小粒径的、磨光值达不到要求的粗集料,其最大掺加比例由磨光值试验确定。

(5) 粗集料与沥青的黏附性应符合《公路沥青路面施工技术规范》(JTG F40—2004)的要求。当使用不符合要求的粗集料时,宜掺加消石灰、水泥或用饱和石灰水处理后使用,必要时,可同时在沥青中掺加耐热、耐水、长期性能好的抗剥落剂,也可采用改性沥青,使沥青混合料的水稳定性检验达到要求。掺加外加剂的剂量由沥青混合料的水稳定性检验确定。

(6) 破碎砾石应采用粒径大于 50 mm、含泥量不大于 1%的砾石轧制,破碎砾石的破碎面应符合要求。

(7) 经过破碎且存放期超过 6 个月的钢渣可作为粗集料使用。除吸水率允许适当放宽外,各项质量指标应符合《公路沥青路面施工技术规范》(JTG F40—2004)的要求。钢渣在使用前应进行活性检验,要求钢渣中的游离氧化钙含量不大于3%,浸水膨胀率不大于2%。

3. 细集料

(1) 沥青路面的细集料包括天然砂、机制砂、石屑。细集料必须由具有生产许可证的采石场、采砂场生产。

(2) 细集料应洁净、干燥、无风化、无杂质,并有适当的颗粒级配。

(3) 细集料的洁净程度,天然砂以小于 0.075 mm 含量的百分数表示,石屑和机制砂以砂当量(适用于 0~4.75 mm)或亚甲蓝值(适用于 0~2.36 mm)表示。

(4) 天然砂可采用河砂或海砂,通常宜采用粗、中砂,规格应符合规定。砂的含泥量超过规定时应水洗后使用,海砂中的贝壳类材料必须筛除。热拌密级配沥青混合料中天然砂的用量不宜超过集料总量的 20%,SMA 和 OGFC 混合料不宜使用天然砂。

(5) 石屑是指采石场破碎石料时通过 4.75 mm 或 2.36 mm 筛孔的筛下部分,其规格应符合要求。机制砂宜采用专用的制砂机制造,并选用优质石料生产,其级配应符合 S16 的要求。

4. 填料

(1) 沥青混合料的矿粉必须采用石灰岩或岩浆岩中的强基性岩等憎水性石料经磨细得到,原石料中的泥土杂质应除净,生产的矿粉应干燥、洁净。

(2) 拌和机的粉尘可作为矿粉的一部分回收使用,但每盘用量不得超过填料总量的 25%,掺有粉尘填料的塑性指数不得大于 4%。

(3) 粉煤灰作为填料使用时,用量不得超过填料总量的 50%,粉煤灰的烧失量应小于 12%,与矿粉混合后的塑性指数应小于 4%,其余质量要求与矿粉相同。

5. 纤维稳定剂

(1) 在沥青混合料中掺加的纤维稳定剂宜选用木质素纤维、矿物纤维等。

(2) 纤维应在 250 ℃的干拌温度下不变质、不发脆,使用纤维必须符合环保要求,不危害身体健康。矿物纤维宜采用玄武岩等矿石制造,易影响环境及造成人体伤害的石棉纤维不宜直接使用。纤维必须在混合料拌和过程中充分分散均匀。纤维应存放在室内或有棚盖的地方,松散纤维在运输及使用过程中应避免受潮、结团。

(3) 纤维稳定剂的掺加比例以沥青混合料总量的质量百分率计算,通常情况下用于 SMA 路面的木质素纤维不宜低于 0.3%,矿物纤维不宜低于 0.4%,必要时可适当增加纤维掺加量。纤维掺加量的允许误差不宜超过 5%。

6.2.3 施工技术要点

1. 施工工艺流程

沥青路面面层施工工艺流程如图 6.2 所示。

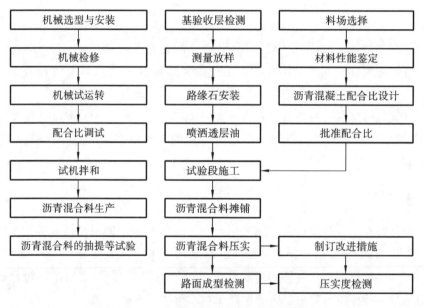

图 6.2 沥青路面面层施工工艺流程

2. 施工准备

热拌沥青混合料结构层施工前的准备工作包括料源的确定及进场材料的质量检验、施工机械的检查、配合比设计检验、铺筑试验路段、施工温度的确定、下承层的准备、施工放样。

(1) 料源的确定及进场材料的质量检验。

对沥青、石料、砂、石屑和矿粉等原材料,从技术和经济等方面选定材料质量合格的沥青厂家及石料场。对进场的原材料,每批到货均应检查生产厂家所附的试验报告,检查装运数量、装运日期、订货数量等。对每批进场的原材料按《公路沥青路面施工技术规范》(JTG F40—2004)的要求对相应技术指标进行抽样检测,检测合格方可使用。

（2）施工机械的检查。

施工前应对沥青混合料拌和机、摊铺机、压路机等各种施工机械和设备进行调试,对机械设备的配套情况、技术性能、传感器计量精度等进行认真检查、标定,以保证施工期间施工机具的正常运行,并需得到监理工程师的认可。

（3）配合比设计检验。

热拌沥青混合料的质量很大程度上取决于其配合比设计,施工前应高度重视沥青混合料的配合比设计工作。热拌沥青混合料的配合比设计宜在对同类公路配合比设计和使用情况调查研究的基础上,充分借鉴成功的经验,选用符合要求的材料,进行配合比设计。沥青混合料的配合比设计应通过目标配合比设计、生产配合比设计及生产配合比验证3个阶段,确定沥青混合料的材料品种及配合比、矿料级配、最佳沥青用量。热拌沥青混合料的配合比设计步骤见相关技术规范。

正式开工前,各种原材料的试验结果及据此进行的目标配合比设计和生产配合比设计结果,应在规定的期限内向建设单位及监理工程师提出正式报告,待取得正式认可后,方可使用。

经设计确定的标准配合比在施工过程中不得随意变更。生产过程中应加强跟踪检测,严格控制进场材料的质量。生产过程中如遇材料发生变化并经检测沥青混合料的矿料级配、马歇尔技术指标不符合要求,应及时调整配合比,使沥青混合料的质量符合要求并保持相对稳定,必要时重新进行配合比设计。

（4）铺筑试验路段。

正式开工前,应根据计划使用的机械设备和混合料的配合比铺筑试验路段,以确定合适的拌和时间和温度,摊铺温度和速度,压实机械的合理组合,碾压温度、速度及遍数,松铺系数和合适的作业长度,制订施工进度计划等。

（5）施工温度的确定。

石油沥青加工及沥青混合料施工温度应根据沥青标号及黏度、气候条件、铺装层的厚度确定。

普通沥青混合料的施工温度宜通过在135 ℃及175 ℃条件下测定的黏度-温度曲线确定。

聚合物改性沥青混合料的施工温度通常宜较普通沥青混合料的施工温度提高10%～20%。对采用冷态胶乳直接喷入法制作的改性沥青混合料,集料烘干温度应进一步提高。

(6) 下承层的准备。

铺筑沥青层前,应检查基层或下层沥青层的质量,不符合要求的不得铺筑沥青面层。旧沥青路面或下卧层已被污染时,必须清洗或经铣刨处理后方可铺筑沥青混合料。

沥青混合料的下承层可能是基层、底面层或中面层。当下承层上为新喷洒的透层、黏层沥青或新做的下封层,且没有被污染时,可直接在其上铺筑沥青混合料;当下承层或其上浇洒的透层、黏层沥青膜已被杂物、泥土等污染时,应将表面的杂物、泥土等清除干净,再次浇洒透层或黏层沥青。

(7) 施工放样。

按每5～10 m一个断面,每个断面3个点测量下承层的顶面高程,即下承层的顶面实测高程。

将下承层的顶面实测高程与设计高程进行比较,当两者高程相差在厚度允许范围内或某些点高程低于设计高程时,以设计高程计算本层的挂线高程,并进行放样;当某些点高程高于设计高程时,按本层厚度放样。

挂线后摊铺前垂直路中线用拉绳置于两侧的基准线上,测量拉绳与下承层顶面之间的高度,以保证各点都满足设计厚度的要求。

3. 沥青混合料拌制

沥青混合料的拌制是把一定级配的集料与沥青按规定比例在给定温度下拌和均匀而制成混合料,而沥青混合料拌制的质量直接关系着沥青混合料的质量。因此,沥青混合料的拌制是沥青路面施工中非常重要的一个环节。

(1) 对拌和机的要求。

我国《公路沥青路面施工技术规范》(JTG F40—2004)规定:沥青混合料必须在拌和厂(场、站)采用拌和机械拌制。沥青混合料可采用间歇式拌和机或连续式拌和机拌制。连续式拌和机使用的集料必须稳定不变,一个工程从多处进料、料源或质量等不稳定时,不得使用连续式拌和机。

(2) 沥青混合料拌制程序。

沥青混合料拌制的工艺流程如图6.3所示。

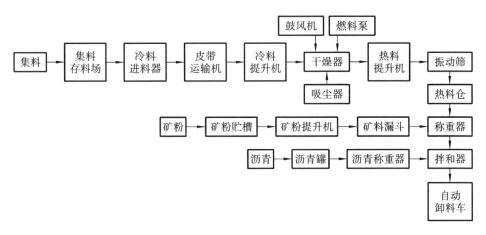

图 6.3 沥青混合料拌制的工艺流程

(3)拌制混合料的技术要点。

①集料与沥青混合料取样应符合现行试验规程的要求。从沥青混合料运料车上取样时必须设置取样台并分若干处采集一定深度下的样品。

②集料进场宜在料堆顶部平台卸料,经推土机推平后,铲运机从底部按顺序竖直装料,减少集料离析。

③试拌。通过试拌和抽样检验确定每盘热拌混合料的配合比及其总重、适宜的沥青用量、拌和时间、矿料和沥青加热温度以及沥青混合料出厂的温度等,这些指标均应满足《公路沥青路面施工技术规范》(JTG F40—2004)的规定。

④拌和时间。沥青混合料拌和时间根据具体情况经试拌确定,以沥青均匀裹覆集料为度。间歇式拌和机每盘的生产周期不宜少于45 s(其中干拌时间不少于10 s)。改性沥青和SMA混合料的拌和时间应适当延长。

⑤拌和过程控制。沥青混合料拌和过程中应逐盘采集并打印各个传感器测定的材料用量和沥青混合料拌和量、拌和温度等各种参数。每个台班结束时打印一个台班的统计量,按"沥青路面质量过程控制及总量检验方法"进行沥青混合料生产质量及铺筑厚度的总量检验。总量检验的数据有异常波动时,应立即停止生产,分析原因。

⑥热拌沥青混合料的储存。储存过程中混合料温降不得大于10 ℃且不能有沥青滴漏。普通沥青混合料的储存时间不得超过72 h,改性沥青混合料的储存时间不宜超过24 h,SMA混合料及OGFC混合料宜随拌随用。

⑦注意事项。

a.烘干集料的残余含水率不得大于1%。每天最初的几盘集料应提高加热温度,并干拌几锅集料废弃,再正式加沥青拌和混合料。

b.添加消石灰、水泥等外加剂时,宜增加粉料仓,外加剂也可由专用管线和螺旋升送器直接加入拌和锅,若与矿粉混合使用应注意两者因密度不同发生的离析表象。

c.拌和机二级除尘装置中的粉尘,经一级除尘部分可直接回收使用;二级除尘部分中的粉尘可进入回收粉仓使用(或废弃),对除尘造成的粉料损失应补充等量的新矿粉。

d.SMA在拌和过程中,特别要注意冷料仓的搭配和纤维投入的均匀性,防止粗集料、矿粉供应不足,而细集料又过剩的现象发生。

e.生产添加纤维的沥青混合料时,纤维必须在混合料中充分分散,拌和均匀。拌和机应配备同步添加投料装置,松散的絮状纤维可在喷入沥青的同时或稍后采用风送设备喷入拌和锅,拌和时间宜延长5 s以上。颗粒纤维可在粗集料投入的同时自动加入,经5~10 s的干拌后,再投入矿粉。工程量很小时也可分装成塑料小包或由人工量取直接投入拌和锅。

(4)沥青混合料出厂检验项目和频率。

沥青混合料出厂时应逐车检测沥青混合料的重量和温度,记录出厂时间,签发运料单。沥青混合料拌和厂(场、站)应按下列步骤对沥青混合料生产过程进行质量控制,并按规定的项目和频度检查沥青混合料产品的质量,如实计算产品的合格率。

①观察料堆和皮带输送机各种材料的质量和均匀性,检查有无泥块及超粒径碎石,检查冷料仓有无窜仓。目测混合料拌和是否均匀、有无花白料、油石比是否合适,检查集料和混合料的离析情况。

②检查沥青混合料拌和厂(场、站)控制室的各项设定参数、显示屏的显示值,核对计算机采集和打印记录的数据与显示值是否一致。进行沥青混合料生产过程的在线监测、总量检验,对沥青混合料的生产质量实施动态管理。

③检测沥青混合料的材料加热温度、混合料出厂温度,取样抽提、筛分检测混合料的矿料级配、油石比。抽提筛分应至少检查0.075 mm、2.36 mm、4.75 mm、公称最大粒径及中间粒径共5个筛孔的通过率。

④取样成型沥青混合料试件进行马歇尔试验,测定空隙率、稳定度、流值,计算合格率。对空隙率指标可只做记录,同时按规范确定标准密度。

⑤注意事项。沥青混合料的存放时间对体积指标有一定影响,施工质量检验的马歇尔试验以拌和厂取样后立即成型的试件为准,但成型温度和试件高度

必须符合试验要求。

4. 沥青混合料运输

（1）运输车辆要求。

厂(场、站)拌沥青混合料通常采用自卸汽车运往铺筑现场。热拌沥青混合料宜采用较大吨位的运料车运输，但不得超载运输，或紧急制动、急弯掉头使透层、封层造成损伤。运料车的运力应稍有富余，施工过程中摊铺机前方应有运料车等候。

（2）运输混合料的技术要点。

①运输车辆每次使用前后必须清扫干净，装料前在车厢板上涂一薄层防止沥青黏结的隔离剂或防黏剂(可以是柴油与水的混合液，比例为1∶3)，但不能有余液积聚在车厢底部。

②从拌和机向运料车放料时，运料汽车应前后移动进行分层装料，移动次数应尽可能多，并至少移动3次，以减少混合料的离析。

③运料车运输混合料宜用苫布覆盖，保温、防雨、防污染。

④运料车进入摊铺现场时，轮胎上不得沾有泥土等可能污染路面的脏物，否则宜设水池洗净轮胎后再进入工程现场。沥青混合料在摊铺地点凭运料单接收，若混合料不符合施工温度要求，或已经结成团块、已遭雨淋，则不得铺筑。

⑤连续摊铺过程中，运料车应在摊铺机前10～30 cm处停住，空挡等候，由摊铺机推动运料车前进开始缓缓卸料，避免撞击摊铺机。有条件时，运料车可将混合料卸入转运车经二次拌和后向摊铺机连续均匀地供料。

⑥运料车每次卸料必须倒净，尤其是对改性沥青或SMA混合料，如有剩余，应及时清除，防止硬结。

⑦SMA及OGFC混合料在运输、等候过程中，如发现有沥青混合料沿车厢板滴漏，应采取防止措施。

5. 沥青混合料摊铺

沥青混合料的摊铺可采用摊铺机摊铺或人工摊铺。除在路面狭窄部分、平曲线半径过小的匝道或加宽部分，以及小规模工程不能采用摊铺机铺筑时可采用人工摊铺外，热拌沥青混合料应采用机械摊铺。

（1）摊铺机摊铺技术要点。

沥青混合料摊铺机有履带式和轮胎式两种，两者的构造和技术性能大致相同。在喷洒有黏层油的路面上铺筑改性沥青混合料或 SMA 时,宜使用履带式摊铺机。摊铺机的受料斗应刷涂薄层隔离剂或防黏剂。

沥青混合料摊铺机摊铺的过程是自动倾卸汽车将沥青混合料卸到摊铺机料斗后,经链式传送器将混合料往后传到螺旋摊铺器,随后摊铺机向前行驶,螺旋摊铺器即在摊铺带宽度上均匀地摊铺混合料,随后由振捣板捣实,并由熨平板整平。摊铺机摊铺的技术要点如下。

①铺筑沥青混合料时,一台摊铺机的铺筑宽度不宜超过 6 m,通常宜采用两台或更多台数的摊铺机前后错开 10~20 m 以梯队形式同步摊铺,两幅之间应有 30~60 mm 宽度的搭接,并避开车道轮迹带,上下层的搭接位置宜错开 200 mm 以上。

②摊铺机开工前应提前 0.5~1 h 预热熨平板,使其不低于 100 ℃。铺筑过程中应根据铺筑厚度选择熨平板的振捣或夯锤压实装置,并具有适宜的振动频率和振幅,以提高路面的初始压实度。熨平板加宽连接应仔细调节,至摊铺的混合料没有明显的离析痕迹为止。

③摊铺机必须缓慢、均匀、连续不间断地摊铺,不得随意变换速度或中途停顿,以提高平整度,减少混合料的离析。摊铺速度应根据拌和机的产量、施工机械配套情况及摊铺厚度、摊铺宽度求得,一般宜控制在 2~6 m/min。对改性沥青混合料及 SMA 混合料宜放慢至 1~3 m/min。当发现混合料出现明显的离析、波浪、裂缝、拖痕时,应分析原因,予以消除。

④摊铺机应采用自动找平方式,下面层或基层宜采用钢丝绳引导的高程控制方式,上面层宜采用平衡梁或雪橇式摊铺厚度控制方式,中面层根据情况选用找平方式。直接接触式平衡梁的轮子不得黏附沥青。铺筑改性沥青或 SMA 路面时宜采用非接触式平衡梁。

⑤沥青路面施工的最低气温应符合要求,寒冷季节遇大风降温,不能保证迅速压实时,不得铺筑沥青混合料。每天施工开始阶段宜采用较高温度的混合料。

⑥沥青混合料的松铺系数应根据混合料类型由试铺试压确定。摊铺过程中应随时检查摊铺层厚度及路拱、横坡,并利用一个评定周期的沥青混合料总生产量、施工总面积、沥青混合料密度校验该摊铺层的平均压实厚度。

⑦螺旋摊铺器应相对摊铺速度调整至稳定、均衡地转动,两侧应保持有不少于送料器高度 2/3 的混合料,以减少摊铺过程中混合料的离析。

⑧机械摊铺的混合料,不宜人工反复修整。当不得不由人工做局部找补或更换混合料时,需仔细进行,特别严重的缺陷应整层铲除。

⑨在雨季铺筑沥青路面时,应加强与气象台(站)的联系,已摊铺的沥青层因遇雨未行压实的应予铲除。

(2) 人工摊铺技术要点。

①将运料车运来的沥青混合料先卸到铁板上,随即用人工铲运,以扣铲方式均匀摊铺在路槽中,摊铺时不得扬锹远甩,以免造成粗细料分离。铁铲等工具宜涂防黏结剂或加热使用。

②边摊铺边用刮板刮平。刮平时做到轻重一致,防止反复多刮使粗粒料刮出表面。

③摊铺过程中要随时检查摊铺厚度、平整度和路拱。摊铺厚度为沥青路面设计厚度乘以压实系数。人工摊铺时,沥青混凝土混合料的压实系数为1.25~1.50。

④摊铺时不得中途停顿和加快碾压。

⑤半幅施工时,路中一侧宜事先设置挡板。

6. 沥青混合料压实及成型

压实是沥青路面施工的最后一道工序,良好的路面质量最终要通过碾压来体现。压实工作的主要内容包括碾压机械的选型与组合、压实层厚度控制、压实温度控制、选择合理的碾压速度以及严格遵守压实程序等。

(1) 碾压机械的选型与组合。

常用的压路机有静载作用光面钢轮压路机、轮胎压路机和振动压路机。应综合考虑摊铺机的生产率、混合料特性、摊铺厚度、施工现场的具体条件等因素,结合实际工程,选择压路机种类、大小和数量。铺筑双车道沥青路面的压路机数量宜不少于5台。施工气温低、风大、碾压层薄时,压路机数应适当增加。

(2) 压实层厚度控制。

沥青混凝土的压实层最大厚度宜不大于100 mm,沥青稳定碎石混合料的压实层厚度宜不大于120 mm,但当采用大功率压路机且经试验证明能达到压实度时允许增大到150 mm。

(3) 压实温度控制。

沥青混合料的碾压温度应根据混合料种类、压路机、气温、层厚等情况经试压确定。在不产生严重推移和裂缝的前提下,初压、复压、终压都应在尽可能高的温度下进行。同时不得在低温状况下反复碾压,使石料棱角磨损、压碎,破坏集料嵌挤。

(4) 选择合理的碾压速度。

合理的碾压速度,对减少碾压时间、提高作业效率有十分重要的意义。在施工中,压路机应以缓慢而均匀的速度碾压。压路机的碾压速度应符合《公路沥青路面施工技术规范》(JTG F40—2004)的规定。

(5) 严格遵守压实程序。

热拌压实程序分为初压、复压和终压 3 道工序,每一道程序都应严格按照要求进行。

①初压。初压的目的是整平和稳定混合料,同时为复压创造有利条件,因此要注意压实的平整性。初压在混合料摊铺后具有较高温度时进行,并不应产生推移、发裂,压实温度应符合《公路沥青路面施工技术规范》(JTG F40—2004)的规定。初压应紧跟在摊铺机后碾压,并保持较短的初压区长度,以尽快使表面压实,减少热量散失。通常采用双轮 6~15 t 钢筒式压路机(振动压路机关闭振动)静压 1~2 遍。碾压时应使压路机的驱动轮面向摊铺机,从外侧向中心碾压,在超高路段则由低向高碾压,在坡道上应使驱动轮从低处向高处碾压。相邻碾压带应重叠 1/3~1/2 轮宽,压完全幅为一遍。初压折返路线宜采用曲线方式,且减速进行。初压后应检查平整度、路拱,有严重缺陷时要进行修整乃至返工。

②复压。复压的目的是使混合料密实、稳定、成型,混合料的密实度取决于这道工序,因此复压应紧跟在初压后开始,且不得随意停顿。压路机碾压段的总长度应尽量缩短,通常不超过 60 m。采用不同型号的压路机组合碾压时宜安排每一台压路机做全幅碾压,防止不同部位的压实度不均匀。

密级配沥青混凝土的复压优先采用重型轮胎压路机进行碾压,以增强密水性。重型轮胎压路机的总质量不宜小于 25 t,吨位不足时宜附加重物,使每一个轮胎的压力不小于 15 kN。相邻碾压带应重叠 1/3~1/2 碾压轮宽度,压完全幅为一遍。总的碾压遍数由试压确定,且不宜少于 4 遍。碾压至要求的压实度,且无显著轮迹为止。

对粗集料为主的较大粒径的混合料,尤其是大粒径沥青稳定碎石基层,优先采用振动压路机复压。厚度小于 30 mm 的薄沥青层不宜采用振动压路机碾压。振动压路机的振动频率宜为 35~50 Hz,振幅宜为 0.3~0.8 mm。层厚较大时选用低频率和高振幅,以产生较大的激振力;层厚较小时选用高频率和低振幅,以防止集料破碎。相邻碾压带重叠宽度为 100~200 mm。振动压路机折返时应先停止振动。

当采用三轮钢筒式压路机时,总质量不宜小于 12 t,相邻碾压带宜重叠后轮的1/2宽度,并应不少于200 mm。

对路面边缘、加宽及港湾式停车带等大型压路机难以碾压的部位,宜采用小型振动压路机或振动夯板做补充碾压。

③终压。终压的目的是消除轮迹,最后形成平整的压实面,因此该道工序不宜在高温下采用重型压路机完成。终压应紧接在复压后进行,终压可选用双轮钢筒式压路机或关闭振动的振动压路机,碾压宜不少于2遍,至无明显轮迹为止。如经复压后已无明显轮迹,可免去终压。

(6) 压实注意事项。

碾压轮在碾压过程中应保持清洁,发现沥青混合料黏轮时应立即清除。钢轮可涂刷隔离剂或防黏结剂,但严禁刷柴油。当采用向碾压轮喷水(可添加少量表面活性剂)的方式时,必须严格控制喷水量使喷水为雾状,不得漫流,以防混合料降温过快。轮胎压路机开始碾压阶段,可适当烘烤、涂刷少量隔离剂或防黏结剂,也可少量喷水,并先到高温区碾压使轮胎尽快升温,之后停止洒水。轮胎压路机轮胎外围宜加设围裙保温。

在碾压过程中,压路机每次应由两端折回的位置阶梯形地随摊铺机向前推进,使折回处不在同一横断面上。压路机不得在未碾压成型路段上转向、掉头、加水或停留。在当天成型的路面上,不得停放各种机械设备或车辆,不得散落矿料、油料等杂物。

7. 接缝处理

沥青路面的各种施工缝(包括纵缝、横缝、新旧路面的接缝等)处,往往由于压实不足,容易产生台阶、裂缝、松散等病害,影响路面的平整度和耐久性,施工时必须十分注意。

沥青路面的施工必须接缝紧密、连接平顺,不得产生明显的接缝离析。上、下层的纵缝应错开150 mm(热接缝)或300 mm(冷接缝)以上。相邻两幅及上、下层的横向接缝均应错开1 m以上。

(1) 纵向接缝施工要求。

摊铺时采用梯队作业的纵缝属于热接缝,其压实方法是:先摊铺部分留下100~200 mm宽暂不碾压,作为后续摊铺部分的基准面,待后续摊铺部分碾压时,采用跨缝碾压以消除缝迹。

当半幅施工或因特殊原因而产生纵向冷接缝时,宜采用加设挡板或加设切刀切齐,也可在沥青混合料尚未冷却时用镐刨除边缘留下毛碴的方式,但不宜在冷却后采用切割机做纵向切缝。加铺另半幅前应在接缝处涂刷少量沥青,摊铺时重叠在已铺层上50~100 mm,再铲走铺在前半幅上面的混合料。冷接缝有两种碾压方法:第一种方法是压路机位于热混合料上,由边向中进行碾压,接缝处留下100~150 mm,再做跨缝挤紧压实;第二种方法是在碾压开始时,压路机在已压实路面上行走,碾压新铺热混合料宽度为150 mm左右,然后碾压新铺部分。

(2)横向接缝施工要求。

①横向接缝的形式有斜接缝、阶梯形接缝和平接缝,如图6.4所示。

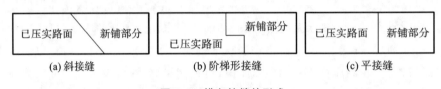

图6.4 横向接缝的形式

②横向接缝宜采用垂直的平接缝。高速公路表面层横向接缝应采用垂直的平接缝,其下各层可采用自然碾压的斜接缝,沥青层较厚时也可采用阶梯形接缝。其他等级公路的各层均可采用斜接缝。

③斜接缝的搭接长度与层厚有关,宜为0.4~0.8 m。搭接处应洒少量沥青,混合料中的粗集料颗粒应予剔除,并补上细料,搭接平整,充分压实。阶梯形接缝的台阶经铣刨而成,并浇洒黏层沥青,搭接长度宜小于3 m。

④平接缝应在沥青混合料尚未冷透时用凿岩机或人工垂直刨除端部层厚不足的部分,使工作缝成直角连接。当采用切割机制作平接缝时,宜在铺设当天混合料冷却但尚未结硬时进行。刨除或切割不得损伤下层路面。切割时留下的泥水必须冲洗干净,待干燥后涂刷黏层油。铺筑新混合料前应加热接槎使其软化,碾压开始时先用钢筒压路机进行横向碾压,可将压路机位于已压实的混合料层上,跨缝伸入新铺层宽150 mm碾压,每压一遍向新铺混合料移动150~200 mm,直至全部在新铺路面上为止。然后改为纵向碾压,此时应注意不要在横接缝上垂直碾压,以免引起新旧层错台。

8. 开放交通

热拌沥青混合料路面应待摊铺层完全自然冷却、混合料表面温度低于50 ℃后,方可开放交通。需要提早开放交通时,可洒水冷却,降低混合料温度。

6.2.4 施工过程质量控制

1. 施工厚度的控制

沥青面层的厚度是沥青路面结构强度的基本保证,因此,沥青面层施工厚度的检测显得尤为重要。施工过程中厚度的检测应按以下方法进行,检测结果应相互校核,当差值较大时通常以总量检验为准。

(1) 利用摊铺过程在线控制,即不断地用插尺或其他工具插入摊铺层测量松铺厚度。

(2) 利用拌和厂沥青混合料总生产量与实际铺筑的面积计算平均厚度并进行总量检验。

(3) 当具有地质雷达等无破损检验设备时,可利用其连续检测路面厚度,但其测试精度需经标定认可。

(4) 待路面完全冷却后,在钻孔检测压实度的同时测量沥青层的厚度。

2. 压实度的控制

沥青面层的压实度是指用规定方法采用的混合料试件毛体积密度与标准密度百分比。沥青混合料面层的压实度应采取重点对碾压工艺进行过程控制、适度钻孔抽检压实度的方法。

(1) 碾压工艺的控制包括压路机的配置(台数、吨位及机型)、碾压方式的排列、压路机与摊铺机的距离、碾压温度、碾压速度、压路机洒水(雾化)情况、碾压段长度、掉头方式等。

(2) 碾压过程中宜采用核子密度仪等无破损检测设备进行压实密度过程控制,测点随机选择,一组不少于13点,取平均值,与标定值或试验路段测定值比较评定。测定温度应与试验路段测定时一致,检测精度通过试验路段与钻孔试件标定。

(3) 在路面完全冷却后,随机选点钻孔取样,一次钻孔多层沥青层时需用切割机切割,待试件充分干燥后(在2d之后),分别测定密度。钻孔后应及时将孔中灰浆淘净,吸净余水,待干燥后以相同的沥青混合料分层填充夯实。为减少钻孔数量,有关施工、监理、监督各方宜合作进行钻孔检测,避免重复钻孔。

3. 渗水情况检测

压实成型的沥青路面应随机选点检测渗水情况,渗水系数的平均值宜符合《公路沥青路面施工技术规范》(JTG F40—2004)的要求。如需要测定构造深度,宜在测定渗水的同时在附近选点测定,记录实测结果。

4. 平整度控制

沥青面层的平整度关系到沥青路面的使用性能,施工过程中必须随时用 3 m 直尺对接缝及与构造物的连接处进行平整度检测,正常路段的平整度采用连续式平整度仪或颠簸累积仪测定。

5. 外观检查

施工过程中应随时对沥青路面进行外观评定,尤其应注意防止粗细集料的离析和沥青混合料温度不均匀,以免造成路面局部渗水严重或压实不足,造成隐患。外观检查的主要项目包括色泽、油膜厚度、表面空隙等。

6. 施工动态质量管理

市政道路的施工,应利用计算机实行动态质量管理,计算平均值、极差、标准差、变异系数及各项指标的合格率。施工的关键工序或重要部位宜拍摄照片或进行录像,作为实态记录及保存资料的一部分。

6.2.5 沥青路面平整度的提高

1. 影响沥青路面平整度的因素

路面的平整度是一项综合性指标,涉及施工过程中的各个环节,而且是路面施工全过程各个环节质量的最终体现。尽管造成路面不平整的因素众多且复杂,但从影响的根源和机理上分析,基本归纳为以下 3 种因素。

(1) 摊铺机性能及作业方面的因素。

沥青摊铺机的摊铺作业是通过浮动熨平板与热沥青混合料的相互作用进行的。当摊铺作业处于稳定工况下,作用在浮动熨平板上的各外力(拖点牵引力 P、熨平板重力 W、水平摊铺阻力 H、垂直摊铺阻力 V、料堆推移阻力 H_1)对拖点 O 的力矩处于平衡状态,熨平板的位置保持稳定不变。上述力平衡关系的任何破坏都会导致熨平板位置发生变化,从而影响摊铺路面的平整度。

(1) 从力平衡的角度出发,影响摊铺平整度的基本因素无非是摊铺阻力(H 与 V 之合力)的变化(包括其大小和方向的变化)、料堆推移阻力 H_1 及其作用点高度的变化以及拖点 O 高度的变化。引起上述基本因素变化的原因又可以进一步做以下分析。

①引起摊铺阻力波动的主要原因,首先是摊铺速度的波动,其次是混合料组成的不均匀和温度的不均匀(黏度的变化)。这些都会引起混合料内部以及混合料与熨平板之间的摩擦力和黏性力的变化。

②料堆推移阻力及其作用点高度的波动,主要是混合料供给量和分料量的变化引起的熨平板前方料堆大小和料位高度的变化造成的。

③拖点高度的变化,主要是摊铺机行走在高低不平的支承面上引起的。

从以上分析可知,为了获得平整的摊铺表面,从摊铺机的操作方面出发,应尽可能地保持摊铺机稳定作业,即保持稳定的摊铺速度、稳定的刮板输送器供料量、稳定的螺旋输送器送料量,从而保持熨平板前方料堆大小和料位高度的恒定。从热拌混合料质量控制的角度出发,则要求搅拌设备生产的热拌混合料的级配、沥青含量以及混合料的温度尽可能保持均匀;而且,在运输和摊铺过程中,不发生集料的离析和混合料的不均匀温降。

在早期生产的摊铺机上,上述因素的控制全靠操作手的熟练技术来实现,而支承面的凹凸不平则只能依靠浮动熨平板的滤波作用来减弱。这些无疑是困难的,而且也不可能获得很高的调节精度,因而摊铺路面的平整度也较差。

现代高性能的摊铺机,采用了机电液一体化的自动控制技术,在性能上有很大改善。这些自动控制装置主要有摊铺机行走速度的自动调节装置、混合料供给量和料位高度的自动调节装置,以及针对拖点高程干扰和混合料阻力变化而设置的熨平板自动调平系统。虽然带有上述装置的现代摊铺机的松铺层表面的平整度可达到很高的水平,但是自动调节系统本身也不可能没有一点误差,因而影响摊铺表面平整度的基本因素或多或少依然存在,摊铺出来的路面仍不可能是绝对平整的。

(2) 摊铺机调平基准方面的因素。

对于装有熨平板自动调平装置的摊铺机来说,调平系统的参考基准本身也不可能是绝对准确的,它的误差显然也是引起铺筑路面不平的一个重要来源。通常有 3 种方法可用来建立摊铺机自动调平系统的纵向参考基准:固定在路面侧边的弦线基准,沿着接缝相邻路面滑动的调平滑橇基准和平衡梁式移动参考基准。

①对于弦线基准来说,误差主要源于挂线支撑立杆的高度误差、弦线的挠度误差。前者包含了水准标尺的误差、测量读数的误差和立杆的安装误差,后者则包含了弦线的张紧度、传感器对弦线的压力及其在弦线上滑移所引起的误差。

②对于调平滑橇基准来说,误差主要源于滑橇支承表面不平整以及滑橇跳动等。

③对于平衡梁式移动参考基准来说,误差的主要来源虽然与调平滑橇基准相同,但由于经过多次平均化处理,特别是现代的平衡梁,采用了多滑橇弹性浮动支承的结构,大大加长了平衡梁的长度,并跨接于熨平板前后,分别支承在未铺和已铺路面上的结构,极大地改善了参考基准的精度。平均化处理实际上起滤波器的作用,可以将支承面凹凸不平的高频波滤掉,但仍留下缓慢变化的趋势项。由此可知,经过平均化处理后,路面平整度的高频部分没有了,但缓慢变化的趋势项仍继续存在。因此,当采用调平滑橇基准和平衡梁式移动参考基准时,都不可能校正高程的偏差,但却能较好地改善车辆在其上行驶的平顺性,因为缓慢变化的趋势项并不会使车辆颠簸。

(3) 平整度传递方面的因素。

平整度传递是指路面下层的不平整向上反射的过程。这一过程存在的必要条件,除下层路面本身不平整外,还有一个重要条件就是松铺路面必须经压实而最终成型。如前所述,松铺路面由于受摊铺作业和参考基准的制约,其本身并不是绝对平整的,而且松铺路面在经压实之后,路面的凹凸波形还会进一步调整,有些会加剧,有些则会减缓。在平整度传递过程中,这种对最终压实后的路面谱做出的调整,是路面虚铺厚度的差异和压缩比不均匀导致的,取决于以下 3 个方面的因素:①下层路面凹凸不平的路面谱;②路面不同部位材料压缩量的不均匀性,是材料组成和温度不均匀以及碾压工艺和碾压参数不一致造成的;③松铺表面的不平整,指碾压过程中材料推移等原因所附加的不平整,与压路机的性能和操作有很大关系。

2. 沥青路面平整度的传递机理

(1) 理想条件下的平整度传递。

假设有一铺设并压实好的下层路面,它的表面是凹凸不平的,考察在其上铺设一层新的路面并压实后的平整情况。此时假设在理想情况下,摊铺后的表面是绝对平整的,底层表面的凹凸将导致松铺层厚度的差异,在凹处的厚度较大,而在凸处的厚度则较小。显然,在同样的压实度下,铺层较厚处的压缩量较大,而铺层较薄处的压缩量也较小。这样,下层路面的凹凸不平,将以某种相似的规律反映到压实后的上层路面上,只是凹凸不平的程度会有所下降。实际上,在上述理想情况下,这种凹凸不平的传递是可以计算出来的。

(2) 平整度传递过程中的调整。

①摊铺表面不平整对平整度传递的影响。

摊铺表面不平整,显然同样会反映到压实后的表面上,但并不是简单地叠加在从下层反射上来的路面谱上,因为在碾压过程中这种不平整同样会因压缩而得到减缓。在假定下层表面绝对平整和材料密度均匀一致的情况下,摊铺表面的凹凸不平同样会在压实后的表面上出现。实际上,摊铺表面平整度的传递量用同样的方法计算。

②压缩量不均匀对平整度传递的影响。

热沥青混合料经过搅拌、运输、摊铺等工艺过程最终铺设在下层路面。由于这些过程中或多或少地存在着离析和温度不均匀的问题,松铺层的材料密度和力学特性都不可能是绝对均匀的,因而即便在相同的压实作用下,路面各部位的压缩量也不会相同。实际上,在碾压过程中,碾压工艺和碾压参数的不一致,特别是热沥青混合料温度的不均匀,会进一步导致压缩量的变化。在上述这些因素中,当使用高性能的压路机和正确操作时,碾压工艺和碾压参数的不一致可以降至最小,通常它的影响不会占主要地位,而材料的离析和碾压温度的不均匀却往往难以控制,它们是在压实过程中影响平整度的主要因素。在实际施工中,所有上述因素以及它们的综合作用都带有很强的随机性,不可能用某种稳定性模型来计算,因而只能通过大量的统计分析,从概率的意义上给出一个压缩量或压缩比的变化范围。

③压实过程中材料推移和变换碾压方向对平整度传递的影响。

在碾压过程中,当压路机滚轮与松铺材料相互作用时,存在着水平的推移力。当变换碾压方向时,压路机要经历制动停车、反向起步的过程。在这一过程中,一方面,机器的惯性、减速和加速引起的惯性力存在,都会加强滚轮对松铺材料的推移作用,从而引起松铺材料的隆起;另一方面,碾压速度的变换过程又会强化压路机对过渡区域的压实作用,从而增加前进、后退等过渡部位材料的压缩量。当压路机选用和操作不当时,例如用被动轮向前压实松铺材料、制动和倒车起步过猛,在变换碾压方向时没有停止振动机构的工作等,都有可能引起过渡部位的严重凹凸。现代高性能的沥青路面压实机械,通常都是双驱双振的,它们的滚轮较宽而线压力相对较小,有些机型还配备有起振和行驶的顺序控制系统,能保证按"先停振后停车,先行走后起振"的顺序平缓地变换碾压方向。因此,选用高性能的专用沥青路面压路机,采用错轮碾压和重叠碾压等方法避免在同一部位重复倒车。正确地操作压路机,就可以大大减轻在碾压过程中的附加不平整。

从上述分析中可得到以下3点结论。

①参与和影响平整度传递的并不仅仅是下层表面的不平整,所有影响摊铺和压实过程平整度的因素,包括来自摊铺机性能和摊铺作业方面的因素,以及压路机性能和压实作业方面的因素,都参与了这种平整度的传递过程,而上层路面的平整度则是所有这些因素综合作用的结果。

②所有上述这些影响因素以及它们的综合作用,都带有很强的随机性和不确定性,任何想通过建立某种数学模型来计算上、下层平整度之间的传递关系的做法都会变得脱离实际。

③虽然参与和影响路面平整度的各种因素大多带有很强的不确定性,但是它们都是有界的,而且受到某些确定性趋势的制约,会在总体上呈现出某种统计意义上的规律性。因此,通过对大量数据的概率统计分析,将有可能获取平整度传递过程的某种统计规律。

3. 提高沥青路面平整度的措施

(1) 必须从路面基层抓起。

过去常用的"基层不平整靠面层调整,下层不平整由上层弥补"的老办法,对平整度要求很高的道路是绝对行不通的,如基层顶面的平整度允许偏差为10 mm,当用沥青混合料填平这 10 mm 的间隙(低洼)时,尽管沥青混合料表面是平整了,但该处因多出 10 mm 的松铺厚度,压实后仍将出现低洼,其深度为 $10-(10/1.2)=1.7(mm)$(1.2 为沥青混合料的平均压实系数),这仅是基层表面的微量间隙(10 mm 是允许标准)所导致的沥青面层不平整(低洼),实际情况是基层表面的最大间隙不可能处处都在 10 mm 以内。

由此可见,基层顶面的平整度对沥青层表面平整度有着举足轻重的影响。

①基层施工采用集中厂拌混合料,精良摊铺机铺筑。之所以强调选用精良摊铺机铺筑基层,是为了保持铺层材料的均匀性和所得表面的平整度,相应的高程、路拱、纵坡和厚度等参数都能顺利地达到设计要求。这可避免平地机施工反复找平、厚度难以控制等问题,不仅提高了工程质量,而且加快了工程进度,混合

料的利用率也高于平地机施工的情况。

②控制集料的最大粒径。为确保基层的平整度和便于摊铺机施工,基层混合料中集料的最大粒径宜适当减小。因为集料粒径越大,对拌和机、摊铺机的磨损越严重,混合料易产生离析,而且过大的颗粒在熨平板拉动下会在铺层表面刮出纵向沟槽。因此,减小集料的最大粒径,更能适应摊铺机铺筑,基层顶面的平整度更易保证,并为沥青层顶面达到好的平整度创造了重要条件。

③必须采用精良的连续式稳定土拌和设备。优良的厂拌设备能拌出均匀的混合料,这对半刚性基层混合料的质量及成型后的路面性能影响极大。提高公路基层施工质量的根本出路在于机械化,为提高沥青路面的平整度,半刚性基层需用集中厂拌混合料并采用摊铺机铺筑。

(2) 沥青混合料的供料能力必须与摊铺机作业速度相匹配。

为保证沥青面层达到预期的平整度,除先从基层的平整度抓起外,沥青混合料的摊铺工艺也至关重要。现行沥青路面施工技术规范中提出"必须缓慢、均匀、连续不间断地摊铺,摊铺过程中不得随意变换速度或中途停顿",是确保路面平整度的核心和关键所在,必须坚决执行。只有不停顿,才能减少横向接槎的数量;只有均匀不间断,才能保证铺层纵向平整度的连续与稳定。

摊铺作业的速度对摊铺机的作业效率和摊铺质量都有很大影响。特别是速度的瞬时变化将导致熨平板受力系统平衡的破坏,从而引起熨平板的上下浮动,路面的平整度随之降低。速度变化时,单位面积的沥青混合料受到振捣,这势必导致路面的初始密实度不同,压实后的路面平整度也会较差。另外,正常工作过程中,频繁地停机、开机将使铺出的路面形成台阶(尤其是停机时间长,沥青混合料温度低于 100 ℃时),且料温下降,不易压实。

(3) 摊铺基层的选择。

市政道路沥青混凝土路面应根据实际情况选择摊铺基准。摊铺下面层时,一般以悬挂钢丝绳为基准。在摊铺过程中,除了控制摊铺厚度,还必须使摊铺压实后的下面层标高符合设计要求。以悬挂钢丝绳为基准,容易达到以上两种要求。中面层摊铺的基准应根据下面层的标高是否符合设计要求而定;如果相差太多,中面层还应以悬挂钢丝绳为基准;如果下面层标高达到设计要求,中面层摊铺时可采用平衡梁辅助摊铺机自动找平,这样能获得较好的平整度。

摊铺之前,测量技术人员应认真测量、细心计算,设置基准线的技术人员也应仔细核对,对基层标高不符合要求的部分,应事先进行适当处理,以提高路面摊铺的平整度。但在实际工作过程中,这方面的问题很容易被忽视。

(4)基准线的悬挂。

基准线悬挂的准确性直接影响摊铺质量。在具体施工中,基准线的悬挂应考虑以下几个方面。

①基准线钢丝绳的张紧力为800~1000 N。张紧力太小,钢丝绳会下垂,从而导致摊铺后的路面出现波浪;张紧力太大,则支承柱不容易固定,特别是在弯道上。

②基准线的悬挂高度。基准线的悬挂高度见式(6.1):

$$H = H_0 K + H' \quad (6.1)$$

式中:H 为基准线的悬挂高度;H_0 为摊铺层的设计标高与下一层标高之差;K 为松铺系数;H' 为基准线距摊铺后路面的高度。

H_0 与 K 由工程因素决定,不能随意改变。H' 的大小对摊铺质量有着不可忽视的影响,由悬挂基准线的工作人员视具体情况而定。H' 太小,基准线与摊铺后的路面高度相差不多,H' 不易检测;H' 太大,则 H 随之变大,那么基准线的支承桩就会变长,不易固定,从而影响基准线的稳定性。

③两基准线间距。如果摊铺机两侧的自动找平传感器同时以基准线为基准,那么两基准线间的距离应比熨平板宽度稍宽,基准线距熨平板以30 cm为佳,而且要保证两基准线间的距离一致。

④基准线平顺度。直线摊铺时,基准线一定要直,可每10 m设置1个支承桩;弯道摊铺时,基准线应缓慢变化,应每隔5 m设置1个支承桩,这样既能提高基准线的稳定性,又能保证基准线平顺。

基准线应有专人负责查看,以免出现基准线被碰、倾倒、脱桩等现象。

磨耗层一般采用平衡梁辅助摊铺机自动找平,以获得更好的平整度。施工中,常见的停顿原因就是供料跟不上,用最小的摊铺允许速度2 m/min摊铺厚6 cm、宽11.2 m的单幅路面时,需要的最低供料量为240 t/h。

施工人员误认为只要路面施工路段分得比较短,则每段承包商所需提供的混合料总量就少,这样采用产量小的拌和站也能满足要求。但是拌和站的产量必须与摊铺机的作业速度相协调与匹配,摊铺机的最小速度是有规定的,否则不能正常作业。

有人提出,快速摊铺(5 m/min或以上)的平整度反而好,此说法是否合理有待证实,但至少供料能力要足够,否则摊一段又停下来,摊的那一段可能是平整的,但停下来等料的那一段会比不停的那一段平整度差,因为停顿时的摊铺机各工作部件将被冷却,阻力将增加,摊铺机要克服这些阻力才能拉动先前的混合料,在拉动过程中便造成混合料的不均匀现象。

(5) 保持摊铺机的良好状态,优化摊铺工艺,处理好横向接槎。

① 保持摊铺机的良好状态。

在正式试铺前,精心调整好摊铺机的各项结构参数。

a. 熨平板宽度的确定。熨平板宽度的确定,应以尽量减少纵向接缝和提高路面平整度为原则。摊铺机熨平板最大摊铺厚度一般不超过 12.5 m,对于宽度超过 13 m,不能一次摊铺的路面应考虑选择最佳的摊铺方案。

b. 熨平板振捣、振动频率的确定。熨平板振捣频率为 0~1470 次/min,振动频率为 0~4200 次/min,两者均为无级调速。原则上振捣、振动频率越高越好;振捣、振动频率越高,摊铺的沥青混合料单位面积上的振捣、振动次数越多,初始密度越高,路面的平整度就随之提高。但振捣、振动频率过高,可能会引起熨平板调平大臂剧烈振动,反而导致路面平整度降低。因此频率的选择应在保证熨平板和调平大臂平稳性的前提下,尽可能提高。

在实际摊铺作业的过程中,应特别注意在调节振捣、振动频率时,可能会使摊铺机的其他部位(如熨平板及其拉杆、调平大臂等)产生共振,共振的部件易损坏,且铺出的路面质量较差。因此,出现共振现象时,稍微调整振幅或振动的频率即可消除。

c. 熨平板的加热。摊铺前,应对熨平板进行加热,温度不低于 80 ℃,并消除干净底板上黏附的沥青料,否则铺出的路面不平整,有一道道的小沟,从而降低路面质量。

d. 摊铺机起步。摊铺机起步时,根据摊铺要求的厚度,在熨平板下垫木板,木板厚度 $D=H_0K$。熨平板下至少应垫 3 处,而且 3 处的木板应均匀布置,使每块木板均匀受力,避免熨平板变形。

e. 自动找平传感器的使用。自动找平传感器分为纵坡传感器和横坡传感器。当摊铺宽度不大于 7.5 m 时,可一侧选用纵坡传感器,并以悬挂钢丝绳为基准线,另一侧选用横坡传感器控制摊铺厚度。

如果摊铺宽度超过 7.5 m,则熨平板太宽,刚性不好,易于变形,若再用横坡传感器则厚度不易控制,铺出的路面容易出现波浪。这种情况下,两侧均应以悬挂钢丝绳为基准线,采用两纵坡传感器来控制摊铺厚度。传感器的位置一般分为前后、左右:前后位置以行驶方向为前,传感器在熨平板前,并与螺旋分料器在同一竖直平面内;左右位置即传感器与熨平板一侧的水平距离,一般距离选 30 cm 较佳,这一距离是由两基准线间的距离决定的。

通过铰臂升降螺杆调节传感器相对于摊铺层下结构层的标高,从而改变摊铺厚度;螺杆每转 1 圈可调 2 mm。注意调整时切勿超调。如经测量,摊铺厚度与设计厚度相差 1 cm,理论上螺杆转 5 圈即可,而实际上由于操作及机械存在误差,可能转 4 圈便可达到要求,也可能需转 6 圈方可达到要求。因此,可先转 4 圈,经检测后再决定如何调整。

②优化摊铺工艺。

a. 慎重选择摊铺层高程与厚度的控制方式。

b. 在摊铺机履带行驶线上,因卸料而撒落的粒料应及时清除,以免影响履带或轮胎的接地标高,殃及摊铺层的横坡及横向平整度。摊铺层压实前,不得随意进入踩踏。

c. 尽可能在表面层整幅摊铺。整幅用一台机械摊铺,可避免纵向接槎,排除了一个影响平整度的因素,也减少了机械的通过次数,但摊铺机的性能要好,调试要求十分严格。

中、下面层采用两台机械梯队摊铺时,要注意两台机械的运行参数、基准的布设等,否则平整度不易保证。

③处理好横向接槎。

横向接槎质量对路面的平整度影响很大,比纵向接槎对汽车行驶速度和舒适性的影响更大。

处理好横向接槎的关键:要及时切除已经冷却的先铺层混合料,在先铺层端部沿纵向放置 3 m 直尺呈悬臂状,以摊铺层与直尺脱离接触处为接槎位置,接槎以外的端部材料必须彻底切除(锯成垂直面,并与纵向边缘成直角),绝不可因不舍切除太多而将接槎位置向端部移动,否则将严重影响横向接槎处铺层的平整度。

(6)确保碾压质量。

①打破传统观念,提高碾压温度。

研究与实践都已表明,提高压实质量的关键技术是提高碾压温度。因此,碾压必须紧跟在摊铺机后面,趁混合料温度较高时,及时进行。然而,不少人仍存在"初压温度 110 ℃,终压温度 60~70 ℃,甚至待开放交通后利用行车继续碾压"等诸多陈旧观念。材料允许的碾压温度范围是沥青混合料能支承压路机而不产生水平推移,且压实阻力较小的温度。换句话说,可用较少的碾压遍数,获得较高的密实度和较好的压实效果,使碾压层表面不出现轮迹,提高层面的平整度。

实践中,碾压段长度不能太长,一般控制在 30～50 m,压路机与摊铺机的最小间距仅 3 m,压路机折返处不应在同一横断面上,以免影响铺层的平整度。

②压路机类型选择、胎压检查、巧除混合料黏轮。

a. 初压必须用钢轮压路机,且以两轮压路机为宜。避用三轮的原因是降低轮迹出现的概率,对铺层的平整度有利。

b. 使用轮胎压路机前,必须检查各轮胎的磨损及压力是否相等,防止轮胎软硬不一而影响面层的横向平整度。

c. 在混合料温度较高的条件下开始碾压易发生黏轮现象。解决高温混合料黏轮的简单有效的办法是向碾轮喷洒雾状水。但当喷水呈线状时,水量偏大会加速热混合料的冷却,影响压实效果,对平整度不利。

d. 对厚度较薄的沥青上面层,适当加快复压阶段的碾压速度。较薄的沥青上面层(4 cm 中粒式沥青混凝土)比较厚的中、下面层(厚 6 cm)更难压实。研究资料表明,当沥青层厚增加 25% 时,其有效压实时间将会增加近 50%。

为解决沥青上面层的顺利压实问题,必须加强运料车的保温性,摊铺后立即碾压。压实机械与摊铺机之间的最小距离仅 3 m,除初压外的碾压速度应不超过 2.5 km/h,以免表面发生推移。还应适当提高复压时的碾压速度,以保证在较短的有效压实时间内完成 3 个阶段必须达到的碾压总遍数。

(7) 用连续式路面平整度仪跟踪检测。

对当晚碾压完毕的沥青面层,次日上午必须用连续式路面平整度仪跟踪检测,一旦发现平整度不合格立即查找原因,绝不为赶进度而放弃要求。

过去常用的 3 m 直尺,虽可在纵横两向控制,但只能反映单点的情况,不能立即得出检测长度内的平整度标准差。

(8) 重视桥头跳车问题的解决。

平整度好的路面,必须与尽量消灭或减少桥头跳车问题相结合,才能解决市政道路行车舒适性问题。

(9) 画出准确的摊铺线。

准确的摊铺线不但可以避免沥青混合料的浪费,而且能提高路面的平整度。在实际工程中,往往对画摊铺线不够重视,不准确的摊铺线使操作手难以把握正确的摊铺方向,特别在弯道的摊铺过程中,操作手不得已频繁纠正方向,而摊铺机的方向改变时,铺出的路面就会产生波浪,直接影响路面的平整度。

6.3 沥青玛琋脂碎石 SMA 混合料施工技术

6.3.1 一般规定

(1) 沥青玛琋脂碎石 SMA 混合料适用于高速、一级公路的表面层。

(2) 粗集料不得使用筛选砾石和矿渣。粗集料必须由具有生产许可证的采石场生产或施工单位自行加工。

(3) 不允许在硬质粗集料中掺加部分较小粒径的、磨光值达不到要求的粗集料。

(4) SMA 的配合比设计不是完全依靠马歇尔法,而是主要由体积指标确定。在马歇尔试验中,试件成型是双面各击 50 次,目标空隙率为 2%～4%,稳定度、流值不是主要指标;车辙高温稳定性试验是设计控制的手段,沥青的用量可以参考谢俗堡沥青析漏试验确定。

(5) SMA 对材料要求高。粗集料必须特别坚硬,表面粗糙,针片状含量少,细集料不用天然砂,宜用坚硬的人工砂,矿粉必须使用磨细石灰粉,最好不使用回收矿粉。

(6) SMA 集料的松铺厚度不宜小于公称最大粒径的 2 倍,以减少离析,便于压实。

(7) SMA 的施工工艺要求高,特别是拌和时间要适当延长,施工温度要提高,压实时不能采用胶轮压路机碾压。

6.3.2 材料要求及原材料检测

1. 粗集料

用于 SMA 的粗集料应采用质地坚硬,表面粗糙,形状接近立方体,有良好嵌挤能力的破碎集料,其质量应符合《公路沥青路面施工技术规范》(JTG F40—2004)的要求。

用于 SMA 的粗集料在细破作业时,不得采用颚式破碎机加工。

当采用酸性石料为粗集料,但沥青与石料的黏附性和沥青混合料的水稳定性不符合要求时,应采取改性沥青掺加适量消石灰粉或水泥等措施。如使用抗剥落剂,必须确认抗剥落剂具有长期的抗水损害效果。

2. 细集料

细集料宜采用专用的细料破碎机(制砂机)生产的机制砂。当采用普通石屑代替时,宜采用与沥青黏附性好的石灰岩石屑,且不得含有泥土、杂物。与天然砂混用时,天然砂的用量宜不超过机制砂或石屑的用量。细集料的质量,应符合《公路沥青路面施工技术规范》(JTG F40—2004)的要求。天然砂中水洗法小于 0.075 mm 粒径的颗粒含量不得大于 5%。

当将砂作为细集料使用时,必须测定其粗糙度指标,以表示砂粒的棱角性和表面构造状况。

3. 填料

填料必须采用由石灰石等碱性岩石磨细的矿粉。矿粉必须保持干燥,能从石粉仓自由流出,其质量应符合《公路沥青路面施工技术规范》(JTG F40—2004)的要求。为改善沥青结合料与集料的黏附性,使用消石灰粉和水泥时,其用量宜不超过矿料总质量的 2%。粉煤灰不得作为 SMA 的填料使用。

SMA 使用除尘装置回收的粉尘时,回收粉用量不得大于矿粉总量的 25%,混用回收粉后的 0.075 mm 通过部分的塑性指数不得大于 4。

4. 沥青结合料

(1)用于 SMA 的沥青结合料必须具有较高的黏度,与集料有良好的黏附性,以保证有足够的高温稳定性和低温韧性。

(2)当不使用改性沥青结合料时,沥青的质量必须符合《重交通道路石油沥青》(GB/T 15180—2010)的技术要求,并采用比当地常用沥青标号稍硬 1 级或 2 级的沥青。

(3)当使用改性沥青时,用于改性沥青的基质沥青,必须符合《重交通道路石油沥青》(GB/T 15180—2010)的技术要求。基质沥青的标号应通过试验确定,通常采用与普通沥青标号相当或针入度稍大的等级,沥青改性以后的针入度等级,在南方和中部地区宜为 40~60(1/10 mm),北方地区宜为 40~80(1/10 mm),东北寒冷地区宜为 60~100(1/10 mm)。

(4)用于 SMA 的聚合物改性沥青的质量应符合《公路沥青面施工技术规

范》(JTG F40—2004)规定的技术要求。以提高沥青混合料的抗车辙能力为主要目的时,宜要求改性沥青的软化点温度高于年最高路面温度。各类改性沥青改性剂的合理剂量,除特殊情况外,宜在下列范围内选择:对SBS类及SBR类改性沥青,按内插法计算的改性剂剂量宜为3.5%～5%,对EVA、PE类改性沥青,剂量宜为4%～6%。

(5)当将其他材料作为改性剂或采用几种改性剂混合使用时,应经过试验论证后使用。采用湖沥青、岩沥青等天然沥青做改性沥青时,天然沥青的质量参照相关国家标准执行,天然沥青与石油沥青的混合比例通过试验确定。

5. 纤维稳定剂

(1)用于SMA的纤维稳定剂包括木质素纤维、矿物纤维、聚合物化学纤维等,以改善沥青混合料性能,吸附沥青,减少析漏。木质素纤维的质量,应符合《公路沥青路面施工技术规范》(JTG F40—2004)规定的技术要求。其他纤维品种的质量可参照国内外相关的技术要求执行,其长度也宜不大于6 mm。

(2)纤维应能承受250 ℃以上的环境温度不变质,且对环境不造成危害,不危害身体健康。

(3)纤维可采用松散的絮状纤维或预先与沥青混合制成的颗粒状纤维。施工过程中应保证纤维不受潮、结块,并确认纤维能在沥青混合料拌和过程中均匀地分散开。

(4)纤维应存放在室内或有棚盖的地方,在运输及使用过程中应防止受潮、结团,已经受潮、结团且不能在拌和时充分分散的纤维,不得使用。

(5)纤维稳定剂的掺加比例,以沥青混合料总量的质量百分率计算,用量根据沥青混合料的种类由试验确定。通常情况下用于SMA路面的木质素纤维宜不少于0.3%,矿物纤维宜不少于0.4%,必要时可适当增加。掺加比例的允许误差为±5%。

6.3.3 施工技术要点

1. 施工工艺流程

SMA混合料施工工艺流程同热拌沥青混合料,可参考6.2.3节。

在热拌沥青混合料的基础上,下面对施工准备、施工温度、黏层施工、拌和、运输、摊铺、压实、接缝、开放交通及其他方面进行相应的补充。

2. 施工准备

在施工前需要选用具有较好运输条件及环境较为干燥的地方为拌和站,拌和站的规模以能够连续满足现场摊铺要求为准。选择优质的原材料,原材料中的沥青则需要采用 SBS 改性沥青,集料以玄武岩碎石为主,以石灰岩碱性石料磨细后的矿粉为填料,以优良的木质素纤维为稳定剂。对于进场的材料需要严把质量关,根据相关规范的要求进行试验和检测;检测合格的原料进场后需要按其规格不同进行合理存放,在存放过程中做好防潮、防雨和防污染的措施。

3. 施工温度

SMA 路面宜在较高的温度条件下施工,当气温或下卧层表面温度低于 10 ℃时不得铺筑 SMA 路面。施工温度应根据沥青标号、黏度、改性剂的品种及剂量、气候条件及铺装层的厚度确定。非改性沥青结合料缺乏黏温曲线数据或采用改性沥青结合料时,可按表 6.5 规定的范围选择。但经试验路段或施工实践证明,表中规定温度不符合实际情况时,容许做适当调整。较稠的沥青、改性剂剂量高、厚度较薄,选时用高值,反之选低值。气温或下卧层温度较低时,施工温度应适当提高。

表 6.5 SMA 路面的正常施工温度范围 (单位:℃)

工 序	不使用改性沥青	使用改性沥青			测量部位
		SBS 类	SBR 类	EVA、PE 类	
沥青加热温度	150~160	160~165			沥青加热罐
改性沥青现场制作温度	—	165~170	—	165~170	改性沥青车
改性沥青加工最高温度	—	175		175	改性沥青车或储油罐
集料加热温度	180~190	190~200	200~210	185~195	热料提升车
SMA 混合料出厂温度	155~170	170~185	160~180	165~180	运料车
混合料最高温度(废弃温度)	190	195			运料车
混合料储存温度	拌和出料后降低不超过 10				储存罐及运料车

续表

工　序	不使用改性沥青	使用改性沥青			测量部位
		SBS 类	SBR 类	EVA、PE 类	
摊铺温度	不低于 150	不低于 160			摊铺机
初压开始温度	不低于 140	不低于 150			摊铺层内部
复压开始温度	不低于 120	不低于 130			碾压层内部
开放交通时的路面温度	不高于 50	不高于 50			路面

沥青结合料（含改性沥青）的加热温度或改性沥青的加工温度不得超过 175 ℃。

沥青混合料的温度应采用具有金属探测针的插入式数显温度计测量，不得采用玻璃温度计测量。在运料车上测量时，宜在车厢侧板下方打一个小孔插入温度计，插入长度不少于 15 cm。碾压温度可借助于金属改锥在路面上打洞后迅速插入温度计测量得到（必要时应移动位置）。

4．黏层施工

在黏层施工时，多会采用喷洒型乳化沥青或改性乳化沥青，而且喷洒均匀。对于潮湿的路面及气温低于 10 ℃ 的环境，则不能用喷洒黏层沥青。在利用黏层沥青试洒时，需要对交通进行封闭，待其基本干燥后才能铺筑 SMA 混合料。在进行黏层沥青施工时，需要采用智能型沥青洒布车，可以有效控制洒布量，同时还能够确保洒布的均匀性。

5．拌和

（1）生产 SMA 应采用间隙式沥青拌和机拌和，且必须配备有材料配合比和施工温度的自动检测和记录设备，逐盘打印各传感器的数据，每个台班做出统计，计算矿料级配、油石比、施工温度、铺装层厚度的平均值、标准差和变异系数，进行总量检验，并将其作为施工质量检测的依据。

（2）使用于 SMA 的改性沥青可以采用成品改性沥青或在现场制作改性沥青。当使用成品改性沥青时，应经常检验改性沥青的离析情况，各项指标应符合《公路沥青玛蹄脂碎石路面技术指南》（SHC F40-01—2002）规定的技术要求。当改性沥青为现场制作时，加工工艺根据改性剂的品种和基质沥青确定。改性剂必须存放在室内，不得受潮或老化变色。拌和厂的电力条件应满足现场制作改性沥青的生产需要。基质沥青的导热油加热炉应具有足够的功率。改性沥青生产后宜进入储存罐,经过不少于 0.5 h 的继续搅拌发育后使用,储存和运输过程中不得发生离析。

(3) 拌和机应配备专用的纤维稳定剂投料装置,直接将纤维自动加入拌和机的拌和锅或称量斗中。根据纤维的品种和形状的不同,可采取不同的添加方式。添加纤维应与拌和机的拌和周期同步进行。松散的絮状纤维应采用风送设备自动打散上料,并在矿料投入后干拌及喷入沥青的同时一次性喷入拌和机内。颗粒纤维宜在集料投入后立即加入,经 5～8 s 的干拌,再投入矿粉,总的干拌时间应比普通沥青混合料增加 5～10 s。

(4) 喷入沥青后的湿拌时间,应根据拌和情况适当增加,通常不得少于 5 s,保证纤维能充分均匀地分散在混合料中。由于增加拌和时间、投放矿粉时间加长、废弃回收粉尘等原因而降低拌和机生产率的情况,应在计算拌和能力时充分考虑到,以保证不影响摊铺速度,造成停顿。

(5) 各种原材料都必须堆放在硬质地面上,在多雨潮湿地区,细集料(含石屑)应堆放在有棚盖的干燥条件下,当细集料潮湿使冷料仓供料困难时,应采取措施。

(6) 矿粉必须存放在室内,保持干燥,不结块,能自由流动。拌和时,矿粉投入能力应符合配合比设计数量的需要,原有矿粉仓不能使用时,宜增加投入矿粉的设备,或将矿粉投料口扩大,以减少矿粉投入时间。

(7) 拌和过程中,回收粉尘的用量不得超过矿粉总用量的 25%。对逸出及废弃的粉尘,应添加矿粉补足,使 0.075 mm 通过率达到配合比设计要求。当抽提筛分试验的 0.075 mm 通过率由干筛得到时,与配合比设计时矿粉采用水洗法筛分的通过率有差别,此时应该通过比较试验进行调整。

(8) 拌和的 SMA 混合料应立即使用,需在储料仓中存放时,以不发生沥青析漏为度,且不得储存至次日使用。

(9) 当采用直接投入法制作改性沥青混合料时,改性剂必须计量准确,拌和均匀。胶乳类改性剂必须采用专用的计量投料装置按使用比例在喷入沥青后 10 s 内投入拌和锅中,供应胶乳的泵、管道和喷嘴必须经常检查,保持畅通。颗粒状改性剂可在投放矿料后直接投入拌和锅中。

(10) 沥青拌和厂宜设置专用的取样台,供在运料车上对混合料取样、测量温度、盖苫布使用。

6. 运输

SMA 宜采用大吨位运料车运输。运料车在开始运输前,应在车厢及底板上涂刷一层油水混合物,使混合料不致与车厢黏结。任何情况下,运料车在运输过程中都应加盖苫布,以防表面混合料降温结成硬壳。运料车在运输途中,不得随意停歇。

运料车卸料必须倒净,如发现有剩余的残留物,应及时清除。

运料车到达现场后,应严格检查 SMA 混合料的温度,不得低于摊铺温度的要求。

7. 摊铺

(1) 在铺筑 SMA 之前应对下层表面做以下处理:用硬扫帚或电动工具清扫路面,有泥土等不洁物沾污时,应一边清扫一边用高压水冲洗干净,并待进入路面的水分蒸发后铺筑。若旧路面表面不平整,应铣刨或用热拌沥青混合料铺筑整平层,恢复横断面。必须喷洒符合要求的黏层油,用量宜为 $0.3 \sim 0.4 \ L/m^2$。

(2) SMA 可采用常规的沥青混合料摊铺方法进行摊铺,一台摊铺机的摊铺宽度宜不超过 6 m,最大不得超过 8 m,如采用两台以上相同型号的摊铺机以梯队形式摊铺,相邻两台摊铺机应具有相同的摊铺能力,摊铺间距不超过 20 m,保证纵向接缝为热接缝。改性沥青 SMA 混合料宜使用履带式摊铺机铺筑。

(3) 摊铺机开始铺筑前应对熨平板预热至 100 ℃ 以上,铺筑过程中应开启熨平板的振动或捶击等夯实装置。

(4) SMA 混合料的摊铺速度应调整到与供料速度平衡,必须缓慢、均匀、连续不间断地摊铺。摊铺过程中不得随意变换速度或中途停顿。由于改性沥青或 SMA 生产影响拌和机生产率,摊铺机的摊铺速度应放慢,通常不超过 3 m/min,容许放慢到 1~2 m/min。当供料不足时,宜采用运料车集中等候、集中摊铺的方式,尽量减少摊铺机的停顿次数。摊铺机每次均应将剩余的混合料铺完,并做好临时接头。如等料时间过长、混合料温度降低、表面结成硬壳,影响继续摊铺,必须将硬壳去除。

(5) 改性沥青 SMA 混合料的摊铺温度应比普通沥青混合料的摊铺温度高 10~20 ℃,混合料温度的测量在卸料到摊铺机上时进行。当气温低于 15 ℃ 时,不得摊铺改性沥青 SMA 混合料。

(6) SMA 混合料的松铺系数应通过试铺确定。

（7）在 SMA 混合料的运输、等候及铺筑过程中，应注意观察，如发现有沥青析漏情况，应停止卸料，分析原因，采取降低施工温度、减少沥青用量或增加纤维用量等措施。

（8）不得在雨天或下层潮湿的情况下铺筑 SMA 路面。

（9）SMA 表面层铺筑时宜采用平衡梁自动找平方式，平衡梁的橡胶轮应适当涂刷废机油等防黏结材料，在每次铺筑结束后必须清理干净。当同时使用改性沥青时宜采用非接触式平衡梁。

8. 压实

（1）SMA 施工必须有足够数量的压路机，压路机的最少数量根据与铺筑速度匹配的原则由压路机的碾压宽度、碾压速度、要求的碾压遍数计算配置。铺筑双车道沥青路面时，用于初压、复压和终压的各种压路机数量不得少于 4 台。

（2）混合料摊铺后，必须紧跟着在尽可能高的温度状态下开始碾压，不得等候。除必要的加水等短暂歇息外，压路机在各阶段的碾压过程中应连续不间断地进行。同时也不得在低温状态下反复碾压 SMA，防止磨掉石料棱角或压碎石料，破坏集料嵌挤。碾压温度应符合《公路沥青路面施工技术规范》(JTG F40—2004) 的要求。

（3）SMA 路面的初压宜采用刚性碾静压。每次碾压应直至摊铺机跟前，初压区的长度通过计算确定，以便与摊铺机的速度匹配，一般宜不大于 20 m。初压遍数一般为 1 遍，以保证尽快进入复压。摊铺机的铺筑宽度越宽，摊铺机自身的碾压效果越差，初压的要求也越高。

（4）SMA 路面的复压应紧跟在初压后进行，经试验证明如直接使用振动压路机初碾不造成推拥，也可直接用振动压路机初压。如发现初压有明显推拥，应检查混合料的矿料级配及油石比是否合适。压路机的吨位以不压碎集料，又能达到压实度为度。复压宜采用重型的振动压路机进行，碾压遍数不少于 3 遍，也可用刚性碾静压，碾压遍数不少于 6 遍。

（5）终压采用刚性碾紧接在复压后进行，以消除轮迹，终压遍数通常为 1 遍。若复压后已无明显轮迹或终压看不出明显效果则可不再终压，即允许采用振动压路机的同时进行初压、复压、终压。

（6）通常情况下 SMA 不宜采用轮胎压路机碾压，以防搓揉过度造成沥青玛琉脂挤到表面而达不到压实效果。在极易造成车辙变形的路段及其他特殊情况下，由于减少沥青用量必须使用轮胎压路机碾压时，必须通过试验论证，确定压实工艺,但不得发生沥青玛琋脂上浮或挤出等现象。

(7) 振动压路机碾压 SMA 应遵循"紧跟、慢压、高频、低幅"的原则。即压路机必须紧跟在摊铺机后面碾压,碾压速度应慢且均匀,并采取高频率、低振幅的方式碾压。

(8) 压路机应该紧跟摊铺机向前推进碾压,碾压段长度大体相同,每次碾压到摊铺机前再折返碾压。SMA 的碾压速度不得超过 5 km/h。

(9) SMA 路面应防止过度碾压,在压实度达到 98% 以上或者现场取样的空隙率不大于 6% 后,宜中止碾压。如碾压过程中出现沥青玛琋脂部分上浮或石料压碎、棱角明显磨损等过碾压的现象,应停止碾压并分析原因。

(10) 为了防止混合料黏附在轮上,应适当洒水使轮子保持湿润,水中可掺加少量的清洁剂。但应该严格控制水量,以不黏轮为度,且喷水必须是雾状的,不得采用自流洒水的压路机。

(11) 压路机碾压过程中不得在当天铺筑的路面上长时间停留。

9. 接缝

两台摊铺机以梯队形式进行摊铺的过程中会有纵向接缝产生,且纵向接缝多以斜接缝为主。在对混合料进行摊铺的过程中,需要留 10～20 cm 的宽度暂不碾压,同时还要确保有 10 cm 左右的摊铺层处于重叠的状态,然后利用热接缝形式对跨接缝进行碾压,从而有效地消除缝迹。当两台摊铺机相隔较近时,则可以碾压 1 遍。另外,上下层之间的纵缝需要错开,通常以 20 cm 的错开距离为宜。横向施工缝施工时,则宜采用平接缝。利用直尺对接缝的位置进行测量,然后利用锯缝机割齐,将锯切后产生的灰浆清理干净后才能继续摊铺。需要对摊铺机熨平板重新预热,然后从接缝处开始摊铺。摊铺完成后需要采用人工方式快速整平,然后处理接缝。碾压时则需要以钢筒式压路机来进行横向压实,从先铺路面开始,然后逐渐移向新铺的面层。

10. 开放交通及其他

SMA 路面施工结束后,在路面温度下降到 50 ℃ 以下后方可开放交通。如急需开放交通,应洒水冷却。

当发现某些改性沥青 SMA 面层在开放交通后有发软的迹象,或大吨位运料车转弯出现掉粒、轮印时,应加强对早期交通的控制。

6.3.4 市政道路 SMA 路面施工的应用分析

市政道路 SMA 路面施工过程中,要做好施工分析,并对施工材料进行试验,保证材料质量,以提高路面施工质量安全,具体如下。

1. 材料的分析

SMA 改性沥青中有多种材料,其对材料有很高的要求,材料采购时要合理选择并做好监测工作,确保各项指标符合规定之后,材料才能进入施工现场。有关材料的情况,需要分析实验所获得的数据才能了解,而且每天都要做好质量抽检工作,基于此确定改性沥青是否可以使用,避免因储存时间过长而变质。

SMA 改性沥青中的粗集料使用的是辉绿岩,其具有酸性。若粗集料的密度及压碎值等指标都达到设计要求,在筛分级配时应符合 SMA 规范。需要明确的是,进行细集料工程施工时,如果使用破碎人工砂,则可以满足 SMA 结构的要求。使用材料之前要严格检验,使得 SMA 改性沥青路面不会存在质量问题。

2. 施工的分析

SMA 改性沥青路面施工的过程中,需要加强混合料拌和、运输、摊铺、碾压等每个环节的质量控制,避免发生道路质量问题。施工过程中要保证接缝平顺,不能出现离析现象。比如,上层纵缝与下层纵缝采用热接缝,为 150 mm 间距;如果是冷接缝,为 400 mm 间距。如果为横向接缝,维持 1 m 错位。现场检查的时候,可以使用 3 m 直尺检查其平整度。热接缝施工时,在已铺路面中留出 100~200 mm,将其作为后续衔接面,衔接的时候继续进行碾压施工,以此保证道路的整体性。

3. 现场的检测

(1) 为了有效了解施工试验单的沥青路面各项指标是否合格,需要实施现场压实检测。基于检测结果分析路面厚度,明确其是否符合要求。虽然压实度已经满足要求,但是也会存在部分质量问题,出现这种现象的主要原因是没有合理控制施工级配,或者存在路面压实严重不足的问题。

(2) 对 SMA 改性沥青路面进行渗水试验操作,检测其渗水的情况。试验检测发现,大部分路面有很好的水密性,只有少部分路面存在渗水系数超标的问题。测试试验路段构造的深度,通过分析结果就可以明确,深度介于 1～1.5 mm,而且路面抗滑性良好。

6.3.5 施工过程质量控制

SMA 路面在铺筑过程中必须随时对铺筑质量进行检查、评定,对聚合物改性剂沥青质量的检测要求应符合表 6.6 的规定。

表 6.6 施工过程中聚合物改性沥青质量的检测要求

项 目	聚合物改性剂类型			检测频度
	SBS 类	SBR 类	EVA、PE 类	
针入度	√	√	√	1～2 次/日
软化点	√	√	√	1～2 次/日
低温延度	√	√	—	必要时
弹性恢复	√	—	—	必要时
显微镜观察	√	—	√	必要时

除了符合上述要求,SMA 路面在施工过程应注意以下事项。

(1) SMA 面层应特别重视材料质量、施工温度和压实工序的管理,使混合料充分嵌挤并达到稳定的状态,切忌为片面追求平整度而降低压实度。

(2) SMA 路面如出现"油斑",应分析原因,仔细检查纤维添加的方式、数量、时间,是否漏放及拌和是否均匀等,问题严重的应予铲除。

(3) 重交通道路沥青和成品改性沥青应具有产品质量检验单。产品到场后,应按照规定取样检查,不得以样品的质检报告代替。检验不符合要求的成品改性沥青不得使用。

(4) 现场制作的改性沥青,应随机取样,检查改性沥青质量,确认是否符合聚合物改性沥青质量技术要求。

①改性沥青试样制作必须在改性沥青设备现场进行,不得二次加热,以防改性剂离析。

②当采用聚合物胶乳作为改性剂时,应检测固体物含量,按要求剂量用预混法制作改性沥青试样并检查质量。

③改性沥青质量的日常检查按有关规定的项目和频度进行。采用放大 100 倍以上的显微镜观察后宜制作照片留存备查,改性剂在基质沥青中应分散均匀,细度应达到制作要求。

（5）沥青混合料拌和厂的质量管理和检查按下列规定进行。

①随时检查沥青、集料的加热温度，逐车检查并记录SMA混合料的出厂温度。

②路面钻孔取样或用核子密度仪检查压实度和空隙率。但当使用改性沥青，在钻孔取样过程中发生下列情况时，可减少钻孔次数至每千米1个孔，甚至不予钻孔。减少钻孔次数或不钻孔时，必须增加核子密度仪的检测次数。用核子密度仪检测时应先用砂子将表面铺平并标定。

③随时在碾压成型的路面上倒少量水，观察水的渗透情况，应基本不透水（看不出透水或者透水很慢），并按《公路路基路面现场测试规程》(JTG 3450—2019)规定的方法用渗水仪检测路面渗水系数。

④用铺砂法检测路面构造深度。良好的SMA结构在碾压成型后，应该是基本上不透水或者透水很慢的，表面具有足够的构造深度，以"基本不透水"这一重要标志来鉴别SMA。

⑤按规定随机取样，检查工地混合料的矿料级配和油石比。在对改性沥青混合料进行抽提试验时，应注意对某些不溶于溶剂的改性剂（如PE）的数量做计算修正。

⑥拌和厂逐盘打印的结果必须保存备查，每天进行总量检验，并将其作为施工质量管理的依据。

⑦按要求进行马歇尔试验，计算空隙率等体积指标。

6.4 改性沥青混合料施工技术

改性沥青是基质沥青与一种或数种改性剂通过适宜的加工工艺形成的混合物。改性沥青混合料是由改性沥青（或由改性剂、基质沥青）与矿料按一定比例拌和而成的混合料的总称。改性沥青路面是指沥青面层中任意一层采用改性沥青为结合料铺筑的路面。

6.4.1 材料要求

1. 基质沥青

基质沥青一般应采用道路石油沥青。

某些特殊重要工程的沥青面层,当采用改性沥青时,其基质沥青应采用符合现行规范《重交通道路石油沥青》(GB/T 15180—2010)规定的石油沥青。

选择基质沥青的标号时,宜在根据当地气候条件、交通情况等确定道路石油沥青标号的基础上,采用稠度相当或稠度降低一个等级的沥青。

2. 粗集料

用于改性沥青混合料面层的粗集料宜采用碎石或破碎砾石,其粒径规格和质量要求应符合《公路沥青路面施工技术规范》(JTG F40—2004)的规定。

粗集料应洁净、干燥、无风化、无有害杂质,且具有一定硬度和强度。粗集料应具有良好的颗粒形状。

酸性石料用于铺筑公路路面时,应按《公路工程沥青及沥青混合料试验规程》(JTG E20—2011)规定的方法检验其与改性沥青的黏附性,不符合要求时应采取必要的抗剥离措施。

3. 细集料

用于改性沥青混合料面层的细集料可采用天然砂、机制砂和石屑。细集料应洁净、干燥、无风化、无有害杂质,有适当的颗粒组成,并与改性沥青有良好的黏附性。细集料的粒径规格与质量要求应符合《公路沥青路面施工技术规范》(JTG F40—2004)的规定。

4. 填料

用于改性沥青混合料面层的填料应洁净、干燥,其质量应符合《公路沥青路面施工技术规范》(JTG F40—2004)规定的技术要求。

改性沥青混合料的填料必须采用石灰岩或岩浆岩中的强基性岩石或其他憎水性石料经磨细得到的矿粉,矿粉应不含泥土等杂质。

采用水泥、消石灰粉做填料时,其用量宜不超过矿料总量的2%。

采用沥青混合料拌和厂的回收粉尘做填料时,回收粉尘必须洁净、无杂质,塑性指数应小于4,其用量不得超过填料总量的50%。

5. 改性剂

(1)根据拟改善的路面性能,可对改性剂进行如下初步选择:为提高抗永久变形能力,宜使用热塑性橡胶类或热塑性树脂类改性剂。为提高抗低温开裂能力,宜使用热塑性橡胶类或橡胶类改性剂。为提高抗疲劳开裂能力,宜使用热塑性橡胶类、橡胶类或热塑性树脂类改性剂。为提高抗水损害能力,宜使用各类抗剥落的外加剂。

(2) 应考虑改性剂的处理与储存条件、生产与施工方法的难易程度、对基质沥青与集料的要求等。

(3) 应考虑改性剂与基质沥青的相容性,在热储存或使用温度下的离析程度应符合规范的规定。

(4) 应考虑改性剂及其辅助材料、专用设备的价格,改性沥青混合料生产及其路面施工成本。

(5) 改性剂生产者或供应商应提供产品的名称、代号、标号与质量检验单,以及运输方法、储存方法、使用方法和涉及健康、环保、安全等方面的资料。

(6) 根据需要,在改性沥青中还可加入稳定剂类、分散剂类等辅助外加剂。

(7) 各类改性剂及辅助外加剂应符合有关行业标准的技术与质量要求。

(8) 制备改性沥青可采用一种改性剂,根据需要也可同时采用几种不同的改性剂进行复合改性。

(9) 应根据不同的基质沥青与使用要求确定适宜的改性剂剂量。

6. 改性沥青

(1) 当确定采用改性沥青铺筑路面时,首先应根据工程所在地的气候、交通及其他特殊使用要求选定设计的改性沥青技术要求,然后选择适宜的基质沥青、改性剂类型,根据已有经验初步确定改性剂剂量,并制备改性沥青进行试验,再根据试验结果确定改性沥青的相应等级。如该相应等级改性沥青的技术指标符合设计要求,则接受选定的基质沥青、改性剂及其剂量。当该技术指标不满足设计要求时,应重新选择基质沥青、改性剂类型或调整改性剂剂量,直到符合设计要求为止。

(2) 制备改性沥青时,应采用适宜的生产条件和方法进行,通过试验确定合理的改性剂剂量和适宜的加工温度,制订详细的生产工艺和操作规程。改性剂在基质沥青中应分散均匀并达到一定的细度。

(3) 在现场制造的改性沥青宜随配随用;需要短时间保存时,应保持适宜的温度,并进行不间断的搅拌或泵送循环,以保证改性沥青具有足够的稳定性和使用质量。

(4) 工厂生产改性沥青成品时,在使用改性剂的同时还必须使用合适的分散剂、稳定剂，以防止改性沥青在使用前发生分离。

（5）聚合物改性沥青的各项指标应符合《公路工程沥青及沥青混合料试验规程》(JTG E20—2011)规定中有关要求。

（6）改性沥青制备可以采用一次掺配法，也可以采用二次掺配法。搅拌法、混融法、胶乳法适用于采用一次掺配法制备改性沥青，母体法适用于采用二次掺配法制备改性沥青。

7. 改性沥青混合料

根据各种不同的使用目的，改性沥青混合料应有适宜的矿料级配，可以采用密级配沥青混合料或 SMA、OGFC 等间断级配沥青混合料。在进行改性沥青混合料配合比设计与施工时，宜通过改性沥青的黏湿关系，确定改性沥青混合料拌和与压实的等黏温度和操作条件。

改性沥青混合料的配合比设计，应遵循《公路沥青路面施工技术规范》(JTC F40—2004)中关于热拌沥青混合料配合比设计的目标配合比、生产配合比及试拌试铺验证 3 个阶段的要求，确定矿料级配及最佳改性沥青用量。

6.4.2　改性沥青路面施工

1. 施工准备

施工前应按以下要求备好各类材料。

（1）集料。

应按设计要求准备各种不同规格的集料，对不同料场、批次的材料应进行筛析验收。

集料应堆放于清洁、干燥、地基稳定、排水良好、有硬质铺面的场地上，不同规格的集料应分开堆放。集料宜采取分层堆放的方法，在整个堆料区逐层向上堆放，以防止集料离析。

（2）结合料。

①沥青宜储存在可加热与保温的储藏罐中，根据不同沥青类型和等级采用不同的储存温度，使用前应加热到适宜的加工温度。

②改性沥青应按规定的技术要求进行生产，宜随配随用，不符合要求的不得使用。

③对购置的成品改性沥青，在使用前应按技术要求进行质量检验，不符合要

求的不得使用。

④正式施工前应准备好需用的改性沥青混合料的生产、输运、摊铺、压实等设备,并进行必要的校验工作。

(3)下承层准备。

①进行下承层的质量检验和测量放样。

②铺筑改性沥青混合料前,应检查其下层的质量,按规定喷洒透层或黏层油。

③在旧沥青路面或水泥混凝土路面上加铺改性沥青面层时,应修补破损的路面、填补坑洞、封填裂缝或失效的水泥路面接缝;松动的水泥混凝土板应清除或进行稳定处理;表面整平摊铺前应清扫干净,喷洒黏层油。

④喷洒透层油或黏层油时,宜采用沥青洒布机,喷油管宜与路面形成约30°角,并有适当高度,以使路面上喷洒的透层油或黏层油形成重叠。

2. 改性沥青混合料生产

(1)生产改性沥青混合料时,应按该类改性剂或改性沥青所要求的工艺条件和生产方法进行。当需要改变生产条件或生产方法时,应通过试验研究确定。

(2)改性沥青混合料宜随拌随用,若因生产或其他原因需要短时间储存,储存时间宜不超过24 h,储存期间温降应不超过10 ℃,且不得发生结合料老化、滴漏以及粗细集料颗粒离析现象。当储存引起结合料老化、滴漏、混合料温降过多、粗细集料颗粒离析以及其他影响产品质量的问题时,改性沥青混合料应予废弃并找出原因,采取纠正措施。

(3)当在拌和厂采用将胶乳直接喷入拌和机的方法生产改性沥青混合料时,胶乳喷射量应准确计量,胶乳供给系统的工作压力宜为0.2~0.4 MPa,同时应经常检查胶乳的乳化状况,已破乳的胶乳不得使用。

(4)改性沥青混合料生产温度应根据改性沥青品种、黏度、气候条件、铺装层的厚度确定,改性沥青混合料的正常生产温度根据实践经验并参照表选择。通常宜较普通沥青混合料的生产温度提高10~20 ℃。当采用表6.7以外的聚合物或天然沥青改性沥青时,生产温度应由试验确定。

表6.7 改性沥青混合料的正常生产温度范围　　　　　(单位:℃)

工　序	改性沥青品种		
	SBS类	SBR类	EVA、PE类
基质沥青加热温度	—	160~165	—

续表

工　序	改性沥青品种		
	SBS 类	SBR 类	EVA、PE 类
改性沥青现场制作温度	165～170	—	165～170
成品改性沥青加热温度(不大于)	175		175
骨料加热温度	190～220	200～210	185～195
改性沥青混合料出厂温度	170～185	100～180	165～180
混合料最高温度(废弃温度)	—	195	
混合料储存温度	—	拌和出料后降低不超过 10	

3. 改性沥青混合料运输

（1）改性沥青混合料应采用自卸车辆运输，车辆的数量应与摊铺机的数量、摊铺能力、运输距离相适应，在摊铺机前应形成一个不间断的供料车流。

（2）为便于卸料，改性沥青混合料运输车的车厢底板和侧板应抹一层隔离剂，并排除可见游离余液。将油水混合液作为隔离剂时，应严格控制油与水的比例，严禁使用纯石油制品。

（3）运料车装料时，应通过前后移动运料车来消除粗细料的离析现象。一车料最少应分 3 次装载，对于大型运料车，可分多次装载。

（4）雨季施工时，改性沥青混合料在运输过程中应采用防水苫布遮盖，防水苫布应覆盖整个运料车。

4. 改性沥青混合料摊铺

改性沥青混合料的摊铺应符合《公路沥青路面施工技术规范》(JTG F40—2004)的有关规定。

改性沥青混合料应保持连续、均匀、不间断地摊铺。

5. 改性沥青混合料压实

（1）改性沥青混合料的压实应根据路面宽度、厚度，改性沥青与混合料类型，混合料温度，气温，拌和、运输、铺摊能力等条件综合确定压路机数量、质量、类型以及压路机的组合、编队等。

（2）改性沥青混合料压实应紧跟摊铺进行，不得等混合料冷却后再碾压。在初压和复压过程中，宜采用同类压路机并列以梯队形式压实，不宜采用首尾相接的纵列方式。

（3）采用振动压路机压实改性沥青混合料路面时，压路机轮迹的重叠宽度应不超过 20 cm，但采用静载钢轮压路机时，压路机轮迹的重叠宽度应不少于 20 cm。

（4）压路机碾压速度的选择应根据压路机本身的能力、压实厚度、在压路机队列中的位置等确定。压路机的碾压速度可按《公路沥青路面施工技术规范》(JTG F40—2004)中的规定执行。

（5）采用振动压路机时，压路机的振动频率、振幅大小应与路面铺筑厚度协调，厚度较薄时宜采用高频率、低振幅，终压时不得振动。

（6）在低温条件下进行碾压施工时，应根据混合料的温度和降温速率掌握好碾压时间，应在混合料温度降到 120 ℃前结束碾压作业，见表 6.8。

表 6.8　改性沥青混合料压实温度　　　　　　　　（单位：℃）

工　序	不使用改性沥青	使用改性沥青 SBS 类、SBR 类、EVA、PE 类	测量部位
初压开始温度	不低于 140	不低于 150	摊铺层内部
复压开始温度	不低于 120	不低于 130	碾压层内部
开放交通时的路面温度	不高于 50	不高于 50	路面

（7）在超高的路段施工时，应先从低的一边开始碾压，逐步向高的一边碾压。

（8）当改性沥青混合料路面由于在碾压过程中操作不当而造成损坏，或达不到要求时，应予铲除并分析原因，采取措施纠正。

（9）对 SMA 及 OGFC 混合料不得采用轮胎压路机碾压。

6．接缝施工

（1）纵向接缝。

①当两台摊铺机以并列梯队形式进行摊铺作业时，纵向接缝应采用热接缝，两台摊铺机的距离宜为 15～30 m，整平板设置在同一水平。

②当不得不采用冷接时，宜采用平接缝，也可采用自然缝。

a. 平接缝：施工时采用挡板或施工后用切割机切齐可形成平接缝。

b. 自然缝：在施工中自然形成的缝，若具有较整齐的边可以不切割直接采用，但应清除松散的混合料，若混合料未受污染可以不涂黏层油。自然缝宜通过试验路段试验确定施工方法，并严格控制搭接材料的数量。

c. 摊铺前切缝应涂上黏层油，摊铺时，搭接宽度不应大于10 cm，新铺层的厚度应通过松铺系数计算获得。

d. 当摊铺搭接宽度合适时，可将搭接部分新摊铺的热混合料回推，在缝边形成小的凸脊形。如果搭接材料过多，则应直接用平头铲沿缝边刮齐，刮掉的多余混合料应废弃，不得抛置于尚未压实的热混合料上。

（2）横向接缝。

①改性沥青混合料路面铺筑期间，当需要暂停施工时，中、下面层可采用平接缝或斜接缝；上面层应采用平接缝，宜在当天施工结束后切割、清扫、成缝。

②接续摊铺前应先用直尺检查接缝处已压实的路面，如果不平整、厚度不符合要求，应切除后再摊铺新的混合料。

③横向缝接续施工前应涂刷黏层油并用熨平板预热。

④重新开始摊铺前，应在摊铺机的整平板下放置起始垫板，垫板的厚度应等于混合料松铺厚度与已压实路面厚度之差，其长度应超过整平板的前后边距。

⑤横向接缝处摊铺混合料后应先清缝，然后检查新摊铺的混合料松铺厚度是否合适。清缝时不得向新铺混合料方向过分推刮。

⑥横向接缝碾压时宜按垂直车道方向沿接缝进行，并应在路面纵向边处放置支承木板，其长度应足够压路机驶离碾压区。如果因为施工现场限制或相邻车道不能中断交通，也可沿纵向碾压，但应在摊铺机驶离接缝后尽快进行，且不得在接缝处转向。

7. 施工质量标准

（1）按照《公路工程质量检验评定标准 第一册 土建工程》（JTG F80/1—2017）规定的有关指标进行检验。

（2）改性沥青应在尽量靠近供拌和混合料使用的部位取样，对现场制作的改性沥青，取样后应立即灌制试样并进行试验，不得在冷却后重新加热或用室内改性沥青制作机械加工后再做试验。

（3）当采用钻孔取样法检测改性沥青混合料路面的压实度有困难时，可以不钻孔检查，但应增加核子密度仪的检测数量，扩大范围，提升额度，并严格控制碾压遍数,以保证压实度符合设计要求。

(4) 当采用抽提试验方法检测沥青混合料中的改性沥青结合料含量时,对不溶于试验溶剂的改性剂,如PE,应根据生产改性沥青时投放的改性剂剂量和抽提试验结果进行计算,以确定实际的结合料含量。

6.5 沥青贯入式路面施工技术

6.5.1 概述

1. 定义

沥青贯入式(上拌下贯统称贯入式)路面指的是用沥青贯入碎(砾)石做基层、联结层、面层的路面,即在初步压实的碎石(或破碎砾石)上,分层浇洒沥青、撒布嵌缝料,或再在上部铺筑热拌沥青混合料封层,经压实而成的沥青面层。

2. 一般规定

(1) 沥青贯入式路面适用于三级及三级以下公路,也可作为沥青路面的联结层或基层。

(2) 沥青贯入式路面的厚度宜为4~8 cm,但乳化沥青贯入式路面的厚度不宜超过5 cm。当贯入层上部加铺拌和的沥青混合料面层而成为上拌下贯式路面时,拌和层的厚度宜不小于1.5 cm。

(3) 沥青贯入式路面的最上层应撒布封层料或加铺拌和层。沥青贯入层作为联结层使用时,可不撒布表面封层料。

(4) 沥青贯入式路面宜选择在干燥和较热的季节施工,并宜在日最高温度降低至15 ℃以前半个月结束,使贯入式结构层通过开放交通碾压成型。

6.5.2 材料要求

1. 集料

沥青贯入层的集料应选择有棱角、嵌挤性好的坚硬石料,其规格和用量宜根据贯入层厚度,按上拌下贯式路面的材料规格和用量选用。当使用破碎砾石时,其破碎面应符合要求。沥青贯入层主层集料中大于粒径范围中值的集料量不宜少于50%。表面不加铺拌和层的贯入式路面在施工结束后,每1000 m² 宜另备 2~3 m³ 与最后一层嵌缝料规格相同的细集料等供初期养护使用。

沥青贯入层的主层集料最大粒径宜与贯入层厚度相当。当采用乳化沥青时,主层集料最大粒径可采用厚度的80%~85%,数量宜按压实系数1.25~1.3计算。

2. 结合料

沥青贯入层的结合料可采用道路石油沥青、煤沥青或乳化沥青,用量和标号应按《公路沥青路面施工技术规范》(JTG F40—2004)中有关规定选用。

3. 材料规格和用量

贯入式路面各层分次沥青用量应根据施工气温及沥青标号等在规定范围内选用。在寒冷地带或当施工季节气温较低、沥青针入度较小时,沥青用量宜用高限。在低温潮湿气候下用乳化沥青贯入时,应按乳液总用量不变的原则进行调整,上层较正常情况适当增加,下层较正常情况适当减少。

4. 施工过程中对原材料的检测

沥青贯入式在生产过程中,应按照相关规范所列的检查项目与频度对各种原材料进行抽样试验,质量应符合现行施工技术规范规定的技术要求,每个检查项目的平行试验次数或一次试验的试样数必须按相关试验规程的规定进行,并以平均值评价是否合格。

6.5.3 沥青贯入式路面施工

1. 施工工艺流程

沥青贯入式路面施工大致流程如下:准备工作完成后,进行放样,并整修、清扫基层,如有必要,需适量浇洒透层油和黏层油;然后撒布主层集料并开始第一次碾压,接着是第一次沥青浇洒和嵌缝料撒布,以及第二次碾压;压实后,进行第二次沥青浇洒和嵌缝料撒布,并第三次碾压;完成第三次沥青浇洒和封层矿料撒布工作后,做最后一次碾压;符合标准之后,还需加以养护。

贯入式路面施工工艺流程(实际施工时根据撒布嵌缝料和浇洒沥青的遍数予以调整),如图 6.5 所示。

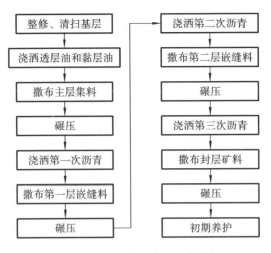

图 6.5 贯入式路面施工工艺流程

2. 准备阶段

准备阶段应对各项设备进行质量检查,保证油泵系统、液压调整系统、振动器、摊铺器等重要部件没有故障。洒油车的油嘴要保持清洁,与洒油管成 20°左右的夹角。拌和机各元件要牢固相连,输送机电气系统正常,且搅拌器内没有杂物。运输车辆、摊铺机和压路机的也要保持良好的性能。

3. 施工技术要点

(1) 沥青贯入式路面施工前,基层必须清扫干净。当需要安装路缘石时,应在路缘石安装完成后施工。路缘石应予遮盖。

(2) 摊铺主层集料。采用碎石摊铺机、平地机或人工摊铺主层集料。铺筑后严禁车辆通行。

(3) 碾压主层集料。洒布后应采用 6~8 t 的轻型钢筒式压路机自路两侧向路中心碾压,碾压速度宜为 2 km/h,每次轮迹重叠约 30 cm,碾压 1 遍后检验路拱和纵向坡度,当不符合要求时,应调整找平后再压。然后用重型的钢轮压路机碾压,每次轮迹重叠轮宽的 1/2 左右,宜碾压 4~6 遍,直至主层集料嵌挤稳定,无显著轮迹为止。

(4) 浇洒第一层沥青。浇洒方法与沥青表面处治施工相同。采用乳化沥青贯入时，为防止乳液下漏过多，可在主层集料碾压稳定后，先洒布一部分上一层嵌缝料，再浇洒主层沥青。

（5）撒布第一层嵌缝料。采用集料撒布机或人工撒布，撒布后尽量扫匀，不足处应找补。当使用乳化沥青时，石料撒布必须在乳液破乳前完成。

（6）碾压第一层嵌缝料。立即用8～12 t钢筒式压路机碾压嵌缝料，轮迹重叠轮宽的1/2左右，宜碾压4～6遍，直至稳定为止。碾压时随压随扫，使嵌缝料均匀嵌入。气温较高使碾压过程中出现较大推移现象时，应立即停止碾压，待气温稍低时再继续碾压。

（7）按上述方法浇洒第二层沥青、撒布第二层嵌缝料，然后碾压，再浇洒第三层沥青。

（8）按撒布嵌缝料方法撒布封层料。

（9）采用6～8 t压路机做最后碾压，宜碾压2～4遍，然后开放交通。

沥青贯入式路面开放交通后应按现行施工技术规范的要求控制交通，做初期养护。

铺筑上拌下贯式路面时，贯入层不撒布封层料，拌和层应紧跟贯入层施工，使上下成为一个整体。贯入部分采用乳化沥青时应待其破乳、水分蒸发且成型稳定后方可铺筑拌和。当拌和层与贯入部分不能连续施工，且要在短期内通行施工车辆时，贯入层部分的第二遍嵌缝料应增加用量2～3 $m^3/1000\ m^2$，在摊铺拌和层沥青混合料前，应补充碾压，并浇洒黏层沥青。

3. 施工质量标准

（1）沥青材料的各项指标应符合设计要求和施工规范。

（2）各种材料的规格和用量应符合设计要求和施工规范，热拌沥青混凝土混合料每日应做抽提试验和马歇尔试验。

（3）碎石层必须平整坚实，嵌挤稳定，沥青贯入应深透，浇洒应均匀，不得污染其他构筑物。

（4）嵌缝料必须趁热铺撒，扫料均匀，不应有重叠现象。

（5）上层采用拌和料时，混合料应均匀一致，无花白和粗细分离现象，摊铺平整，接槎平顺，及时碾压密实。

（6）沥青贯入式面层施工前，应先做好路面结构层与路肩的排水。

（7）沥青贯入式路面的检查项目、检查频度、质量要求或允许偏差等按有关规定执行。

6.6 沥青表面处治施工技术

6.6.1 概述

1. 定义

沥青表面处治路面,其厚度小于 3 cm 时,属于薄层路面层,主要作用是提升路面抗磨损性能,提高沥青路面的防水性与平整度,为行车人员提供优质的行车条件。路面层施工的过程中,需要加强对施工技术要点与质量要点的把控,以确保工程施工的效率与质量。

2. 一般规定

沥青表面处治适用于三级及三级以下公路的沥青面层和各种封层,适用于加铺薄层罩面、磨耗层、水泥混凝土路面上的应力缓冲层、各种防水和密水层、预防性养护罩面层。

沥青表面处治与封层宜选择在干燥和较热的季节施工,并在最高温度达到 15 ℃ 的半个月前及雨季前结束。

3. 市政道路工程沥青表面处治常见的施工问题

在市政道路工程沥青表面处治施工中,极易出现以下问题。

(1) 松散问题。沥青表面处治施工主要是利用沥青与集料来形成锁结力,构成薄膜,提升路面的稳定性与黏结强度。后期运行中发生松散情况,主要是施工过程中沥青选用不合理,使得沥青混凝土的质量不达标,进而造成工程问题。除此之外,拌和过程中温度控制不合理,也会造成松散问题。

(2) 坑槽问题。市政道路工程后期运行的过程中发生坑槽问题,与施工技术与后期管理有着直接的关系。沥青表面处治施工平整度不够,加上后期磨损的影响,使得道路面层质量不断下降,从而造成坑槽与裂缝问题。

6.6.2 材料要求

1. 材料规格与用量

沥青表面处治可采用道路石油沥青、乳化沥青、煤沥青铺筑,沥青标号应按施工技术有关规定选用。沥青表面处治的集料最大粒径应与处治层的厚度相等,其规格和用量宜按施工技术规定选用;沥青表面处治施工后,应在路侧另备 S12(5～10 mm)碎石或 S14(3～5 mm)石屑、粗砂或小砾石($2\sim3\ m^3/1000\ m^2$),将其作为初期养护用料。

2. 原材料的检测

沥青表面处治在生产过程中,应按照有关规定的检查项目与频度对各种原材料进行抽样试验,质量应符合现行施工技术规范规定的技术要求,每个检查项目的平行试验次数或一次试验的试样数必须按相关试验规程的规定进行,并以平均值评价是否合格。

6.6.3 沥青表面处治施工

1. 施工工艺流程

(1) 施工准备。

根据施工计划安排,准备足够数量的矿料、沥青,进场前对其质量进行严格检查,质量不合格坚决不允许进入施工现场。施工前对下承层清扫、冲洗,按质量标准进行验收,合格后方可施工。对工程的各种机具进行检查维修,确保机械完好率,确保路面工程连续、均衡、顺利施工。

在进行沥青表面处治施工之前,需要先将基层清扫干净,要保证基层无污染、无杂质,尤其是不能含有泥土等杂质。施工前先要进行试喷洒,喷洒的油量要控制到位,不能过多,也不能过少,通过试喷洒来确定喷洒车的性能和速度,因为要保证基层的矿料大部分露在外面,需要先使基层干燥和整洁,一旦发现有不平整的地方,或有凹陷,或有突出部分,都需要先修补和整平,在施工前要检查各机械设备的性能与质量,检查喷洒车的油量表、管道以及其他设备。当确定这些质量都过关后,再将沥青装入油桶进行试洒,喷洒前需要保持油嘴是干净的,控制好喷洒的次数和数量,喷洒要形成一定角度,最好与洒油管形成夹角,洒油管的高度也要进行控制,与地面保持一定距离,能够保证地面接收到两个喷嘴的沥青,并保证喷洒的质量。在使用集料机前也需要先检查各项系统,比如传动的液压机,然后通过尝试确定撒布时机械的速度与下料间隙。

(2) 施工工艺。

沥青表面处治层铺法施工按施工工序的不同,可分为先油后料法和先料后油法两种方法。一般多用先油后料法,但当路肩过窄无法堆放全部矿料,采用人工撒料施工或在低温施工时,为加速石油成型,可采用先料后油法施工。先料后油法的优点是节省一道洒油工序,但由于没有底层油,可能会产生路面脱皮现象。故施工前应严格清扫底层,同时初期养护时应加强控制行车速度,防止上述病害发生。

一般采用先油后料法,即先洒布一层沥青,后铺撒一层矿料。以三层式沥青表面处治为例,其施工工艺流程如下:备料→清理基层及放样→喷洒透层油→洒布第一层沥青→铺撒第一层矿料→碾压→洒布第二层沥青→铺撒第二层矿料→碾压→洒布第三层沥青→铺撒第三层矿料→碾压→初期养护。

单层式和双层式沥青表面处治的施工程序与三层式相同,仅需相应地减少一次或二次洒布沥青、铺撒矿料和碾压的工序。

2. 施工技术要点

下面以三层式沥青表面处治为例来说明层铺法沥青表面处治的施工工艺及技术要点。

(1)清扫基层及放样、喷洒透层油。

在清扫干净的碎(砾)石路面上或各类基层上铺筑沥青表面处治时,应喷洒透层油。在旧沥青路面、水泥混凝土路面、块石路面上铺筑沥青表面处治路面时,可在第一层沥青用量中增加10%~20%,不再另洒透层油或黏层油。

(2)洒布第一层沥青。

施工时应采用沥青洒布车喷洒沥青。其洒布长度应与矿料洒布能力相协调。沥青要洒布均匀,当发现洒布沥青后有空白、缺边时,应立即用人工补洒,有积聚时应立即刮除。洒布设备的喷嘴应适用于沥青的稠度,确保能为雾状,与洒油管成 15°~25°的夹角,洒油管的高度应使同一地点接受 2~3 个喷油嘴喷洒的沥青,不得出现花白条。

沥青洒布温度应根据施工气温以及沥青标号确定,一般情况下,石油沥青宜为 130~170 ℃,煤沥青宜为 80~120 ℃,乳化沥青宜在常温下洒布。加温洒布的乳液温度不得超过 60 ℃。前后两车喷洒的接槎处用铁板或建筑纸铺 1~1.5 m,使搭接良好。分幅浇洒时,纵向搭接宽度宜为 100~150 mm。洒布第二、三层沥青的搭接缝应错开。

(3)铺撒第一层矿料。

撒布主层沥青后应立即用集料撒布机或人工撒布第一层矿料。撒布集料后应及时扫匀,达到全面覆盖,厚度一致,矿料不重叠,也不露出沥青的要求。局部有缺料时适当找补,积料过多时将多余矿料扫出。两幅搭接处,第一幅撒布沥青应暂留100~150 mm宽度不撒布矿料,待第二幅一起撒布。

(4) 碾压。

在沥青表面处治施工的过程中,完成首层矿料撒布后,则需要立即进行碾压,若使用缸筒式压路机,要按照路两侧向中间施工作业的方式,碾压遍数控制在3~4遍,速度控制在2 km/h,重叠长度控制在30 cm左右。二层碾压与首层相同,可以使用稍重的压路机进行碾压作业。完成碾压作业后,便可以开放道路。为了确保沥青表面处治施工质量,应限制车速,控制在20 km/h,避免造成坑槽问题与松散问题等。若发生泛油问题,则需要及时做好处理,避免影响行车的安全性与舒适度。需要注意的是,在进行沥青表面处治施工作业的过程中,考虑到沥青降温较快,为了能够确保黏结性,则需要做好连续施工控制,做好施工工序衔接作业,合理协调摊铺机与洒布车、压路机,实现同步作业,以确保沥青表面处治施工质量,控制车辆间距。

(5) 第二、三层的施工。

方法和要求应与第一层相同,但可以采用8 t以上的压路机碾压。

(6) 初期养护。

沥青表面处治施工后,应进行初期养护。当发现有泛油时,应在泛油部位补撒与最后一层矿料规格相同的嵌缝料并扫匀;当有过多的浮动矿料时,应扫出路外。在施工过程中还应注意以下事项:①双层式或单层式沥青表面处治浇洒沥青及撒布矿料的次数应相应减少;②喷洒沥青材料时应对道路人工构造物、路缘石等外露部分做防污染遮盖;③沥青表面处治施工应确保各工序紧密衔接,每个作业段长度应根据施工能力确定,并在当天完成。人工撒布矿料时应等距离划分段落备料。

3. 施工质量标准

(1) 在新建或旧路的表面进行表面处治时,应将表面的泥沙及一切杂物清除干净,底层必须坚实、稳定、平整,保持干燥后才可施工。

(2) 沥青材料的各项指标和矿料的质量、规格、用量应符合设计要求和施工规范的规定。

(3) 沥青浇洒应均匀,无露白,不得污染其他构造物。

(4) 嵌缝料必须趁热铺撒,扫布均匀,不得有重叠现象,压实平整。

（5）沥青表面处治施工后的检查项目、检查频度、质量要求或允许偏差等符合有关规定要求。

6.7 其他沥青路面施工技术

6.7.1 冷拌沥青混合料路面

冷拌沥青混合料适用于三级及三级以下的公路的沥青面层、二级公路的罩面层施工以及各级公路沥青路面的基层、连接层或整平层。冷拌改性沥青混合料可用于沥青路面的坑槽冷补。

冷拌沥青混合料宜采用乳化沥青或液体沥青拌制，也可采用改性乳化沥青，各种结合料类型及规格应符合规范要求。

冷拌沥青混合料宜采用密级配沥青混合料，当采用半开级配的冷拌沥青碎石混合料路面时应铺筑上封层。

1. 冷拌沥青混合料路面施工

冷拌沥青混合料宜采用拌和厂机械拌和及沥青摊铺机摊铺的方式。缺乏厂拌条件时也可采用现场路拌及人工摊铺方式。冷拌沥青混合料施工应注意防止混合料离析。

当采用阳离子乳化沥青拌和时，宜先用水使集料湿润，若湿润后仍难以与乳液拌和均匀，应改用破乳速度更慢的乳液，或用1‰～3‰浓度的氯化钙水溶液代替水润湿集料表面。

混合料适宜的拌和时间应根据实际情况调节并通过试拌确定，矿料中加进乳液后的机械拌和时间不宜超过30 s，人工拌和时间不宜超过60 s。

已拌好的混合料应立即运至现场进行摊铺，并在乳液破乳前结束。在拌和与摊铺过程中已破乳的混合料，应予废弃。

乳化沥青冷拌混合料摊铺后宜采用6 t左右的轻型压路机初压1～2遍，使混合料初步稳定，再用轮胎压路机或钢筒式压路机碾压1～2遍。当乳化沥青开始破乳、混合料由褐色转变成黑色时，改用12～15 t轮胎压路机碾压，将水分挤出，复压2～3遍后停止，待晾晒一段时间，水分基本蒸发后继续复压至密实为止。当压实过程中有推移现象时应停止碾压，待稳定后再碾压。当天不能完全压实时,可在较高气温状态下补充碾压。当缺乏轮胎压路机时,也可采用钢筒式压路机或较轻的振动压路机碾压。乳化沥青混合料路面的上封层应在压实成型、路面水分完全蒸发后加铺。

乳化沥青混合料路面施工结束后宜封闭交通 2～6 h,并注意做好早期养护。开放交通初期,应设专人指挥,车速不得超过 20 km/h,不得采取制动措施或掉头。

冷拌沥青混合料施工遇雨应立即停止铺筑,以防雨水将乳液冲走。

2. 冷补沥青混合料

用于修补沥青路面坑槽的冷补沥青混合料宜采用适宜的改性沥青结合料制造,并具有良好的耐水性。

冷补沥青混合料的矿料级配宜参照表 6.9 的要求执行。沥青用量通过试验并根据实际使用效果确定,通常宜为 4%～6%。其级配应符合补坑的需要,粗集料级配必须具有充分的嵌挤能力,以便在未经充分碾压的条件下可开放通车碾压而不松散。

表 6.9 冷补沥青混合料的矿料级配

类型	通过下列筛孔(mm)的百分率/(%)										
	26.5	19.0	16.0	13.2	9.5	4.75	2.36	1.18	0.6	0.3	0.15	0.075
细粒式 LB-10	—	—	—	100	80～100	30～60	10～40	5～20	0～15	0～12	0～8	0～5
细粒式 LB-13	—	—	100	90～100	60～95	30～60	10～40	5～20	0～15	0～12	0～8	0～5
中粒式 LB-16	—	100	90～100	50～90	40～75	30～60	10～40	5～20	0～15	0～12	0～8	0～5
中粒式 LB-19	100	95～100	80～100	70～100	60～90	30～70	10～40	5～20	0～15	0～12	0～8	0～5

冷补沥青混合料的质量宜符合下列要求。

(1) 制造冷补沥青混合料的集料必须符合热拌沥青混合料集料的质量要求。

(2) 有良好的低温操作和易性。用于冬季寒冷季节补坑的混合料,应在松散状态下经 −10 ℃ 的冰箱保存 24 h 无明显的凝聚结块现象,且能用铁铲方便地拌和操作。

（3）有良好的耐水性，混合料按水煮法或水浸法检验的抗水剥落性能不得小于95%。

（4）冷补沥青混合料应有足够的黏聚性，马歇尔试验稳定度宜不小于3 kN。

6.7.2 旧沥青路面再生

1. 现场冷再生法

现场冷再生法是用大功率路面铣刨拌和机将路面混合料在原路面上就地铣刨、翻挖、破碎，再加入稳定剂、水泥、水（或加入乳化沥青）和集料同时就地拌和，用路拌机原地拌和，最后碾压成型。就地冷再生工艺一般适用于病害严重的一级以下公路沥青路面的翻修、重建，冷再生后的路面一般需要加铺一定厚度的沥青罩面。目前应用类型已从最初的单纯水泥冷再生，逐步丰富形成泡沫沥青、乳化沥青冷再生。

现场冷再生工艺的优点有：原路面材料就地实现再生利用，节省了材料转运费用；施工过程能耗低、污染小；适用范围广。缺点是：施工质量较难控制；一般需要加铺沥青面层，再生利用的经济性不太明显。

现场冷再生中关键技术是添加的胶黏剂（如乳化沥青、泡沫沥青、水泥）与旧混合料的均匀拌和技术，其余如旧沥青混合料的铣刨、破碎技术，胶黏剂配合比性能也很关键。

2. 现场热再生法

现场热再生法是一种就地修复破损路面的过程。它通过加热软化路面，铲起路面废料，再和沥青黏合剂混合，有时可能还需要添加一些新的集料，然后将再生料重新铺在原来的路面上。就地热再生方面，可以一次性实现就地旧沥青路面再生，把原材料和需翻修的路面重新结合；或者是通过两阶段完成，即先将再生料重新压实，然后在上面冉铺一层磨耗层。这种工艺方法简单方便，多用于基层承载能力良好、面层因疲劳而龟裂的路段，特别适用于老化不太严重，但平整度较差的高等级公路沥青路面上面层病害的修复，可恢复沥青上面层物理力学性能，修复沥青路面的车辙。

对于现场热再生工艺的优点是施工速度快，而且原路面材料就地实现再生利用，节省了材料转运费用。但这种工艺的缺点是再生深度通常在2.5～6 cm，难以深入；对原路面材料的级配调整幅度有限，也难以去除不适合再生的旧料；再生后路面的质量稳定性和耐久性有所减弱。

对于现场热再生中旧沥青混合料的加热重熔技术，新加沥青、再生剂与旧混合料的均匀复拌技术是关键问题，在施工工艺中应充分考虑加热设备和拌和摊铺设备的作业性能。

3. 厂拌热再生法

厂拌热再生法就是将旧沥青路面翻挖后运回拌和厂，再集中破碎，根据路面不同层次的质量要求，进行配合比设计，确定旧沥青混合料的添加比例，再生剂、新沥青材料、新集料等在拌和机中按一定比例重新拌和成新的混合料，从而获得优良的再生沥青混凝土，铺筑成再生沥青路面。厂拌热再生技术利用旧沥青回收料一般不超过50%，通常用10%~30%，新集料和新沥青掺入量较大，因此，采用厂拌热再生工艺能够修复沥青路面面层病害，恢复甚至改善原沥青混合料的性能，所以这种工艺适用范围较广，各等级沥青路面铣刨料都可用来再生利用。再生后的沥青混合料可用来铺筑各种等级的沥青路面，或者用来维修养护旧路。

利用这种方法，可以方便对已被翻挖的基层甚至路基的一些地段进行有效的补强，沥青层的重铺则可以像新路施工一样，分别按下面层、中面层、上面层（磨耗层）的不同技术要求进行配合比设计，确定旧沥青回收料的添加比例。

厂拌热再生工艺的优点是再生工艺易于控制，再生后的沥青混合料性能也比较理想。若采用适当的配合比设计并采取严格的质量控制措施，再生路面可具有与普通沥青路面相同或相近的路用性能和耐久性。但其缺点是再生成本较高。

厂拌热再生中的关键技术是必须解决旧沥青混合料中沥青的加热重熔问题与旧沥青混合料的精确计量问题。

6.8 市政工程沥青路面施工技术案例分析

1. 项目概述

某市政道路合同段全线长23 km。主线路面结构为4 cm的AC-13C改性沥青混凝土表面层＋黏层；6 cm的AC-20C改性沥青混凝土中面层＋黏层；

8 cm 的 AC-25C 沥青混凝土下面层;1 cm 的同步沥青碎石封层+透层;36 cm 的 5%水泥稳定碎石基层;20 cm 的 4%水泥稳定碎石底基层;20 cm 的级配碎石垫层。施工混合料采用场拌法拌和,单台稳定土摊铺机摊铺,单幅一次性铺筑。

2. 试验路段施工

AC-13C 表面层试验路段施工当日多云,早上最低气温 15 ℃,中午最高气温 28 ℃,施工气温在 18～28 ℃。施工路段共 1257.108 m,路面宽度在 11.75～12.15 m。

(1) 设备与材料。

①主要施工设备如表 6.10 所示。

表 6.10 主要施工设备

设 备 名 称	规 格 型 号	工 作 能 力	单 位	数 量
沥青混合料拌和站	玛连尼 MAC320	320 t/h	套	1
沥青混合料摊铺机	福格勒 super3000-2	—	台	1
双钢轮振动压路机	悍马 HD138、DYNAPAC3625HT	13 t	台	2
胶轮压路机	柳工 XP261	25 t	台	2
小型压路机	悍马 HD10VV	10 t	台	1
沥青洒布车	—	—	辆	1
自卸汽车	—	20 t	辆	10

②材料组织。沥青:黏层及 AC-13C 表面层采用 IRPCSBS(I-D)改性沥青。碎石:AC-13C 沥青混凝土表面层采用辉绿岩碎石及机制砂,粒径为 11～16 mm∶7～11 mm∶4～7 mm∶0～4 mm∶矿粉=30∶31∶7∶30∶2。生产配合比:最佳油石比为 4.8%。矿粉:将石灰岩磨细得到。试验路段所采用的材料均经过项目实验室抽样检验合格。

(2) 主要施工流程及参数。

①施工放样:试验路段设在标准横断面直线路段,项目按照路面结构层宽度进行放样,并在路侧画好石灰线,指导摊铺机行走。AC-13C 表面层采用铝合金平衡梁来控制摊铺厚度。在试验路段(K61+511～K61+250)先采用 1.23 松铺系数摊铺碾压成型后钻取芯样测量压实厚度(37 mm、38 mm、40 mm),并反算出松铺系数,最终对后 1000 m 的实际测量数据进行复核验证。

②混合料拌制:试验路段采用的材料粒径生产配合比为 11～16 mm∶7～11

mm∶4～7 mm∶0～4 mm∶矿粉＝30∶31∶7∶30∶2,拌和站设定油石比为4.8%,最后调整至4.8%。采用玛连尼 MAC320 型间歇式沥青混合料拌和站进行拌制,试验路段单日设定每盘拌料 3400 kg,每盘拌和时间为 35 s,其中干拌时间为 12 s,再加上下料时间,每盘总体生产时间为 51 s,产量为 240 t/h。试验路段施工过程中,拌和站沥青、集料加热温度分别控制在 160～165 ℃、170～195 ℃,拌和稳定后沥青混合料出场温度控制在 170～185 ℃。拌和站试验路总共生产沥青混合料 1570 t。

③混合料运输:施工当天配备 10 台运输车,每台吨位≥15 t,沥青拌和站与摊铺现场运距约 1 km,所需时间约 10 min,运输途中温度损失在 5 ℃左右。

④摊铺:采用一台福格勒 super3000-2 型沥青混合料摊铺机全宽一次性摊铺,提前 1 h 预热熨平板(100 ℃)。沥青混合料摊铺温度、速度分别控制在 160～175 ℃、2～6.0 m/min。

⑤碾压:碾压程序如图 6.6 所示,初压、复压区分别控制在 20～30 m、50～60 m。由外侧向中心碾压,前后同侧双钢轮压路机和轮胎压路机"同进同退"。

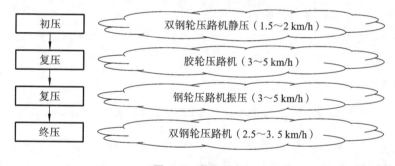

图 6.6 碾压程序

⑥接头处理:接头处理采取安装钢模板的方式,从中桩到边桩拉横线后,根据横坡高程确定钢模板顶高程,用钢钉固定,压路机碾压接头至与钢模板齐平。

(3)试验检测。

根据沥青混合料试验检测规程对试验路段混合料进行提取试验,现场取芯检测的压实度、空隙率、车辙均能满足规范要求,证明拌制工艺、运输工艺、摊铺工艺、碾压工艺满足大规模路面施工要求。室内马歇尔试验由于提取、制作手法等的差别,大部分数值满足规范要求,剩余小部分数值接近规范要求范围,需要在大规模施工中改进施工工艺,提高试验检测的准确度。

在试验路施工过程中,压路机在碾压过程中碰撞部分中分带路缘石,导致路缘石偏移。针对此问题,项目需要在现场重新交底。

3. 大规模施工工艺

本次试验路段的施工基本达到预定目的,验证了施工组织管理、施工设备组合匹配度、施工工艺等符合规范,最终试验检测数据满足规范要求,表明试验路段试验成功。但试验路段施工也出现了一些问题,应在试铺的总结基础上及时处理。试验路段的试验确定了施工工艺的参数,为沥青混凝土路面大规模施工提供最佳施工方案。

(1) 施工配合比。

根据试验路的验证结果,结合现场实际情况可知项目部施工配合比为11~16 mm∶7~11 mm∶4~7 mm∶0~4 mm∶矿粉＝30∶31∶7∶30∶2,拌和站设定油石比为4.8%,最后调整至4.8%。

(2) 施工放样。

①路面宽度:AC-13C 表面层填方段路面宽度为11.75 m,挖方段路面宽度为12.15 m。

②松铺系数:根据现场钻芯测量芯样的厚度,结合施工当时采用的预计松铺系数,项目 AC-13C 表面层的松铺系数确定为1.25。

(3) 拌制。

该合同段采用玛连尼 MAC320 型沥青拌和机进行拌制,在拌和楼控制室安装动态监控系统,实时动态监控生产质量。拌和时每种规格的集料、矿粉、沥青均按生产配合比准确计量。拌和楼搅拌时间参数需进一步试验确定,并找到最佳的拌和时间效率组合。沥青混合料出厂时逐车检测沥青混合料的温度。拌制后实验室应及时抽样检验混合料的沥青含量、级配组成和有关指标,为前场施工提供依据。

(4) 运输。

采用大吨位运料车运输,施工现场等候的运料车有3~5辆方可摊铺。运料车设温度专用检测孔,专人指挥倒料,倒完料后及时开出,另一辆车再补充进来,确保摊铺机连续施工不停顿。

(5) 摊铺。

采用福格勒 super3000-2 型全幅沥青摊铺机,缓慢、稳定、均匀、连续不间断地进行摊铺,速度控制在2.0~4.0 m/min。为减少混合料的离析,还需要将摊铺机的前挡板下部加长,降低前挡板的离地高度。摊铺临时停顿时,必须铲除废弃布料器两侧的冷料。

(6) 碾压。

按试验路段碾压程序、碾压遍数进行施工,避免出现过压的情况。对路面两侧的碾压,压路机钢轮必须伸出路面外边缘 20 cm 左右。超高等横坡较大的特殊位置的碾压,应遵守"由低到高"的方式,即从地势低的地方开始碾压,逐步向地势高的地方推进。

(7) 接缝处理。

施工工艺不设纵缝,横向接缝应与路面车道方向垂直,全部采用平接缝。在摊铺当天混合料冷却但尚未结硬时,将 3 m 直尺纵向安放在接缝处,应趁混合料温度较高时将端部不平整处铲除,人工撬开凿除形成施工缝,并保持断面垂直,平面顺直。继续摊铺时,在接缝处涂少量黏层沥青,从接缝处起步摊铺。碾压时用钢筒式压路机横向压实,跨缝移至新铺面层。

(8) 路面开放交通。

沥青路面自然冷却(表面温度<50 ℃)后方可开放交通,若需提早开放可适当洒水(不得大规模应用)。

第 7 章　市政道路沥青路面养护

7.1　沥青路面养护

7.1.1　沥青路面养护工作概述

1. 市政道路沥青路面养护的工作内容

沥青路面的养护可分为日常巡视与检查、小修保养、中修工程、大修工程、改建工程和专项养护工程。以下为各类养护工作的内容。

（1）日常巡视与检查。

日常巡视与检查包括：检查路面上是否有明显的坑槽、裂缝、拥包、沉陷、松散、泛油、波浪、麻面、冻胀、翻浆等病害，若有则观察其危害程度及趋势；检查路面上是否有可能损坏路面或妨碍交通的堆积物等。

（2）小修保养。

小修保养是对沥青路面进行的预防性保养和轻度损坏部分的维修工作，又可分为日常保养和小修。

属于日常保养的内容如下：①清扫路面泥土、杂物（尤其是白色垃圾），保持路面整洁；②排除路面积水、积雪、积冰、积砂，铺防滑料、灭尘剂等，以维持安全畅通；③拦水带（路缘石）的刷白、修理；④清理边沟、维修护坡道、培土等；⑤春融期间灌缝。

属于小修的内容包括修补路面的泛油、拥包、轻度裂缝、坑槽、沉陷、波浪、局部网裂、松散、麻面、啃边等病害。

（3）中修工程。

中修工程是对沥青路面的一般性磨损和局部损坏进行修理加固或局部改善的维修工作。中修工程的内容如下：①整段（500 m 以上）铺装、更换路缘石；②整段（500 m 以上）罩面或封面（稀浆封层）；③重度病害处理。

(4)大修工程。

大修工程是指对沥青路面较大范围内的损坏部分进行的综合性修理工作,以全面恢复原设计标准或原技术等级。大修工程的内容包括路面的翻修、补强等。

(5)改建工程。

改建工程是对原有沥青路面因不适应现有交通要求而进行的翻修、补强、局部改线等较大的工程项目,具体内容如下。

①翻修。沥青路面出现大面积病害,破损严重时,应采用机械铣刨或挖除,然后重新铺筑沥青面层。

②补强。沥青路面强度不足,应在原有路面上进行补强,以改善路面技术状况,提高路面的使用性能。

③局部改线。对不适应交通要求、不符合路线标准的路段,通过局部改线,提高公路等级,使其符合技术标准要求。

(6)专项养护工程。

专项养护工程是沥青路面因遭受自然灾害而需要申请专款修复受损害路段的工程项目。

2. 沥青路面养护的基本要求

(1)沥青路面必须强化预防性、经常性和周期性养护,加强路况日常巡视,随时掌握路面的使用状况,根据路面的实际情况制订日常保养和小修,以及经常性、周期性的养护工程计划,对于较大范围路面维修和超龄路面的维修,应及时安排大修工程、中修工程和改建工程。

(2)沥青路面的养护,必须依靠科技进步,加强养护技术管理,采用先进的检测仪器设备采集路况资料,应用路面管理系统正确评价路况,提出科学的养护对策;必须积极推广应用新技术、新材料、新工艺,发展现代化沥青路面养护技术;必须以机械化养护为主,保证养护工程质量。

(3)沥青路面的养护,必须加强计划及施工管理,根据计划做好进度安排、人员组织、物资设备供应,确保养护工作按照计划实施;同时,必须加强沥青路面的养护经济核算和成本分析,提高经济效益。

(4)沥青路面养护,必须贯彻安全生产的方针,制订技术安全措施,加强安全教育,严格执行安全操作规程,确保安全生产,文明施工,畅通交通,保护环境。

7.1.2 沥青路面初期养护

1. 热拌沥青混合料路面

摊铺、压实后的热拌沥青混合料路面,待摊铺层自然冷却,混合料表面温度低于 50 ℃后,方可开放交通。

纵横向施工接缝是沥青路面的薄弱环节,应加强初期养护,随时用 3 m 直尺查找暴露出来的轻微不平,铲高补低,经拉毛后,用混合料垫平、压实。

2. 沥青贯入式路面

路面竣工后,开放交通时,行驶车辆限速在 15 km/h 以下,根据表面成型情况逐步提高到 20 km/h。

设专人指挥交通或设置临时路标,按先两边后中间控制车辆行驶,达到全面压实。

应随时将行车驱散的嵌缝料回扫、扫匀、压实,以形成平整密实的上封层。当路面泛油后,要及时补撒与施工最后一层矿料相同的嵌缝料,同时控制行车碾压。

3. 沥青表面处治

层铺法施工的沥青表面处治路面的初期养护与贯入式路面的要求基本相同。

拌和法施工的沥青表面处治路面的初期养护与热拌沥青混合料的要求相同。

4. 乳化沥青路面

乳化沥青路面的初期稳定性差,压实后的路面应做好初期养护,设专人管理,按实际破乳情况,封闭交通 2~6 h;在未破乳的路段上,严禁一切车辆、人、畜通过;开放交通初期,应控制车速不超过 20 km/h,并不得制动和掉头。当有损坏时应及时修补。

7.1.3 沥青路面日常养护

1. 路况巡查与清扫

加强路况巡查,及时发现病害,研究分析病害产生原因,并有针对性、及时地对病害进行维修处理。

(1) 在巡查过程中,发现路面上有杂物,要及时清扫,保持路面清洁。

(2) 沥青路面的日常清扫,应根据公路等级,采用机械或人工的方法进行清扫。

(3) 沥青路面的清扫作业频率,应根据路面污染程度、交通量的大小及其组成、气候及环境条件等因素而定。长大隧道内、桥梁上沥青路面的清扫频率应适当增大。

(4) 为了防止清扫路面时产生扬尘而污染环境,危及行车安全,机械清扫时若缺少洒水装置,应适当配备洒水装置,并根据路面的扬尘程度,确定适当的洒水量。

2. 行驶管控

严禁履带车和铁轮车在沥青路面上直接行驶,如必须行驶,应采取相应措施后才能行驶。

3. 排水设施的养护

排水设施可分为地面排水设施和地下排水设施。地面排水设施通常有边沟、泄水槽、截水沟、排水沟、跌水及急流槽、拦水坝等;地下排水设施有盲沟、暗沟、渗水沟、渗井等。

无论是地面排水设施还是地下排水设施,在春融前,特别是汛前,应全面检查、疏通。雨天必须上路巡查,及时排除堵塞并疏通。防止水流直接冲刷路基、路面及路肩。暴雨过后应重点检查,如有冲刷、损坏,应及时修补。

雨后对路面有积水的地方要及时扫除,以免下渗,破坏路面。

5. 除雪防滑主要内容

每次降雪之后,都要由人工、机械及时清除路面积雪。

在冬季降雪或下雨后,路面上有结冰现象时,应在桥面、陡坡、急弯、桥头引道铺一层砂等防滑料,以增大路面摩擦系数,在环保允许情况下,下雪时也可以洒布药剂(氯化钙、氯化钠等),以降低冻结温度,达到行车安全的目的。

6. 路肩养护主要内容

(1) 路肩上应保持适当的横坡,坡度应平整顺适,硬路肩横坡可与路面横坡相同或略大,植草路肩应比路面横坡度大 1%～2%,以利于排水。当路肩的横坡过大或过小时,应及时整修。应在路肩以外设置堆料台,堆料应距离适当,排列规整。

(2) 路肩应经常保持平整坚实,对出现的坑槽、车辙、缺口,应及时修补。对雨天积水、淤泥,应及时排除和清理,并填平夯实,铲除的淤泥土石及杂物,不得堆放在边沟内或边坡上。

(3) 用块石、水泥混凝土预制块铺砌边缘带,以保护路肩和美化路容。对边缘带应加强养护,由于路面水冲刷及车辆碾压造成的松动、破损,应及时修复或更换。

(4) 可在路肩上种植(天然的也可以)草皮,并要经常修整,草高宜不超过 15 cm,并不影响路面排水,保护路肩不被冲刷,保持路容路貌整洁美观。

7. 边坡养护主要内容

(1) 路基边坡的坡面应保持平顺、坚实无冲沟,其坡度应符合设计规定。应经常观察路堑,特别是深路堑边坡的稳定情况,如发现有危岩、浮石等,应及时清除,避免危及行车、行人安全和堵塞边沟。当土路堑边坡出现冲沟时,应及时用黏土填塞捣实;如出现潜流涌水,可开集水沟,将水引向路基以外。

(2) 填土路堤边坡因雨水冲刷,易出现冲沟和缺口,应及时用黏结良好的土修补拍实。对较大的冲沟和缺口,修理时应将原边坡开挖成台阶形,然后分层填筑夯实,注意与原坡面衔接平顺,并增加植被防护。

(3) 边坡、碎落台、护坡道、沿河路堤等,易出现缺口、冲沟、沉陷、塌落、滑坡或受洪水、河流、边沟流水冲刷及浸淹时,应根据水流、地质、边坡坡度等情况,选用种草、铺草皮、栽灌木丛、投放石笼、干砌或浆砌片石护坡等措施。

7.2 沥青路面常见病害及成因

7.2.1 沥青路面水损害及成因

水损害是我国许多市政道路沥青路面的主要损害形式,多雨潮湿地区的市政道路尤为严重。水损害主要表现为路面出现松散、坑槽、辙槽、唧浆、沉陷等病害形式,路面平整度明显变差,路面使用质量和服务水平显著降低。

1. 水损害的分类和表现形式

(1) 水损害的分类。

水是引起路面水损害的根本原因,根据进入路面的水源,水损害可分为以下4类。

①自然降水引起的水损害。水损害的程度和速度与公路沿线的降水量大小有密切关系。在其他条件相同的情况下,多雨地区沥青路面水损害要比半干旱地区、干旱地区严重得多。同时,沥青混凝土透水但不能排水时,水对基层造成冲刷,会使路面产生唧浆、坑槽等病害。

②路面积水引起的水损害。在路面横坡不够或平整度不足时,自然降水易在路面积聚,水分对路面混合料的长时间侵蚀导致路面矿料颗粒剥落、松散、坑槽等。另外,路面积水可能会通过路面空隙、路面裂缝或破损处渗入路面结构内部而导致路面发生水损害。

③中央分隔带渗水引起的水损害。当路基填土为砂性土时,透水性较强,自然降水和用于浇灌绿化植物的水容易自中央分隔带结构层间渗入路面内部而引起沉陷、龟裂等水损害现象。

④挖方路段的地下水引起的水损害。在挖方路段,路基两侧地下水水位较高时,岩层裂隙水及毛细水自下而上渗入路面结构内部。一般来说,挖方路段的水损害比填方路段严重得多,唧浆位置大多数在挖方段与填方段交界处,且接近纵坡的起坡点。

(2) 水损害的表现形式。

根据病害的表现形式,水损害通常可分为麻面、松散、坑槽、辙槽、唧浆、形变和网裂等。

①麻面。麻面是指沥青混合料的细集料或部分粗集料散失造成的路面病害,主要原因是采用了酸性集料或集料中含尘量过大,造成沥青集料黏附性不足,在水分的浸湿作用下产生细集料的散失。

②松散。松散是指存留在面层的水分浸入沥青与集料的界面,水的剥离作用使得沥青和集料之间的黏结力下降、黏附作用减弱甚至完全丧失,混合料中的碎石呈松散状的路面病害。

③坑槽。坑槽是水损害的主要形式,是路面局部混合料发生剥落、松散后,在行车荷载不断作用下导致的必然结果,其表现为路面有很多因集料局部脱落或基层和面层的集料局部脱落而出现的洞穴。由沥青路面坑槽引起的行车颠簸、振动等产生的冲击荷载是正常荷载的1.5~2倍。若不对坑槽进行修补或加强,在冲击荷载的作用下,坑槽破损会加快而连成一片,致使局部路段大面积损坏,严重影响路面的使用寿命和车辆行驶的安全性。

④辙槽。辙槽是指自由水浸入沥青面层后,沥青和集料的黏结力下降、黏附作用减弱,在行车荷载的作用下,粗集料碎石表面裹覆的沥青膜逐渐剥落,使沥青混凝土的强度逐渐丧失,直至完全松散的路面病害。在行车荷载作用下,不仅路面产生压缩形变和剪切形变,而且轮下松散的沥青混凝土被挤向两侧(主要是外侧),轮迹下陷,两侧拥起,形成辙槽。这种破坏现象主要发生在行车道上。

⑤唧浆。水透过沥青面层(两层或三层)并滞留在半刚性基层的顶面,在大量快速行车荷载作用下,自由水产生很大压力,成为动水。在动水压力的冲刷作用下,基层表面的粉质部分,如水泥、石灰、粉煤灰,变成稀浆,稀浆通过路面的各种缝隙被挤出至路面即产生唧浆破坏。这种破坏现象是水损害最为明显的标志,通常发生在雨后或雪融后,且基层采用二灰类、水泥类半刚性基层的路面上。

⑥形变和网裂。当表面层和中面层都是空隙率较大的半开级配沥青混凝土,而底面层为空隙率较小的密实型沥青混凝土时,在降水过程中,自由水较易渗入并滞留在表面层和中面层内。当表面层是半开级配、中面层为密实式沥青混凝土时,在降水(特别是较长时间降水)过程中,自由水透入表面层后有较长时间从中面层的薄弱处透入中面层,并滞留在表面层和中面层内。大量快速行车荷载使表面层和中面层内部分碎石上的沥青剥落,导致表面产生网裂、形变(下陷)。

2. 水损害形成机理

水损害按其产生过程一般可以划分为自上而下的水损害和自下而上的水损害。自上而下的水损害主要表现为麻面、松散、坑槽、辙槽。而自下而上的水损害主要表现为唧浆、沉陷。

(1) 自上而下的水损害。

自上而下的水损害往往局限于表面层,如果及时修补,路面性能可以很快恢复。在降雨过程中,雨水首先渗入并滞留在表面层沥青混凝土的空隙中,当下层的沥青混合料密水性好,且沥青层层厚较大,雨水向下渗透相对比较困难时,若大量高速行驶的车辆经过,则局限于路面表面层混合料中的水在反复的动水压力作用下逐渐使沥青从集料表面剥离,局部沥青混凝土出现松散状况,碎石被车轮甩出,路面产生坑槽。这种水损害是最常见的水损害,是水使沥青膜从集料表面脱落,失去附着力的过程。

水分渗入路面混合料中,在汽车荷载的压应力与高速行驶产生的真空吸力形成的剪应力的反复泵吸作用下,使沥青膜从剥离发展到松散、掉粒、坑槽。通常情况下,产生这种水损害的条件如下。

①水是产生水损害的先决条件。

在沥青路面材料中,沥青作为结合料或胶结剂将各种粗细集料黏结在一起,成为一个整体。水的存在将降低沥青与集料之间的黏附性,甚至使沥青丧失黏结力。连续降雨或路面有积水,会使沥青路面材料长时间被水浸泡;或水从路面的裂缝或表面材料空隙率较大的地方渗入路面结构层内,若水不能被及时、有效地排除,则路面结构层材料将会长时间处于水的包围之中,水分就会很容易浸润到沥青和集料的界面上,使沥青从黏附的集料表面剥离,导致集料之间失去黏结力,造成沥青面层材料呈松散状态(即粒料分离状态),在车辆荷载的反复作用下形成沥青路面坑槽破坏。

②交通荷载是产生水损害的重要条件。

一方面,在交通荷载的反复作用下,沥青与矿料的界面间要发生剪切作用,矿料间也要发生剪切作用,界面一旦形成剪切破坏,水分就会很快浸入,使得黏结力丧失而产生水损害。另一方面,在交通荷载的作用下,进入路面中的水变成动水,动水不但加速水分浸入沥青和矿料界面,而且加速界面间的剪切破坏。当沥青路面上有水时,车辆的通过会形成一种水力冲刷现象。轮胎前面的水受轮胎挤压而进入路面的空隙中,形成水压力;轮胎通过后,轮胎后方与路面之间形成暂时的真空而产生真空吸力,又将空隙中的水吸出,这样挤入和吸出反复循环,便形成了水力冲刷,并逐渐将沥青膜从集料表面脱离。

空隙率较大的沥青表面层的空隙中充满了水,甚至是封闭时,在车辆荷载作用下水会在空隙中产生压力和负压,这种压力也会导致沥青膜的剥离。在水和交通荷载的共同作用下,沥青表面层材料受到不间断的水力冲刷(对连通空隙)或空隙水压力(对封闭空隙),最终导致沥青膜从集料表面剥落,沥青膜随之发生收缩和移动,沥青与集料成为互不相干的分离物。沥青与集料间黏附性丧失,导致沥青混合料的内部黏结力下降,造成沥青路面出现麻面、松散、掉粒等现象。而散落的路面材料不断被行驶车轮带离破损处,则会在沥青路面逐渐形成一个坑槽。此类坑槽通常是从上向下扩展,一般其初期都较浅,破碎面积较小。由于沥青路面材料的不均匀性,坑槽破损首先出现在局部面层材料压实度不足、空隙率大、油石比偏小、沥青老化等区域。

由此可见,自上而下的沥青路面的水损害主要是表面型坑槽。它的形成条件是水能够渗入表面层,但继续往下渗比较困难,同时表面有大的空隙。

(2) 自下而上的水损害。

当半刚性基层沥青路面的沥青层较薄时,沥青路面的水损害经常表现为自下而上发展的水损害。一般情况下,刚开始是一处唧浆,长度为不超过 2 cm 的小孔,唧浆逐渐发展,而后成为坑槽,进入路面结构内部的水分是产生自下而上水损害的根本原因。水分的来源有雨水、雪水、中央分隔带的绿化浇水、冬季因冰冻引起的水分积聚等。水分通过路面裂缝、接缝、路面表面空隙及路肩进入路面结构内部。半刚性基层沥青路面易出现反射裂缝,使水分进入路面的可能性增大,而密实的半刚性基层表面,水分难以下渗,积滞在基层表面,导致以下两种破坏现象。

①在行车荷载作用下,积水变成有压动水冲刷基层表面形成灰浆,并沿裂缝缝隙挤出路面,产生唧浆现象,继而发展为坑槽。

②沥青层与基层之间的界面条件在有水的情况下,将从理想的连续状态变为滑动状态或半滑动状态。路面结构内的应力分布与状态发生变化,沥青路面层内部将产生较大的剪应力和拉应力,随着轴载增加,应力大小及作用位置对沥青路面使用状态更为不利,导致路面产生网裂等。

另外,表面层与中面层之间有严重的层间污染是水损害发生的诱因。层间污染对路面的寿命有直接影响。界面上的泥在遇水后成为泥浆,界面条件就由设计时假定的连续变为半连续,甚至滑动,严重影响疲劳寿命。有相当一部分表面坑槽的出现,是因为某个地方先进水,形成滑动的界面条件,在表面层独立承受交通荷载的作用下,表面层底部就出现大的弯拉应力,从而在短期内损坏。

自下而上的水损害基本过程如下。

①表面的水从裂缝和较大的裂隙中进入路面。沥青路面存在薄弱环节,例

如由于离析造成上下有连通的空隙,或者是半刚性基层缩裂引起的反射裂缝。水在这些地方比其他地方更容易进入路面内部,并很快进入基层表面。

②由于半刚性基层过分致密,不能迅速将水排除,水滞留在沥青层和基层的界面上。

③在汽车荷载的作用下,下面层沥青混合料的粗集料对基层造成损伤,并形成灰浆。如果基层表面存在薄弱环节,如铺筑沥青层前的浮灰、修补的薄层等,遇水很快就成为灰浆。

④灰浆从上下连通的空隙中被荷载挤出成为唧浆。观察唧浆部位可见,开始发生唧浆的孔一般都很小,肉眼看只有1~2 cm,被挤出的灰浆可能喷射到数米之外,尤其是有重载车高速通过时,冲击力很大。

⑤与此同时,沥青层和基层的界面条件恶化,可能很快转变为滑动的界面条件,沥青层底部承受很大的拉应力,反复荷载的疲劳作用也同时发生,导致拉应力超过极限而开裂。

⑥下面层的公称最大粒径较大,离析也比较严重,并存在一些空隙较大的部位。水在空隙中承受很大的高速汽车荷载的抽吸作用,空隙率较大的下面层将很快出现沥青从集料表面剥离,沥青膜逐渐被水乳化而丧失,集料松散的情况。这种情况逐渐向上发展,最后顶破表面,成为坑槽。

3. 水损害的影响因素分析

从沥青混合料抗水损害能力方面考虑影响沥青混合料水稳定性的因素,主要包括沥青混合料的性质、环境因素及施工条件。沥青混合料的性质又包括集料的性质、沥青的性质及混合料的类型;环境因素包括气候和交通荷载,其主要破坏发生在极端气候条件下,尤其是重复交通荷载下的冻融作用;施工条件包括压实质量及施工时的气候条件。

(1) 沥青。

沥青与矿料黏附性的优劣,不仅与沥青及矿料的性质有关,而且还与二者相结合时其界面层的性质有很大关系。沥青与矿料之间的黏附性和沥青的性质有关。石油沥青中的表面活性组分,其活性从大到小可按以下顺序排列:地沥青酸、地沥青酸酐、沥青质、树脂、油分。在这些组分中,地沥青酸和地沥青酸酐的表面活性最强,且它们都是阴离子型的,即酸性的。沥青的酸性越强,其与矿料的黏附性就越好。沥青酸性的强弱可以用酸值来表征。

矿料表面电荷性质对矿料与沥青之间的黏附性影响甚大。通常认为石油沥青中含有带负电荷的表面活性物质。根据电性引力原理,若带负电荷的沥青与带有正电荷的矿料发生黏附,则黏附力强,黏附可能形成化学吸附;反之,若带有负电荷的沥青与带有负电荷的矿料黏附,则黏附力弱,尤其在有水存在的情况下更为明显。沥青的表面张力反映其内部分子之间的牵引力的大小。在与矿料黏附时,沥青的表面张力越大,其吸附力就越大。

(2)矿料。

矿料的化学性质在很大程度上影响着沥青混合料的物理力学性质。矿料的酸碱性会影响沥青与矿料的黏附性。一般认为,碱性石料比酸性石料与石油沥青的黏附性要好。矿料的酸碱性通常是按其矿物组成中二氧化硅含量的多少来区分的:二氧化硅含量大于65%的为酸性矿料;二氧化硅含量小于52%的为碱性矿料;二氧化硅含量为52%~65%的为中性矿料。沥青与矿料之间的黏附性的优劣,不仅与沥青自身的性质有关,也与矿料的性质有关,且与矿料的化学成分及结构有着很大的关系。

从物理化学观点来看,沥青与矿料的黏附作用十分复杂,但主要是一种吸附过程。沥青与矿料要发生吸附,形成牢固的黏结层,必要条件是沥青能够很好地润湿矿料表面。润湿的过程通常用接触角的大小来衡量。接触角越小,则润湿越好,黏附作用越大,黏附性能越好。对几种典型的矿料进行试验发现,矿料润湿最好的是安山岩,其次为石灰岩、玄武岩、片麻岩,最差的是花岗岩。

(3)沥青混合料类型及其空隙率。

空隙率大是沥青路面水损害的主要原因。较大的空隙率为水分的积滞提供了空间,坑槽总是先在沥青混凝土空隙率较大处产生,随着时间推移,将会造成路面大面积破损。据研究,沥青路面的空隙率在8%(相当于设计空隙率4%,压实度96%)以下时,沥青层中的水在荷载的作用下一般不会产生动水压力,不容易造成水损害。排水性混合料的路面空隙率大于15%时,一般都采用改性沥青,且水能够在空隙中自由流动,也不容易造成水损害。而当路面实际空隙率为8%~15%时,水容易进入混合料内部,且在荷载作用下易产生较大的毛细压力成为动水,造成沥青混合料的水损害。

(4)离析和不均匀的影响。

沥青路面松散、坑槽等水损害多是在局部位置产生的,沥青混合料的离析和路面压实度的局部不均匀实际上是造成路面局部损坏的根本原因。离析表现为混合料粗细集料或沥青含量的不均匀,如在同一个区域内粗细集料的不均匀,偏离了设计级配,沥青含量与设计的最佳沥青用量不一致等。发生离析的路面,粗集料集中的部位往往空隙率过大、沥青含量偏少。这是加速出现水损害、形成坑槽的原因。

造成沥青路面不均匀的原因是沥青混合料粗细集料的离析和施工时混合料温度不均匀导致的压实程度的差异,即集料离析和温度离析。路面不均匀有可能是设计方面的原因,如公称最大粒径偏大、与路面结构厚度不相匹配,或者采用了间断级配混合料;也有可能是施工质量控制方面的原因,如施工过程中料源发生变化、机械运行参数发生变化,以及混合料运输和摊铺过程发生的级配离析和温度离析等。

如上所述,集料离析和温度离析是混合料的两种基本离析类型,它们可能发生在混合料拌和、储存、运输、铺筑等任何环节。其中有些不均匀问题是目前难以避免的,而有些则是人为造成的,通过努力可以避免或者减轻。

(5) 路面结构排水。

水损害是水分进入路面结构引起的,所以路面水损害与路面结构的排水系统完备与否有很大关系。

水是沥青路面水损害之源,而对水的处理无非采取两种办法,一是封(堵),即防止水进入沥青层的内部;二是排,即将进入路面的水排除。但现在我国大多数沥青路面的沥青面层封不住水,基层不透水,透层油或下封层也封不住水,而且路面设计一般不考虑路面结构层内部的排水问题,却普遍设计了埋置式路缘石、砌筑式路肩、浆砌挡墙,阻碍了渗入路面内部的水的排除。而且有的路段纵坡不顺,埋置式路缘石使路面水不能从边缘迅速排除,形成局部积水。

这个问题在桥面上尤为突出。路面水从路面空隙、裂缝、破损等处渗入路面结构积滞在面层中,导致自上而下的水损害,即出现由松散到坑槽的损害;如果渗入并积滞在致密的半刚性基层顶部,将会导致自下而上的水损害,即出现由唧浆到坑槽的损害;如果水分渗入土基,土基承载力降低则会导致沉陷、龟裂、块裂等损害。

因此,确保路面排水顺畅变得十分重要,排水设计应作为路面设计的重要内容并引起高度重视。有关部门审查路面结构时不仅审查厚度和强度,还必须审查排水系统的可靠性。

(6) 施工碾压。

在沥青路面施工过程中,如果雨天一部分水分经碾压被封闭在沥青混合料中,将严重影响集料与沥青的黏结,影响铺装层与下层的黏结,这都将为水损害埋下隐患。同样,寒冷、潮湿的气候条件对施工也是很不利的,也将影响沥青混合料的压实和相互黏结,影响混合料的水稳定性。施工工艺对混合料水稳定性的影响集中体现在压实上,压实不当的混合料空隙率加大,对各种使用性能都有影响,开放交通后的行车碾压会造成混合料的压密变形而形成不正常的车辙,更严重的是水进入空隙会成为水损害的祸根。

(7) 气候的影响。

沥青路面中水的存在是水损害发生的必要条件,路面中水的来源主要是大气降水。降水次数多且降水量大,特别是长时间的降水,会使空隙率大的沥青混凝土路面自由水进入的机会增多,渗水量增大,容易在沥青与集料的界面上以水膜或水汽的形式存在,进而产生水损害。水损害的数量和速度与公路沿线的降雨量大小有密切关系。随时间变化的温度具有加速水损害发生和发展的作用,温度的变化以高温过程和冻融循环过程的影响最为明显。因此,影响沥青路面水损害的气候因素主要有大气降水、高温及冻融循环过程。

(8) 车辆荷载的影响。

车辆通过时,面层沥青混凝土的空隙中或面层与基层交界面上滞留的自由水,都会产生相当大的水压力和抽吸力。车轮经过时产生挤压力,车轮驶离时又产生抽吸力,这两种力的瞬时先后作用能将滞留在基层顶面以及面层空隙中的水吸出表面,并促使沥青膜从较大颗粒的集料上剥离,使沥青混凝土强度大幅下降,直至路面局部松散并形成啁浆、坑槽或车辙。交通量大、重车和超重车在交通流量中的比例高时,沥青混凝土路面的水损害更严重。

(9) 其他原因。

路面开裂、老化加速水损害的发生,并形成恶性循环;酸雨、车辆渗油对路面的腐蚀等。

7.2.2 沥青路面车辙病害及成因

沥青路面车辙,表现为车辆轮迹带上的竖向凹陷变形,是沥青路面在高温环境下,由于交通荷载重复作用永久变形累积而形成的。

不同程度的车辙对行车的影响如下。

(1) 轻度:车辙深度小于 6 mm,水漂和潮湿时期的事故不多。

(2) 中度:车辙深度为 7~12 mm,横坡不合适将导致水漂和潮湿时期的事故增多。

(3) 重度:车辙深度大于 13 mm,水漂和潮湿时期的事故明显增多。

1. 车辙类型

沥青路面的车辙主要有以下 4 种类型。

(1) 结构性车辙。

结构性车辙是路面在车辆荷载的作用下,引起沥青面层、柔性基层(垫层)以及土基在内各层的永久变形而形成的。这种类型车辙的宽度较大,两侧没有隆起现象,横断面为浅盆状的 U 形(凹形)。

(2) 流动性车辙。

流动性车辙是路面在高温条件下,行车荷载产生的剪应力超过沥青混合料的抗剪强度,混合料内部出现剪切破坏,并在重复荷载的作用下,流动变形不断累积形成的,也称为失稳性车辙。在轮胎的反复作用下,轮迹部位下凹,混合料的积压流动使轮迹两侧向上隆起。

(3) 磨耗性车辙。

磨耗性车辙是路面在车辆荷载的反复作用,尤其是大量重型超载车辆或带钉轮胎车辆的作用下,路面颗粒逐渐散失而形成的。

(4) 压实性车辙。

压实性车辙是沥青混合料面层本身施工阶段压实不足,在通车后的第一个高温季节车辆荷载的反复碾压下,混合料继续被压密并逐渐趋于稳定而形成的,表现为路面表面的永久变形。

根据路面材料和结构情况,车辙可以发生在一层或多层内。如果 HMA 面层质量差(如较差的混合料设计、施工质量不良等),车辙可能只发生在面层上部的 50~70 mm 内。如果结构设计不当或结构承受超出其承载力的荷载作用,车辙可能发生在更下层,甚至土基里面。在渠化交通的重交通道路上,当沥青路面采用半刚性基层时,车辙主要发生在沥青面层。

在我国,基层基本上采用水泥稳定碎石、二灰碎石等半刚性材料。由于半刚性基层强度高、板体性好,在荷载作用下的永久变形非常微小,所以我国市政道路沥青路面所见到的车辙基本上属于流动性车辙和压实性车辙。其他两种车辙比较少见。大量的试验路观测和计算结果表明:以半刚性材料为基层的高等级沥青路面,沥青层产生的车辙占路面车辙总量的 90% 以上。因此,沥青层的永久变形对沥青路面的车辙起决定性作用。

2. 车辙病害形成机理

车辙形成可以分为以下 3 个阶段。

(1) 后续交通压实。

沥青混合料在被碾压成型前是由粗、细集料和矿粉沥青组成的松散混合物。经过压路机的碾压,高温下处于半流动状态的混合料被逐渐压密,并形成由矿料、沥青、空隙组成的三相体结构。碾压完毕交付使用后,在汽车荷载作用下进一步压实,空隙进一步减小。轮迹带处混合料体积减小,形成微量的永久变形。在开放交通后,车辆交通对路面的作用可能会导致两种结果,一种是混合料经过逐渐压密并趋于稳定;另外一种是出现流动性车辙。重复交通荷载作用最终导致何种结果,除与路面材料组成结构有关外,还与气温及其变化有关。

(2) 沥青混合料的流动变形。

高温下的沥青混合料处于以黏性为主的半固体状态,在轮胎荷载作用下,沥青及沥青胶浆便产生流动,除部分填充混合料空隙外,还将随沥青混合料自由流动,从而使路面受荷载处压缩变形。

(3) 沥青混合料的结构性失稳变形。

高温下的沥青混合料,由于沥青及胶浆在荷载作用下首先流动,混合料中粗集料组成的骨架逐渐成为荷载的主要承担者。随着温度的升高或荷载的增大及荷载的重复作用,加上沥青的润滑作用,硬度较大的矿料颗粒在荷载直接作用下会沿矿料间接触面滑动。这种剪切变形促使沥青及胶浆向其富集区流动,以致流向混合料自由面,特别是当集料间沥青及胶浆过多时,这一过程会更加明显。这种失稳变形表现为轮迹两侧的隆起。

3. 车辙的影响因素分析

影响车辙的因素可分为内因和外因,内因主要是指沥青路面结构设计和沥青混合料材料本身,外因主要是指气候、交通量、交通组成、施工等外界因素。

(1) 沥青混合料材料组成。

由上述沥青路面车辙形成机理可知,流动性车辙主要表现为剪切破坏,所以路面抗车辙能力取决于沥青混合料抗剪强度 τ,而 τ 主要由沥青混合料的黏聚力 c 和内摩擦角 ϕ 来确定。c 反映了矿料颗粒之间的内黏聚力,其值取决于沥青性质及其用量;而 ϕ 体现了矿料的内摩擦力大小,其值取决于矿料及其级配特征。

①矿质材料性质的影响。

矿质材料的性质对沥青混合料高温性能的影响,主要是从其与沥青的相互作用表现出来的。矿质材料颗粒表面粗糙,形状接近立方体,扁平状颗粒含量较低,集料易形成嵌挤结构,有利于沥青混合料抗车辙性能的提高。能够与沥青起化学吸附作用的矿质材料,可以提高沥青混合料的抗变形能力。集料的粗糙面和棱角性十分重要,在集料中掺加过多的破碎砾石对抵抗车辙是不利的,这是因为路面容易因集料缺乏棱角而变形。同样,天然砂的用量过多,也将影响嵌挤作用。集料与沥青黏结性不好,不仅容易丧失水稳定性产生剥离,同时也将因黏结力减小而降低高温稳定性,使车辙变形增大。

②沥青性质及其用量的影响。

沥青黏度对混合料的抗车辙性能有较大影响,黏度越大,抗车辙能力越高。另外,沥青中含蜡量偏高,对沥青混合料车辙性能有不利影响。这是因为蜡在高温时融化,使沥青黏度降低,影响沥青的高温稳定性,同时,蜡使沥青与集料的亲和力变小,影响沥青的黏结力及抗水剥离性。对某一矿料级配,沥青用量对混合料的抗车辙能力有较大影响。当沥青用量低至不能裹覆每一种矿料表面积或裹覆沥青膜太薄时,沥青混合料中的粗细集料将不能很好地胶结在一起。矿料间的黏结力小,高温抗剪强度较低,随着沥青用量的增加,矿料之间的黏结力增大,抗剪强度增加。在某一用量,矿料之间的沥青膜厚合适时,由于矿料和沥青之间的相互作用强,形成的结构沥青黏结力强,可以获得最大的抗剪强度,抗车辙性能最佳。当沥青用量继续增大时,沥青膜厚度增大,与矿料颗粒相互作用弱的自由沥青量增大。一方面,自由沥青充当润滑隔离层,使矿料不易嵌紧,另一方面自由沥青本身黏聚力小,混合料的抗剪强度降低,再加上自由沥青膜温度敏感性大,因此,当沥青用量超过最佳用量时,温度的微小升高,也会使路面产生严重的车辙变形。

(2) 沥青混合料矿料级配。

矿料级配时必须通过试验确定,不能以级配走向(如走下限"S形曲线")来确定,也不能以级配的粗与细为级配选择的依据。

矿料级配对沥青混合料的抗剪强度有重要影响,特别是混合料的内摩擦力。矿料级配设计可以使混合料具有较高的内摩擦力。

内摩擦力由以下两部分构成。

①沥青混合料矿料颗粒移动变位阻力,这取决于矿料的棱角性、颗粒的大小以及矿料颗粒搭配情况,棱角性越好、矿料颗粒越大,混合料发生移动所需的力越大,则混合料的抗剪强度越高。

②矿料颗粒相对移动产生的摩擦阻力,这取决于矿料的质地和矿料颗粒接触程度,质地越坚硬、表面纹理越多,则摩擦阻力越大。另外,在相同体积下,空隙率一定时,随着混合料中颗粒粒径的减小,颗粒数量相对增加,颗粒之间的接

触点增加,混合料的摩擦阻力增加。

由此可见,矿料颗粒的粗细对移动变位阻力和摩擦阻力的影响是相互矛盾的。同时,计算具体混合料的能量指数就会发现:压实时更多的能量消耗在集料间的摩擦上,而不是混合料的体积改变上,即只有小部分能量真正用来有效地改变混合料的体积。这表明,在混合料矿料粗细相差不够大的情况下,移动变位阻力相差不大,而颗粒间的摩擦阻力相差较大,即细级配沥青混合料抗变形能力更大。

以上说明,当混合料的矿料级配较粗,且矿料颗粒没有形成有效嵌挤时,沥青混合料的荷载抗变形能力很可能不如细级配混合料。

以上研究表明,级配设计相当重要,在设计时可初选2~3种不同级配的沥青混合料进行优选,不能直接认定粗级配混合料的抗变形能力好。

(3) 混合料矿粉用量。

填料在沥青混合料中有两方面的作用,即填料对较粗颗粒间隙的填充作用以及与沥青混合形成胶浆的胶结作用。矿粉与沥青结合,引起沥青的硬化,硬化程度与填料的物理性质(如粒子形状、大小及分布等)有关。由体积增强作用和物理化学作用形成的沥青胶浆具有较大的黏聚力,能把沥青混合料中的粗、细集料牢牢胶结为一体,从而形成更稳定的结合料,大大改善沥青混合料的物理力学性能,对沥青混合料的热稳定性也有显著提高。

另外,矿粉及其粉胶比影响着混合料的工作性、水稳性以及混合料的老化特性。实际上,在混合料中起胶结作用的是胶浆,所以粉胶比大小对抗车辙性能有很大影响。为使混合料有好的高温稳定性,必须使矿粉有足够的数量,以减少起润滑作用的游离沥青的比例。

一般情况下,随着粉胶比增大,结构沥青数量增多,抗车辙能力也会增强,但粉胶比过大,沥青胶浆将变得干涩,反而会使胶结强度降低,抗车辙能力降低。因此,在沥青混合料配合比设计中,必须将粉胶比控制在合理的范围内。

(4) 沥青混合料残余空隙率及矿料间隙率。

路面现场空隙率过大或过小,均易产生车辙。路面现场空隙率过大,开放交通后,后续压实会使混合料产生压密变形。混合料的残余空隙率过小也容易出现车辙,如果沥青混合料内部没有足够的空隙满足沥青结合料在夏季时的热膨胀变形需求,则必然会引起泛油和流动,甚至产生流动性车辙。

(5) 结构因素。

结构因素包括沥青面层厚度与组合、基层类型和厚度、层间结合情况,各因素均对沥青路面车辙的产生有影响。传统观点认为,沥青层越厚,车辙发生率越高;柔性基层路面产生车辙的可能性更大。所以我国一直采用"强基薄面"设计理念,并以半刚性基层沥青路面为主。但大量实践表明,我国沥青路面车辙病害依然是一个严峻的问题。目前研究认为,在其他条件不变的情况下,当沥青层厚度小于某一临界厚度时,车辙量随着沥青层厚度的增加而增大,但当沥青层厚超过此临界厚度时,车辙不会无限制增大。

(6) 气候条件。

气候条件主要包括气温、日照、热流、辐射、风、雨等。其中除湿度对沥青混合料高温性能的影响机理不同外,其他因素归结起来都反映在温度上,而温度也是影响最为显著的因素。当然日照造成的沥青老化也会影响沥青混合料的高温性能。黑褐色的沥青混合料具有较强的吸热能力,而整个路面又构成了一个巨大的温度场,热量的大量聚集、蓄积使得路面温度不断升高,这也是在夏季沥青路面的温度远高于气温的重要原因。

(7) 交通条件。

交通条件对沥青路面高温性能的影响可以归结为荷载轮胎气压、行车速度、车流渠化等。荷载对沥青路面高温车辙的影响是不言而喻的,车辆荷载越大,车辙产生的可能性越大,特别是重载车、超载车对沥青路面的变形起到了加速作用。

7.2.3　沥青路面裂缝类病害及成因

裂缝也是沥青路面的常见病害形式,裂缝的产生不仅使水顺利进入路面内部成为可能,而且会使行车荷载作用于路面的应力发生变化。水分通过裂缝渗入路面,在交通荷载作用下,滞留于路面结构内部的水分加剧了沥青与集料的剥离,形成唧浆、松散、坑槽等水损害。此外,当车辆荷载作用在裂缝处时,由于路面结构不连续,内部应力变化不均匀,在裂缝处形成应力集中,同时,汽车行驶在裂缝处的冲击力增大,再加上温度的耦合作用,使得裂缝进一步加剧,最终发展为重度的龟裂、块裂及边角破坏。

因此,如果对沥青路面上出现的裂缝不加处理,在水、荷载等外界条件的影响下,裂缝不断扩展,会导致其他病害的出现,进而影响路面的结构性能。裂缝类病害是沥青路面病害的一种主要形式,必须作为一种典型病害考虑并及时处理。

1. 裂缝类型

沥青路面建成后,不论基层是柔性还是半刚性,都会产生各种形式的裂缝。按路面开裂的主要原因,裂缝可分为3类。

(1) 因行车荷载的作用而产生的结构性破坏裂缝,称为荷载裂缝。

(2) 因沥青面层温度变化而产生的温度裂缝,包括低温收缩裂缝和温度疲劳裂缝,称为非荷载裂缝。

(3) 因填土固结沉陷或地基沉陷引起的桥涵两端横向裂缝,或在路段上出现较长的纵缝,称为沉降裂缝。

按照表现形式,裂缝又可分为横向裂缝、纵向裂缝、块裂和龟裂。接下来分别介绍这4类裂缝的形成机理。

2. 裂缝的形成机理

(1) 横向裂缝。

横向裂缝指沿路面横断面方向出现的规则裂缝,表现为单根裂缝,裂缝方向与路面中心线大体垂直。横向裂缝严重时通常贯穿整个路面宽度,有时伴有多个横向或斜向的支缝。横向裂缝轻度时多为局部细线状裂缝。

横向裂缝根据严重程度划分如下。

①轻度:已裂开的平均宽度小于76 mm 的裂缝,或者在良好条件下用密封剂密封且宽度不能确定的裂缝。

②中度:平均宽度在76～229 mm 的裂缝,或者平均宽度为229 mm 且边缘有轻微随机开裂的裂缝。

③重度:平均宽度大于229 mm 的裂缝,或者平均宽度为229 mm 且边缘有严重随机开裂的裂缝。

横向裂缝是沥青路面常见的一种路面病害,通常被看作早期损坏现象之一。横向裂缝主要有温度裂缝、反射裂缝和沉降裂缝。

①温度裂缝。

沥青面层是受约束的,所以在低温或温度骤降的情况下,沥青面层中产生的收缩拉应力或拉应变一旦超过沥青混合料的抗拉强度或极限拉应变,沥青面层就会开裂,从而产生横向裂缝。在温度应力的反复作用下,沥青面层也会疲劳开裂形成横向裂缝。

位于路面面层的沥青结构层一直受到气温变化的影响。当温度下降时,沥青面层就会产生收缩变形,这种变形会受到基层对路面的摩阻力和路面无限连续板体对收缩变形的约束作用,使沥青面层内部产生拉应力而导致开裂。一般来说,温度裂缝有2种。一种是一次性降温造成的温度收缩裂缝(即低温开裂):在冬季气温骤降时,沥青混合料内应力来不及松弛,温度应力超过沥青混合料的极限抗拉强度。另一种是温度疲劳裂缝:温度升降反复作用的温度应力使沥青混合料的极限拉应变或劲度模量变小,加上沥青老化使沥青劲度增大,应力松弛性能下降,故可能在比一次性降温开裂温度更高的温度下开裂,同时裂缝随着路面使用年限的增加也不断增加。

沥青混凝土具有应力松弛性能,在一般的温度范围内,因温度降低而产生的拉应力,会因应力松弛而减小,拉应力不足从而产生裂缝。可是当温度骤然降低时,应力就很难松弛,温度下降产生的应力超过了应力松弛的速度,在沥青混凝土内就出现了剩余应力。当这种剩余应力超过沥青混合料的极限抗拉强度时,便产生开裂。温度裂缝多垂直于路线方向,裂缝间距变化在数米至百米之间。温度裂缝破坏了沥青路面的整体性和连续性,水分通过裂缝渗入基层,浸湿路基,导致路面承载力降低,还为冻融提供了条件。另外,温度裂缝对加铺层的影响也很大,如对裂缝未加处理,病害将会反射到面层上,降低路面的使用寿命,增加养护费用。而且,在高等级公路上进行补强、加铺层设计,会严重影响正常的交通,造成巨大的经济损失。

②反射裂缝。

反射裂缝是半刚性基层路面的主要病害,世界各国均非常重视。半刚性基层材料在外界温度、湿度变化时,会产生较大的收缩,这是导致半刚性基层裂缝及产生反射裂缝的主要原因。其危害主要在于路面水沿缝隙不断进入路面结构内部,致使路床或半刚性基层顶面出现水化软弱层。这样,作为道路主要承重层的路床和路面基层,就不能很好地传递和扩散运营车辆的行车荷载,使沥青混凝土面层直接承受全部应力,必然造成沥青混凝土面层迅速开裂。反射裂缝一般都是横向裂缝,但是,当路面很宽时,横向的收缩也足以造成基层的开裂并反射到面层。反射裂缝的发展与半刚性材料的质量密切相关,同时也与面层与基层的黏结状态以及面层材料的性能相关。反射裂缝产生后,雨水会从裂缝中下渗,并积聚在面层与基层之间,在荷载动水压力下出现基层唧浆现象,同时降低了沥青面层与半刚性基层之间的黏结性能,从而加速了路面结构的破坏。

③沉降裂缝。

a. 薄弱环节所致的裂缝。地基或填土路堤横向不均匀沉降、纵向填挖结合部处理方法不当、沥青混合料摊铺时横向接缝处理不当,会产生横向裂缝,并伴有错台现象。此类裂缝多发生在台背或涵洞、通道等构造物附近,高填方与低填方交界处或施工时各个路段的分界处也有可能发生。

b. 荷载所致的裂缝。由于碾压不合理,路基会出现不均匀沉陷。路肩、边坡处排水措施处理不好,外界水会进入,使得路基的承载力不均匀。路基边缘更易出现不均匀沉降。由此,造成车辆荷载主要由面层承担,车轮下方面层底部受到的拉应力急剧增加,在车辆荷载的反复作用下,拉应力一旦超过材料的容许拉应力,则会在空洞处开裂。与此同时,车轮下方的材料还受到急剧增加的剪应力作用,一旦剪应力超过材料的容许剪应力,材料将会产生剪切破坏。因此,由于路基沉陷,面层材料在荷载作用下承受了急剧增加的剪、拉应力联合作用,从而加速了路基沉陷处路面裂缝的发展。

(2) 纵向裂缝。

裂缝沿着道路纵向投影的长度远远大于沿横断面方向投影的长度,这种裂缝通常称为纵向裂缝。纵向裂缝通常出现在行车道,有时也会出现在超车道或停车带上,而且通常以单条或多条平行的裂缝形式出现,有时伴有少量的支缝。纵向裂缝表现为沿路面行车方向分布的单根裂缝。裂缝方向与路面中心线大体平行,成熟的纵向裂缝一般都较长,为 20~50 m。

纵向裂缝根据严重程度划分如下。

①轻度:平均宽度小于 76 mm 或者在良好的条件下可以用密封材料密封且宽度不能确定的裂缝。

②中度:平均宽度在 76~229 mm 或者平均宽度为 229 mm 且边缘有轻微随机开裂的裂缝。

③重度:平均宽度大于 229 mm 或者平均宽度为 229 mm 且边缘有严重随机开裂的裂缝。

纵向裂缝可分为以下 3 种类型。

①路面纵向裂缝。

路面纵向裂缝人多属于表面裂缝,其中很多表面裂缝发生在施工离析的部位和两幅摊铺的交界处。国外通常认为,对厚的沥青路面而言,绝大部分路面底部拉应力很小时,很难甚至不可能产生先于表面层损坏的拉应力,认为绝大部分裂缝是表面裂缝,研究表明 70% 以上裂缝是表面裂缝。

a. 在路面水渗入路堤下且地基范围较小的情况下,可能仅在中央分隔带两侧行车道上或者接近硬路肩的一侧产生纵向裂缝;在路面水渗入路堤下且地基范围较大的情况下,可能在中央分隔带两侧行车道上和超车道上产生两条纵向裂缝,少数路段甚至有多条纵向裂缝。

b. 当路基边部压实不足,或者路基边缘受水侵蚀,导致路基湿软、承载力不足时,路堤边部会产生沉降,在距路边 30 cm 左右处产生纵向裂缝,亦称为边缘裂缝或啃边。

c. 在沥青混合料摊铺时,若纵向接缝处理不当,造成路面渗水或压实度未达到要求,在行车荷载作用下亦会在纵向接缝处形成纵向裂缝,出现的纵向裂缝相当长并且比较顺直。

d. 地基和填土在横向分布不均匀,加之路面水渗入地基时,路面容易产生细而小的纵向裂缝。但是路面产生纵向裂缝过多、过早,裂缝宽度过大、长度过长,将严重影响路面使用性能和使用寿命。

e. 改建公路与老路相接处没有处理或者处理不符合技术规范要求,都会造成路基不均匀沉陷或者滑坡而形成裂缝。特别是填挖结合部分或填高沿横向变化较大处更容易出现纵向裂缝,且纵向裂缝常是连续的。

②荷载型纵向疲劳裂缝。

美国和欧洲已有越来越多的研究证实,许多与荷载有关的疲劳裂缝发生在路面的表面且向下扩展贯穿沥青混凝土面层。这是一种比传统的疲劳裂缝更为严重的情况,尽管有些表面裂缝对路面结构的承载力没有影响,但它们对磨耗层的耐久性和功能寿命有强烈的影响。而且它们还造成水和其他外来杂物渗入路面结构,这就是沥青路面向下扩展裂缝(top-down cracking,TDC)。向下扩展裂缝可定义为起始裂缝发生在沥青路面表面沿轮迹带方向并且向沥青面层内扩展传播的裂缝。这种裂缝可能扩展穿透表面层,表面层和部分中面层,或穿透三层沥青层,这取决于路面的路龄。

自上而下的纵向裂缝一般发生在沥青路面行车道两侧轮迹带边缘,由沥青面层表面开始并向下延伸,表现为纵向裂缝。TDC 也称为表面裂缝、纵向表面裂缝、表面起始纵向轮迹裂缝及车辙裂缝。

TDC 的初期是由出现在轮迹带外侧的单、短、小的纵向裂纹组成;随着时间的推移,TDC 进入第二阶段,此时纵向短裂纹生长变长并在最初裂纹的 0.3~1.0 m 的范围内形成裂纹簇;最后,TDC 进入第三阶段,平行纵向裂纹簇通过短的横向裂缝相互连接形成龟裂。沥青面层轮迹严重加上车辆轮载的反复作用,使行车道的车辙形成 W 形或 U 形,在轮迹带两侧由于拉应力或拉应变的反复作用而产生纵向疲劳开裂。这种裂缝在沥青路面车辙的路段很容易观察到。

③自下而上的疲劳裂缝。

自下而上的疲劳裂缝是典型的路面结构性破坏,是我国沥青路面结构设计的主要损害模式。在行车荷载作用下,当沥青层底的拉应变大于极限拉应变时路面将发生破坏。当基层发生破坏,沥青层会显得承载力不足,从而产生疲劳损坏,在这种情况下,裂缝从底部开始向上扩展,最后导致沥青路面网裂而彻底破坏。

所以我国半刚性基层沥青路面上产生自下而上的早期结构性破坏的网裂的原因有两个:一是基层没有做好,没有形成结构强度;二是基层强度太大,施工前已经严重开裂。

(3) 块裂。

块裂是一种近似矩形裂块的交错裂缝,是纵向、横向裂缝密度增大并连通的结果,块的面积为 $0.1 \sim 10 \text{ m}^2$。块状裂缝的产生同荷载作用的关系不大。块裂主要由面层材料的低温收缩和沥青的老化以及半刚性基层的不均匀性引起,出现在整个路面宽度范围内。

块状裂缝根据严重程度划分如下。

①轻度:平均宽度小于 76 mm 的裂缝,或宽度不能确定且在良好的条件下可以用密封材料密封的裂缝。

②中度:平均宽度在 76~229 mm 的裂缝,或平均宽度为 229 mm 且边缘有轻微随机开裂的裂缝。

③重度:平均宽度大于 229 mm 的裂缝,或平均宽度为 229 mm 且边缘有严重随机开裂的裂缝。

块状开裂主要是热拌沥青混凝土的收缩以及每日循环变化的周期应力和周期应变所致。尽管荷载会使裂缝更严重,但荷载与块状裂缝没有直接的关系。块状裂缝通常出现在路面区域,但有时也出现在非行车部位。块状裂缝不仅在形状和尺寸上有别于龟裂,而且二者的产生原因与部位也不同。龟裂通常由重复荷载引起,多出现在行车区域。块状裂缝是路面不规则裂缝交错形成的,具体有以下两种情况。

①铺设沥青路面的沥青混合料采用了大量的低针入度沥青和亲水性集料,混合料硬脆性差,在长期使用过程中,沥青发生老化,失去柔性,并在温度的反复作用下,产生不规则缩裂。

②施工期间混合料发生离析,或面层厚度不一、压实度不均匀、表面不平整,在大量车辆及超载车辆作用下,路面也会产生不规则裂缝。当面层宽度较大时,

脆裂、缩裂不但导致横向开裂,也会导致纵向开裂,纵横交错形成块状裂缝。

一般认为,当沥青路面的沥青针入度减小到35～50(1/10 mm)时,沥青的黏性降低,丧失了原有的弹性与韧性,在车辆的反复作用下,路面材料长期处于应力循环变化状态而极易产生脆裂破坏。此裂缝出现位置比较随机,在横向、纵向、其他方向都可能出现,裂缝长度不大,纵横交织呈不规则多边形。

(4) 龟裂。

龟裂也称网裂,是裂缝与裂缝连接成龟甲纹状小网格式的、成块的、不规则破碎性的网状裂缝,常伴有沉陷和唧浆现象。龟裂主要由路面结构弯沉较大、结构层压密变形、沥青疲劳强度不足等原因引起,是沥青路面的一种主要结构损坏类型,也有研究称其为鳄鱼裂缝(alligator cracking)。

龟裂裂缝根据严重程度划分如下。

①轻度:裂缝区域没有或很少有相互联系的裂缝,裂缝没有完全裂开或还是密封的,唧浆现象并不明显。

②中度:形成完整的相互联系的裂缝,裂缝有轻微的裂开,可能有轻微剥落,唧浆现象并不明显。

③重度:形成相互联系的中度或重度的裂缝,当受到交通荷载作用时,破裂块将会移动。裂缝可以用材料进行密封,唧浆现象明显。路面一旦出现重度的大范围的龟裂,表明路面结构已经进入设计极限状态。

由于路面受交通荷载反复作用,长期处于应力应变交叠变化状态,致使其结构强度逐渐下降,这时车辆引起的路面应力超过结构抗力,路面材料就出现疲劳裂缝(fatigue cracking)。这种裂缝开始可能只是微观裂纹,后来相互连通形成宏观裂缝。龟裂主要有两种情况,一种情况是在行车荷载的反复作用下,沥青面层产生疲劳开裂;另外一种情况是由于基层强度不足或面层与基层之间结合差而导致的面层疲劳开裂。龟裂产生的具体原因如下。

①面层空隙率大、压实度不足、混合料离析,使得雨水渗入面层,并积聚在面层之间或面层与基层之间,导致水损害,面层与基层之间的连续性变差,在行车荷载的反复作用下逐渐产生疲劳破坏。

②面层之间或面层与基层之间存在"软弱夹层",在行车荷载的反复作用下导致疲劳破坏,并最终以龟裂的形式反映到面层上,或者在道路使用末期,路面的疲劳次数已经达到或超过其疲劳寿命而出现的一种龟裂。这种龟裂通常位于行车道轮迹下,面积较大,常呈条片状分布,且垂直变形明显。

③基层强度不足或基层强度过高。比如,由于材料拌和不均匀、结合料用量

不足等,基层强度不足,在行车荷载作用下,面层发生疲劳开裂并导致龟裂。而当半刚性基层强度过高时,易产生收缩裂缝,会因应力集中而引起开裂。

总的来说,龟裂的形成主要是由于路面整体强度不足、路面结构层缺失、基层承载力不足、基层排水不良或沥青路面老化严重,在行车荷载的反复作用下形成的。另外,车辆超载沥青面层摊铺时集料的离析、路基或路面局部压实不均匀,以及沥青在施工期间或长时期使用过程中的老化,都会导致沥青路面形成龟裂。

一般来说,龟裂在发展初期通常随机、孤立地分布在行车道上,面积较小。基层基本处于完好状态,因此垂直变形不明显,裂缝较少,且互不连通。在发展后期,裂缝密集且相互连通,局部的碎块已经开始脱落。在龟裂形成初期,轻度裂缝对沥青路面的服务水平影响不大,但路面的龟裂会使得路面水渗入,造成底面层及路面基层强度减弱,并出现唧浆破损,这样便会加速龟裂面积的扩大以及裂缝的扩展,导致坑槽形成。

7.2.4 其他病害及其成因分析

其他病害还有泛油、补丁及车道与路肩间的沉降、边缘破碎、离析、路面变形、磨光等。

1. 泛油

传统的泛油是指沥青面层中的自由沥青受热膨胀,直至沥青混凝土空隙无法容纳,溢到路面的一种不可逆现象。泛油可造成路面构造深度减小,抗滑性能降低,从而影响行车安全。

泛油的原因:在设计过程中,使用劣质沥青或沥青用量偏高、稠度太小、集料黏附性差、设计空隙率过小,都会使沥青混合料的饱和度过高,即混凝土内没有足够的空间容纳自由沥青热胀时的体积变化,引起泛油。而在混合料拌和、摊铺过程中,离析促使细料过于集中,也是泛油的重要原因。此外,混合料生产中沥青用量控制不准而过量,也是泛油的重要原因。同时,传统泛油病害的内因是设计或施工不当,而诱发泛油的直接外因是高温。泛油通常在成条路段出现,泛油后路面如镜面光滑,雨天车辆行驶时易打滑。

与传统泛油现象不同的新型泛油现象只发生在轮迹带上,表现为两种形式:一种是由小到大发展的点状油斑;另一种是沿整条轮迹带分布的带状泛油。

点状油斑泛油可划分为3个等级。

①轻度:某段轮迹带上开始出现小块油斑,直径为1~2 cm。

②中度:轮迹带上出现的油斑逐渐增多、增大,直径为1~5 cm。

③重度:在中度油斑泛油的基础上,油斑的直径、面积和爆发密度进一步增大,直至各块油斑逐渐连通成片。

表面层内聚集了大量的沥青,空隙几乎被填满,而中面层和底面层的沥青却剥落严重,集料颗粒基本裸露,全部松散开来。由此可以推断主要原因可能是集料间的抗剪切能力不足,在荷载的搓揉作用下,发生不均匀的迁移,使得油斑处中面层和底面层的沥青很有可能在剥落后向上部迁移至表面层,从而导致中、底面层混合料失去黏结性而松散,同时又使表面层内沥青大量富集。

另外一种带状泛油与传统泛油相似,轮迹带的表面纹理基本上被泛出的沥青覆盖,并有少量的车辙现象。造成带状泛油的原因是在繁重的交通量下,路面压实不足和集料质量较差或集料颗粒的形状、棱角性、表面纹理较差等,矿料骨架容易在车辆荷载的作用下产生位移,压密后挤压沥青,使之上泛,并伴有车辙变形。相对交通量而言,混合料设计标准较低也可能是主要因素。

2. 补丁及车道与路肩间的沉降

补丁是指超过 $0.1\ m^2$ 的路面部分被移走和更换,或者在原来修补的表面又增补材料,即各种损坏挖除修补后的结果。

车道与路肩间的沉降是指行车道表面与外侧路肩处于不同的高度。这种现象通常在外侧路肩与路面采用不同的材料时发生。

3. 边缘破碎

边缘破碎和龟裂相似,仅位于路肩处 30~60 cm 的范围内,开始发生在路面边缘并且向轮迹带上发展。边缘损碎可以导致轮迹带状况恶化,并使水分进入路基土和基层材料。边缘破碎还包括混凝土基层的纵向破碎。

4. 离析

沥青混合料的离析是指沥青混合料在生产和施工环节中发生的粗细不均的现象。离析一直被认为是混合料生产和施工中的质量问题。随着现代化拌和、运输、摊铺、压实设备的普遍使用,在一定程度上能控制离析,但近年来在高等级道路上广泛使用的开级配抗滑磨耗层离析尤为严重。因此,不从混合料设计来考虑而单纯依靠施工措施来控制离析是很难的。

造成混合料离析的原因很复杂,从原材料的堆放、混合料的生产拌和、货车的装载和卸料到摊铺作业的各个环节,都会影响路面混合料最终的离析程度。除生产和施工外,混合料设计不当也是十分重要的原因,如连续级配的混合料通常不易发生离析,甚至在生产和施工的某个环节出现差错也不会导致明显的离析。间断级配混合料在任何环节中小小的差错都能使混合料产生严重的离析,如果间断级配混合料的沥青含量小到某种程度,几乎不可能不发生离析。

由此可见,混合料级配设计对于控制离析至关重要。离析本身也并不是外界因素引起的路面病害,但它诱发了多种路面损坏,并使沥青混合料设计的努力付诸东流。在轻交通的条件下,离析尚不足以造成很大的危害,但在重交通道路上,发生离析是非常致命的。

5. 路面变形

路面变形定义为沥青混合料的压密、固结、隆起,或受冻胀作用的影响、面层或基层的蠕变、松弛作用等导致的一种路面损坏现象,主要表现为波浪、凹陷、隆起、波纹以及路面冲刷等,还包括扭曲、路面外侧形成的推移。扭曲变形和低等变形相似,只有当车辆通过时才能感觉到。路面发生变形的路段,需要车辆减速通行。

推移也可视为路面的变形。它是路面部分路段发生纵向位移的病害现象,通常是车辆刹车或加速造成的,一般出现在坡道、弯道和交叉路口处。推移的同时也可发生相应的竖向位移。

6. 磨光

沥青路面磨光是路面损坏的常见现象。磨光是指路面外露的集料颗粒在行车轮胎的摩擦作用下逐渐被磨光滑的现象。有研究表明,车辆低速行驶时的摩阻力主要由路面构造纹理提供,而高速行车的摩阻力则主要源于集料表面的细纹理。一旦路面集料颗粒被磨光,细纹理和构造纹理都将大大降低,路面的抗滑性能也将随之下降,成为交通安全的一大隐患。磨光的主要成因是集料的硬度和耐磨性较差,选用材质较好的集料可有效防治。

沥青路面病害绝不是简单的某一方面导致的。有些是由于沥青面层首先出现病害,水分渗入基层和土基使其承载力降低,加剧了沥青路面的病害;有些则是基层和土基本身的质量问题导致路面的病害。有时很难分析这类病害最初的诱因。

如上所述,沥青路面病害多种多样,对沥青路面的使用功能影响程度不一,有些病害属于功能性破坏,有的则属于结构性破坏。其中,结构性破坏已经严重影响路面使用功能,需要进行大修。

7.3 沥青路面病害的处理维修

7.3.1 坑槽病害的处理维修

坑槽是沥青路面早期破坏常见的现象,与之伴随发生的松散、剥落、唧浆等现象构成了沥青路面早期水损害的主要形式。

1. 坑槽病害状况调查

(1) 坑槽调查。

坑槽根据其深度和面积分为轻度(深度小于 25 mm)、中度(深度为 25~50 mm)和重度(深度大于 50 mm)。

(2) 坑槽修补类型的选择。

根据修补所用材料及目标,坑槽修补类型主要分为临时性修补、半永久性修补和永久性修补 3 种。

①临时性修补。当路面出现的坑槽影响行车,需要立即填补而封闭车道又不现实时,可采用临时性修补。临时性修补也可用于路况差、将要罩面或重建的路面。临时性修补是对坑槽进行简单的清理,填上修补的混合料以后,利用击实锤或卡车进行压实。临时性修补耗时短,但是修补的坑槽耐久性较差。

②半永久性修补。作为一种预防性措施,这种方法可以防止小的坑槽演变成较大的坑槽。其与永久性修补方法类似,但是采用这种方法修补时无须切割路面,修补后的区域不是矩形,填料可以获得很好的压实度,坑槽的耐久性较好。

③永久性修补。用于路况良好且预期使用寿命相对较长的路面,有可利用的资源。

维修人员在决定采用何种坑槽修补类型时,须考虑所修复道路的路面状况、交通状况、路面预期使用寿命和所有可以利用的资源。

2. 坑槽修补材料

在修补坑槽时,除了需要考虑路面状况、交通状况和预期使用寿命,还应考虑修补材料的质量。高质量的修补材料可以使修补后的路面获得较长的使用寿命。沥青路面坑槽破损的修补材料主要有热拌沥青混合料、冷拌沥青混合料、喷补料、沥青混凝土预制块等。其中,热拌沥青混合料和冷拌沥青混合料是较为常用的坑槽修补材料。美国明尼苏达州主要采用冷拌沥青混合料、灌浆、热拌沥青混合料、稀浆和微表处材料对坑槽进行修补。

(1) 热拌沥青混合料。

热拌沥青混合料是在热铺、热压的条件下进行修补施工,其修补的路面质量好,且用其修补的路面能够承受较重的交通,因此常用于坑槽破损的永久性修补材料。因为其成本低,所以在气候和保温条件许可的情况下,应尽可能多采用。

热拌沥青混合料适合用于维修龟裂、坑槽和松散剥落等破坏的路面,具体操作时可根据实际条件采用临时性修补方法或永久性修补方法。热拌沥青混合料还适用于坑槽面积较大且相对集中的路面。其修补坑槽后的路面的使用寿命一般为 3~6 年。如果施工操作正确,采用热拌沥青混合料修补的路面使用寿命可持续 15 年或更长。

(2) 冷拌沥青混合料。

一般情况下,冷拌沥青混合料常用于坑槽破损的应急性修补材料(临时性修补材料)。冷拌沥青混合料主要有溶剂型冷拌沥青混合料和乳化沥青冷拌沥青混合料 2 种类型。

溶剂型冷拌沥青混合料可用于高等级道路的路面坑槽修补,也可用于一般道路的养护维修。用这种材料修补的路面在行车荷载作用下进一步密实,强度逐渐提高。经过压实成型的冷拌沥青混合料路面通常具有与热拌沥青混合料路面一样的性能,且冷拌沥青混合路面一般不会出现温度收缩裂缝。

乳化沥青冷拌沥青混合料需要较长时间才能成型,所修补的坑洞容易松散,一般只适合轻交通道路的修复。采用这种沥青混合料作为坑槽修补材料,适宜在较低气温条件下或坑槽处于潮湿状态时进行修补,修补后效果更加明显,性能发挥更突出;而在较温暖气温条件下及坑槽处于干燥状态时修补,其修补性能无明显优势,且远不如热拌沥青混合料采用永久性修补工艺修补坑槽的效果好。

(3) 喷补料。

喷补料是将最大粒径为 10 mm 的单一尺寸矿料与 60 ℃的乳化沥青,经专门的喷补设备同步喷射入坑槽。矿料喷入坑槽时被同时喷出的乳化沥青很好地裹覆。这种形成坑槽修补料的方法是美国的一项专利技术,较多地应用于日常修补和应急修补。喷补料实质上属于冷拌沥青混合料的一种,只是两者成型的工艺不同。

(4) 沥青混凝土预制块。

沥青混凝土预制块是将级配良好的矿质混合料和黏稠沥青用专用的设备加热拌和,再将拌好的松散混合料投入钢模,用压力机将其压成具有一定坚实度和尺寸规格的板块状修补料。在对破损坑槽进行修补时,必须按照沥青混凝土预制块尺寸规格的倍数进行放样、开槽,并对坑槽底补强整平,再将预制块平整地铺设在坑槽内。此种坑槽修补方法的前期准备工作较多,开槽尺寸要求非常严格,且对不同大小坑槽修补的适应性较差。

3. 坑槽修补施工

坑槽修补是沥青路面局部维修常见且普遍的工作,应尽量采用机械化施工快速修补路面,以免交通中断。沥青路面坑槽修补的施工工艺主要是对坑洞、局部网裂、龟裂等病害的修补和加强,以及对局部沉陷、拥包、滑移裂缝等病害的修补。沥青路面坑槽修补质量,除了与修补材料的性能有关,很大程度上还取决于坑槽修补的工艺过程和要求,可以根据施工的实际要求和条件确定坑槽的修补工艺。合理的坑槽修补工艺会使所修补坑槽的寿命得到极大的提高。

坑槽修补通常分为两个阶段:第一个阶段是冬季修补,此时温度很低,基层材料都已冻胀,并且还有春天融雪之前的潮湿和冻融循环期;第二个阶段是春季修补,此时基层材料潮湿柔软,很少有冻融循环情况。

(1) 坑槽修补方法。

路面养护中,坑槽修补的方法较多。当路面基层完好仅面层有坑槽时,可以采用热补法、冷补法、喷补法、热再生法、沥青混凝土预制块修补法等方式进行修补。若基层局部强度不足等原因导致基层破坏而形成坑槽,应先处理基层,再修补坑槽。除美国的专利施工技术——喷补法以及沥青混凝土预制块修补法应用较少外,开槽填补的修补方法应用比较多。

①热补法。

热料填补工艺是常见的一类路面坑槽修补工艺,根据《公路沥青路面养护技术规范》(JTG 5142—2019),采用"圆洞方补,斜洞正补"的原则,直接将沥青路面损坏部分凿除,然后喷洒乳化沥青黏结层,填充新的热拌沥青混合料,最后碾压成型。热补法基本适用于全天候修补坑槽,坑槽修补后无接缝,与原路面保持平整,修补效果好,修补所需时间短,废料可以再生利用,利于环保节省资源。但对于较深的坑槽,其修补质量不易保证。

②冷补法。

冷补法是采用改性乳化沥青或稀释沥青拌制的沥青混合料对坑槽进行填补的方法,主要用于无法采用热拌沥青混合料修补的坑槽或临时性坑槽。冷补法可在任意温度下对不同深度的坑槽进行修补,但是坑槽修补后存在明显的接缝,如果处理不好易渗水,使接缝处出现唧浆,造成新的损坏,且修补所需时间长,雨天及寒冷季节修补的质量得不到保证。

③喷补法。

喷补法即喷洒填补(spray injection)法也被称为喷射填补法。这种方法是利用高压喷射的方式,将乳化沥青经过喷管与输送来的骨料相混合,通过调节喷管上的乳液、骨料和压缩空气3个控制开关,把混合料均匀、高速地喷洒到坑槽中,达到密实黏结效果,无须碾压,也无须沥青混凝土拌和厂配合,不受气候变化影响。

喷补法工艺的主要流程如下:清理坑槽中的水和碎屑等杂质;在坑槽的壁面和底面喷洒一层沥青黏层;将沥青和集料喷射入坑槽中;在坑槽区域表面覆盖一层集料;养护人员和设备清理完毕后即可开放交通。

需要注意集料和乳化沥青的比例,沥青含量过少会导致结块,沥青含量过多则会导致斑点和泛油。另外,施工机械需要经常维护,因为破碎的集料和乳化沥青混合料会阻塞喷口,如果机械使用频率过高,则不易发生阻塞。

采用喷补法维修的裂缝的预期寿命取决于可达到的密度。此方法利用气压实现压实并将集料和乳化沥青喷入坑槽,所以混合料很难到达较小区域。密度不足会导致混合料在交通荷载的作用下产生推挤,缩短填补寿命。此外,混合料设计欠佳和路面潮湿也会导致填补寿命不足。如果操作正确,喷补法修补的路面寿命可达5年以上。

④热再生法。

随着养护设备的发展,维修工程开始采用加热设备对路面进行现场热修补,能较好地解决接缝问题,并且明显地提高施工质量。目前,工程上使用的热再生法设备的主要原理是采用100%高强度辐射热加热墙,先将沥青路面加热耙松、喷洒乳化沥青使旧沥青料再生,再加入热的新料,用自带的压路机将其压实,从而达到很好的修补效果。

这种路面维修工艺本质就是一种小范围的沥青混合料现场热再生技术,可以减少对环境的污染,降低维修成本,修补作业不再受气候变化的影响。但是这种方法的加热深度只能到达路面以下20~50 mm,因此一般只能用于沥青上面层坑槽的维修,对于过深的或基层有病害的坑槽的维修并不适用。

⑤沥青混凝土预制块修补法。

沥青路面破损处开凿的修补尺寸应等于预制块的倍数,预制块之间的接缝用填缝材料填塞。这种坑槽修补方法比较简单,修补材料的配合比较易控制,密实度能得到保证。

日本研究出一种荒川式斜削施工法,是在返土、压平和补铺沥青混合料前,先将被切坑槽的边缘用特制工具切成45°斜坡形,然后用喷燃器将边缘加热烧成粗糙形状,接着铺压沥青混合料的方法。这样可使新料和旧料紧密吻合,不易出现裂缝。

(2) 坑槽修补工艺。

坑槽修补工艺按修补材料可分为冷料冷补、热料冷补、热料热补等:冷料冷补作为应急性修补具有很好的适用性;热料冷补适合雨天大量坑槽的修补;热料热补尽管初期设备投入较大,但是通过合理安排修补工作,每次的养护成本并不高,并且修补的质量明显优于其他工艺,应作为市政道路养护单位日常养护的首选工艺。

按永久性修补要求,坑槽修补的主要施工工艺过程分为以下几步:坑槽的成型、坑槽的清理和干燥、涂黏结层、修补材料的准备和摊铺、坑槽的压实、封边修整工作。

①坑槽的成型。

在修补沥青路面的局部破损前,应先将破损处开槽成型。破损、切削坑槽可使坑槽的壁槽破碎达到垂直状态,这样可以提供良好的黏结表面,保证压实过程中填充料的完全结合。一般情况下可将形状不规则的局部破损开挖成与行车方向一致的矩形坑槽,这种形状的坑槽整齐、美观,而且更利于提高路面行驶的平顺性和舒适性。切削时应连续作业直到破碎整个破损的面层或露出基层材料。如果进行路面材料的再生利用,应注意避免混入底层和路基材料,防止沥青混合料性能变化。

具体施工过程:确定路面破损部分的边界和深度,按"圆洞方补"原则,画出与路中心线(即行车方向)大致平行或垂直的开槽修补的轮廓线(矩形),每边至少应外延至未破损的路面 300 mm(即挖去路面松散、破碎的旧料直至坚实部分),然后沿画好的修补轮廓线开挖坑槽,成型后的坑槽壁面应尽可能与路平面保持垂直,并且坑槽底部平整、坚实。

采用永久性修补方法的坑槽修补结构方式:这种坑槽成型后与壁面垂直,坑槽内修补材料密实度均匀且较易控制和保证,受力状况较好。与坑槽壁面成45°斜坡的坑槽修补结构方式:这种方式新旧料间的接缝为斜接缝,比上一种方式的垂直接缝更长一些,新旧料间的结合面更大,两者间的黏附性能有所提高。但是,这种方式斜坡上修补材料的松铺厚度不一致,碾平后很难保证不同厚度处修补材料的密实度相同(因不同松铺厚度的压实难易程度不同),故造成坑槽内修补材料密实程度和承载能力不一致,从而使得坑槽整体的受力状况变差。同时,由于开凿45°的斜坡坑槽工艺比较复杂,这种坑槽修补结构形式很少采用。不开槽进行坑洞修补的结构形式,一般在应急性修补方法和热再生修补方法中经常采用。

坑槽的成型的设备通常有路面破碎机、混凝土切割机和路面铣刨机等。采用路面铣刨机(包括卧式和立式)开槽是一种较好的方法。这种设备不仅效率高,不易对坑槽周边路面材料造成破坏,坑槽壁面较为整齐,而且开槽的深度能够得到保证,坑槽底面也较平整。

②坑槽的清理和干燥。

为了使修补材料与坑槽壁面和底面的黏附性更好,保证坑槽修补的有效性和耐久性,坑槽壁面和地面必须完全干燥、清洁。清理坑槽最好采用压缩空气装置进行清扫。压缩空气可以有效地吹走坑槽中的灰尘、碎屑、杂物和少量水分,热空气还能将一些水分蒸发掉,使坑槽干燥。若坑槽到达底层或路基,必须进行压实,保证填充料在以后的行车荷载作用下不沉陷。如果坑槽内有积水,应采用压缩空气、火焰、破布、扫帚等工具进行干燥,以保证混合料的黏结性,同时必须清除坑槽周边的松散材料。

为了使坑槽完全干燥,壁面和底面材料能被加热并软化,应采用红外线辐射加热、明火加热、热空气(即燃气)加热等方式。加热坑槽可以使新旧料间的接缝由冷接缝变为热接缝,促进新旧料间的相互嵌挤和融合,提高坑槽修补的耐久性。另外,利用加热装置对坑槽加热,可使坑槽的修补不受潮湿、气温低等条件的限制,除雨天外,可以随时对坑槽进行修补作业。

一般对较浅坑槽加热时,可以将坑槽壁面和底面材料加热至 140~160 ℃,对深至 50 mm 的坑槽加热至 70~80 ℃较为适宜,同时最好使加热区域比坑槽外轮廓宽 100~150 mm,以确保碾压时修补材料能与原有路面材料很好地融合。坑槽的清理和干燥在整个修补工艺过程中最为重要。这一步工艺可以为后面的工艺(包括黏结层的喷涂、修补材料的摊铺)提供一个完全清洁、干燥且具有较高壁面温度的坑槽,从而大幅提高修补坑槽的使用寿命。

③涂黏结层。

对沥青路面坑洞破损部分开槽成型后,坑槽壁面和底面就会裸露光滑、未黏结沥青的石料断面。若这时直接填入级配良好、油石比恰当的修补材料,就会因坑槽壁面和底面石料缺少黏结材料,造成修补材料与原有路面材料间的接缝处油石比偏低,使新旧料间黏附性不强。因此,在摊铺坑槽修补材料之前,应在坑槽壁面和底面均匀地喷涂一层黏结材料。喷涂的黏结层可以浸润坑槽内表面裸露出的石料,改善修补材料与原有路面材料间的黏结效果。喷涂的黏结层材料必须与旧沥青混合料中的石料有很好的相容性。

热沥青、热改性沥青、乳化沥青及改性乳化沥青都可作为坑槽壁面的黏结层材料。对于永久性修补采用的热拌沥青混合料,应以热沥青、热改性沥青为黏结层材料;而对应急性修补采用的冷拌沥青混合料,可以省去涂黏结层的工作。黏结层材料与裂缝填缝材料的准备方式一样,不同类型的黏结层材料,其备料方式不同。黏结层材料的喷涂方式:一般采用泵吸或气压的方式将其从储料罐中吸出,通过专用的沥青喷洒杆,均匀地喷涂在坑槽壁面和底面上。一般要求黏结层材料的喷洒量为 $0.4 \sim 0.6 \ \text{kg/m}^2$,喷洒量不能过多,过多会使黏层油堆积在坑槽底部,易出现泛油现象,破坏新旧料间的黏结效果。涂黏结层的工作对提高坑槽修补的耐久性非常重要,应始终注意保持路面及坑槽的清洁,避免灰尘、碎屑和杂物进入坑槽造成黏结层污染,影响新铺的修补材料与原有路面旧料之间的黏结效果。

④修补材料的准备和摊铺。

修补设备在进行坑槽修补前必须提前启动,装载修补所需的各种材料,如黏结层材料、沥青结合料、骨料或预先拌好的沥青混合料。材料的装载量应至少满足正常工作日的坑槽修补需求量,并且使各种修补材料保持所要求的使用温度。坑槽修补设备的组成由修补材料决定。若采用预先拌制好的材料为坑槽修补材料,坑槽修补设备所提供的修补材料应具有良好的级配和合适的油石比,性能质量比较稳定、可靠。另外,可以将沥青结合料和骨料就地拌和用于现场修补。这种供料方式虽然使修补材料的制备易于控制,但是需要庞大而复杂的修补设备,并且现场拌制的修补材料的矿料级配和油石比都不易控制,会使得修补材料性能和质量不佳,影响坑槽修补的效果。对于永久性修补工艺,坑槽修补材料大多采用热拌沥青混合料,因此需要具备保温、加热功能的混合料箱。

保温箱对修补材料进行储存,一般储存时间不宜超过 72 h。而应急性修补工艺中采用的冷拌沥青混合料则不需要保温和加热,一般可采用袋装、桶装或不带保温加热功能的混合料箱装载,若密封工作做得好,储存时间可超过10 d,甚至1个月。修补材料拌制好后,可通过自动卸料装置(更多的是采用螺旋输送器)将修补料卸入待修补的坑槽中。然后采用人工摊铺的方法,用整平板将修补材料均匀地摊铺整平,在摊铺时应缓慢、均匀、连续,尽量避免修补材料离析。

摊铺热拌沥青混合料时的温度可以稍微高一些,因为一般修补坑槽的用料量很少,修补材料填入坑槽后,料温会很快下降。为保证下一步工艺操作时修补材料具有较高的压实温度,必须将摊铺时的料温提高一些,一般将修补材料的摊铺温度设置在165~170 ℃较为合适。坑槽修补与新建沥青路面不同,大部分修补材料都在开挖成型的坑槽内,高温压实时不仅不用担心修补材料产生推移,材料产生推移反而还有利于新旧料间的嵌挤、融合,提高坑槽修补质量。一般将坑槽的深度作为修补时摊铺和压实的依据。当坑槽深度较大(大于70 mm)时,应将沥青混合料分两次或三次摊铺压实,以保证坑槽内修补材料的密实度及修补后坑槽的承载能力。

新填补的混合料应高于原路面。坑槽修补时的投料量(或称松铺量)应保证坑槽修补部分经充分压实后,其高度正好与原路面一致。坑槽修补的投料量与坑槽的几何尺寸、修补材料的级配类型、矿料配合比、沥青用量、各组成材料种类及修补后坑槽的预期压实度有关。称量装置称量修补材料后,将其定量投入坑槽并进行摊铺、整平,经充分压实后便可使修补的坑槽的密实度和平整度都能得到保证。

⑤坑槽的压实。

对定量投入坑槽的修补材料进行摊铺、整平后,必须再对修补材料进行充分压实,保证修补材料裹覆沥青的矿料颗粒相互嵌挤,达到一个稳定的密实结构,最终获得一个较佳的空隙率,从而提高修补坑槽的耐水和耐老化性能。目前常用的压实装置主要有小型振动平板夯、小型振动压路机和手扶式振动碾。

对坑槽进行压实时,首先压实坑槽边缘的修补材料,使其填入坑槽中,再压实中间的材料,并连续不断地向边缘移动压实,且每次应重叠压实一定宽度。这种压实方式不仅不会使边缘的材料掉出坑外,而且有助于将坑槽内的修补材料向四周挤压,与原有路面的壁面嵌紧。压实装置的压头最好不要超过坑槽的尺寸,这样有利于增加压实应力,提高压实效果。压实施工时,应尽量在要求的温度范围内将修补材料压实到需要的密实度。

⑥封边修整工作。

为了提高坑槽边缘新旧料接缝的耐水性和黏结强度,需要对接缝进行封边处理。坑槽修补的封边材料与裂缝填缝材料类似,可以采用热沥青、热改性沥青

（用于采用热拌料的永久性修补），也可以采用乳化沥青和改性乳化沥青（用于采用冷拌料的修补）。施工时通过专用的喷洒杆将封边材料均匀、连续地喷洒在新旧料接缝上，再用U形或V形橡胶辊将封边材料碾压成无槽贴封式的结构形式，可以在宽度不变的情况下减少厚度。为了防止封边材料出现轮印或引起溜滑，可以在其上均匀地、薄薄地覆盖一层干净的砂或石屑，对其加以保护。通过铺砂处理，可加快封边材料的凝固，提高路面的抗滑能力。对热拌沥青混合料填补维修的坑槽，应采取自然冷却的办法，待坑槽表面修补材料的温度低于50 ℃后方可开放交通。

冷拌沥青混合料的施工除拌和与热拌沥青混合料不同外，两者其他方面没有太大差别。但是由于冷拌沥青混合料有一个破乳、水分蒸发的过程，填料必须在破乳前完成，压实必须在水分蒸发前完成。开始必须用轻碾碾压，待水分蒸发后再进行补充碾压，而后方能开放交通。

4. 坑槽修补性能及效益分析

坑槽修补的主要花费是材料、人工和设备，另外还有坑槽修补过程中限制交通的花费。选择合理的坑槽修补方法和工艺可以大大地节省养护维修成本，并且可以获得良好的修补性能及较长的使用寿命。坑槽修补中最重要的值是坑槽修复率。路面条件、材料质量、气候条件、人员技术水平和修补以前的性能都可会影响它。为了确定某一给定类型材料的坑槽修复率，路面养护管理机构应该至少掌握一年的资料。这些资料包括检查的坑槽修复的代表值、修复率和每一处破坏的情况，从安装到监控的时间也应该注意。

7.3.2 车辙病害的处理维修

大量的观测调查及理论计算表明，半刚性基层沥青路面面层产生的永久变形量达到车辙总量的90%以上。车辙是沥青路面特有的一种损坏现象，经常发生在沥青路面的两个轮迹带上。车辙是在与时间有关的荷载因素和气候因素共同作用下，轮迹带处逐渐产生凹陷并形成的纵向辙槽。车辙形成的机理前面已经讲过，此处不再赘述。

一般车辙的处理有3种方案。

（1）铣刨方案。铣刨去除辙槽两边隆起的部分，恢复路面的平整度。该方案施工速度快、成本低，但路面结构遭扰动，易受水和车载的作用而出现病害，应用较少。

(2) 填补方案。填补辙槽凹陷部分,恢复平整度,该方案成本较大,但使用效果好。

(3) 以上两种方案的结合,即铣刨去除辙槽两边隆起的部分、填补凹陷部位。

在车辙病害处理中,微表处是常用的两种方案结合的技术。

1. 修复车辙的微表处技术

由于沥青路面车辙病害分布范围广,不同位置处的车辙深度不同,从而需要采取不同的修复方案。如果采用铣刨后重新铺筑表面层的方案,所需人员、设备和材料较多,修补费用大,造价高。而采用微表处修复市政道路沥青路面车辙,可以有效修复的车辙厚度达38 mm,稳定且不易产生塑性变形,可以显著提升路面的使用性能和耐久性,施工简单快捷,开放交通快,与其他处理措施相比成本低廉,是一种可以不用铣刨方案解决车辙问题及其他病害的最有效、最经济的手段之一。

微表处材料是由聚合物改性乳化沥青、100%轧碎石料、矿物填料、水和必要的添加剂组成的,使用专门的施工设备边拌和、边摊铺的一层混合料。微表处起源于20世纪70年代的欧洲,起初用来填补车辙。美国于1980年引进该技术并在全国进行推广。此后,许多国家开始使用这种技术,对交通道路进行表面整修和填补车辙。

2. 车辙病害状况调查

修补市政道路车辙前,应先对原路面进行综合的路况调查,包括原路面的强度、刚度、整体的稳定性、其他病害情况等,一般每20 m测量一个数据并做好记录。不同深度车辙的处理方法是不同的,因此要分别统计车辙深度不超过15 mm、处于15~25 mm、大于25 mm的路段,同时对原路面病害进行统计,如拥包、裂缝、网裂、唧浆、坑槽等,依此确定车辙的维修方案。

我国《公路沥青路面施工技术规范》(JTG F40—2004)规定:单层微表处适用于车辙深度不超过15 mm的情况;超过15 mm的车辙必须分两层摊铺,或先用V形车辙摊铺箱摊铺;深度大于40 mm的车辙,不适宜微表处处理。

3. 微表处材料的选用

所选材料的合适性直接关系到微表处的施工质量和使用效果。因此,应对材料的选用严格把关。材料应该根据具体的气候条件、集料品种、路面情况合理选择,通过室内和现场混合料试验进行配合比设计。

(1) 改性乳化沥青。

改性乳化沥青在微表处中主要起黏结作用,因此改性乳化沥青必须符合国家规定的技术要求。微表处应采用慢裂快凝、聚合物改性阳离子乳化沥青。此外,改性乳化沥青还应符合级配集料的拌和要求,即在拌和摊铺过程中稀浆混合料必须均匀、不破乳、不离析,处于良好的流动状态。

为了改善稀浆混合料的摊铺和易性,增加混合料的黑色光泽度,缩短微表处的初凝及固化时间,施工时可在混合料中加入一定剂量的添加剂。添加剂的品种剂量及添加方式依据室内试验决定。在低温下施工或采用酸性石料时,宜采用阳离子乳化沥青;与水泥石灰共同使用或采用碱性石料时,宜采用阴离子乳化沥青。改性乳化沥青的制备方法应先用改性剂对沥青进行改性,再将改性沥青在乳化机中进行乳化。

(2) 集料。

市政道路微表处混合料包括粗集料、细集料、填料等。粗集料应洁净、干燥、无风化、无杂质,具有足够的强度,耐磨耗。集料应选用具有良好颗粒形状、坚硬、耐磨的碱性或酸性小的集料,一般宜选用密实、表面粗糙的玄武岩。细集料应洁净、干燥、无风化、无杂质,并有适当的颗粒级配,与沥青有很好的黏结能力。施工时宜选用机制砂或轧碎石屑,且保证 0.075 mm 的通过率接近级配曲线的下限。

(3) 混合料试验设计。

用于微表处的材料必须经过仔细的设计以保证各种材料能够结合在一起发挥其使用性能。遵照"一个工程,一套设计"的原则,每个微表处工程都必须根据该工程所在地的原材料情况、气候条件、交通量情况、原路面状况等因素进行配合比设计。

①混合料配合比设计。根据交通量大小,原路况的防水、抗滑、车辙深度及平整度等情况选择符合规定质量要求的各种矿料、填料,通过筛分试验确定混合料的配合比。

②混合料室内试验。根据混合料的室内试验,确定混合料的最佳配合比。

微表处的固化是一个化学反应过程,因此材料的选择和混合料的设计极为重要。通常情况下,混合料的设计过程可以建立一个聚合物改性乳化沥青、填料与矿质集料之间用量的一定函数关系。通过现场调整用水量、矿料用量以及添加剂用量就可以控制乳化沥青的破乳时间,从而确定开放交通的时间,具体情况也可以根据温度、湿度以及路面构造适当调整。

4. 微表处修复车辙的施工

微表处施工前,应确保路面干燥洁净,并且已经完成了所有必要的修复和重建工作。微表处施工的天气条件:地表温度大于 10 ℃,气温高于 7 ℃并持续上升时可以施工;24 h 内如果有霜冻的可能性应避免施工;雨后路面积水未干或积水清除前不可施工;若施工养护成型期内可能降雨,也应避免施工。微表处修复沥青路面的施工工艺包括路面预处理、施工准备、车辙修补、接缝处理、早期养护与开放交通。微表处施工所用的设备有铣刨机、运输车、拉毛机、清扫车、稀浆封层车、宽度可调摊铺槽、专用 V 型摊铺机、压路机等。

(1) 路面预处理。

在微表处之前,必须对原路面不同程度的车辙病害进行处理。对于中、小车辙,可划定修补范围,用拉毛机对划定部位进行拉毛后再做微表处修复;对于较大的车辙,可采用填充或铣刨等方法对车辙部位进行处理,再进行微表处,具体方法见前述。值得注意的是,在进行填充或微表处前,需要在原路面上喷洒乳化沥青黏层油,所用的黏层油为同一种离子类型的乳化沥青,沥青含量不低于50%。无论采用何种修补方法,都要清除原路面上的所有杂物、泥块、尘土及松散粒料,确保路面清洁。

(2) 施工准备。

施工前应检查稀浆车的发动机、传动系统、液压泵、乳液泵、乳化沥青管道等是否保持良好的工作状态,根据室内试验确定的混合料设计配合比,对矿料、填料、乳化沥青、水等各种材料的用量进行单位输出量的标定,同时备齐其他现场需用的设备,包括清扫设备、压实设备、运输设备以及其他辅助设备。

(3) 车辙修补。

根据车辙调查的数据和已有的路面资料,将车辙分为轻度车辙、中度车辙、重度车辙和超限车辙,并根据车辙的不同类型采取相应的修复措施。

①轻度车辙的修补。

可采用单层微表处修复轻度车辙。为了增大原路面与微表处的接触面积,提高稀浆层与原路面的修补效果,可用拉毛机对车辙及其外围 20 cm 范围内的路面进行拉毛处理,然后对车道全宽范围内的路面进行微表处。待混合料初凝后,用 6~8 t 胶轮压路机碾压。碾压应从修补层的边缘开始,逐渐向中间进行,且每次需搭接1/2左右的碾压轮宽。

②中度车辙的修补。

中度车辙的修补方法与轻度车辙的处理方法基本相同,但由于中度车辙的深度更大,因此在微表处之前必须先进行找平,且找平层的厚度要略小于车辙的深度。找平层施工所选用的集料要粗些,并且施工时应先对原路面进行拉毛处理,并在车辙的起点和终点处,预先横铺上铁板或建筑用纸等避免污染,其长度宜为1~1.5 m,宽度略大于摊铺宽度。在起洒点前20 cm处,摆放好V形摊铺槽,对车辙进行找平直至终点。需要特别强调的是,施工时要等到找平层固化成型后再进行微表处。

上层微表处的施工按照正常的微表处施工即可,并且在摊铺时,应使摊铺车匀速前进,并使每幅的线形顺直、平滑,摊铺厚度均匀,无离析,无超厚、超薄等现象,微表处的两侧边缘要落在标线的中线处。

③重度车辙的修补。

应先确定铣刨的面积和深度。一般情况下铣刨面积为一个车道内车辙辙槽区域稍微外延的区域,铣刨深度为铲除高于原路面的凸起部分后再铣刨10 mm。铣刨施工完成后选用摊铺宽度与车辙同宽的V形摊铺槽对车辙凹陷部位及铣刨部位进行填充及找平,填充料高程为铣刨后路面的高程。待填充料初凝后用轻型压路机进行碾压,等压实后的填充料固化成型,再对一个车道全宽范围内进行微表处。

④超限车辙的修补。

对于超限车辙,首先对超高部位进行铣刨,铣刨前要对路面进行横断测量,通过测点高程确定修补面积、铣刨面积和铣刨深度。一般铣刨的深度为30~40 mm。确定修补面后,为保证坑槽壁垂直、槽边整齐,应使用切割机将边线切齐,再对未铣刨的路面进行拉毛,拉毛痕迹深度为3~5 mm,并清除残渣。通常采用热拌改性沥青混合料和专用小型摊铺机对车辙铣刨部位进行填充式摊铺。摊铺前,应准确计算热拌混合料的松铺系数,以确保微表处材料的摊铺厚度。车辙处的填充料经压实成型后,再对一个车道的全宽范围加铺一层微表处。需要注意的是,所有经处理过的路段都需喷洒乳化沥青黏层油后,再进行热拌沥青混合料微表处的摊铺作业。

(4)接缝处理。

修补车辙时会产生很多横、纵接缝,包括找平层的接缝、热拌混合料的接缝及微表处的接缝。对于热拌沥青混合料的接缝,其处理方法与沥青混凝土路面施工相同,下面仅就找平层及微表处的接缝处理方法做简单说明,但无论用什么方法均要保证周围接槎处碾压密实。

① 横缝的处理。

横缝是垂直于摊铺方向的缝,横缝过多、过密会影响外观和平整度。在车辙处理时,应先划定修补范围。一般修补范围为车辙纵向外延 10~15 cm,横向边界为该车辙所在的车道两边的标线。当施工时,在距车辙起、终点 10~15 cm 处及每段接槎处平铺铁板或建筑油毡纸等,其纵向长度宜为 1~1.5 m,横向宽度要比摊铺宽度略宽些。当一幅施工结束后,可立即移走铁板或油毡纸并放置在下一幅的起、终点处。同时,用橡胶刮板或钢刮板沿施工方向把微表处材料向施工面进行推移,推移过程中,应适度用力,使得接缝处的微表处材料能够均匀地分摊到定宽度范围内,以消除横缝的棱角。

② 纵缝的处理。

纵缝是指与摊铺方向平行的缝。纵缝是影响封层总体外观的重要因素,因此纵缝的处理非常关键。微表处的纵向接缝宜做成搭接形式,由于微表处材料较稀,本身流动性很好,混合料的边缘处不像热拌料那样成一立面,而是有一定的坡角。当第一幅施工完毕时,该微表处边缘部位应预留 50 cm 不碾压,在第二幅施工时,使第二幅摊铺槽角正好与第一幅料层的坡角搭接,待第二幅摊铺完毕后,连同预留的微表处一道进行碾压。碾压前要用橡胶刮板或钢刮板将高出微表处的混合料推移开来。在市政道路上应尽量减少纵缝的搭接宽度,并尽可能将重叠的位置安排在标线处。

(5) 早期养护与开放交通。

在填充料及微表处施工完成且没有固化成型前,应禁止车辆通行,以免出现新的病害。当混合料黏结力达到 200 N·cm 时,可限速开放交通,车速一般控制在 30 km/h 以下。

5. 微表处处理效益分析

采用微表处对车辙进行处理,不但施工简单,其综合效益也相当可观。稀浆微表处的直接工程费用比采用传统的铣刨掉原路面再加铺约 3 cm 厚的热拌沥青混合料罩面的方法要低 1/2 以上,而且施工速度快,连续式封层车正常情况下每台班可铺筑约 11 km 长的标准车道。另外,除有严重车辙的车道需要铣刨外,其他程度的车辙均无须铣刨,只需拉毛,经表面处理后即可现场进行微表处修补,且修补后成型快,封闭交通时间短,施工季节长。由于微表处施工通常选用快凝型乳化剂，在摊铺完成1 h左右后即可开放交通，而且固化速度和强度增长速度要好于稀浆封层。

微表处施工时的另一个优点是只需限制一个车道的交通，其他车道可正常通车。这种修复方式在迅速改善路面路用性能的同时，也保证了市政道路上车辆的正常通行，充分体现市政道路"高效、良好"的社会服务水平。同时，微表处是在常温下作业，可以降低能耗，不释放有毒物质，符合环保要求。通过对以往微表处处理车辙的试验路段检测，可以发现微表处后新路面的摩擦系数和宏观构造度大大提高，路面的抗滑性能得到了极大的改善，路面外观平整、美观、无裂缝，达到了预期的使用效果。微表处修复车辙的寿命长短取决于进行微表处修复前的原路面状况。根据国外使用经验，微表处的寿命在重交通作用下可以达到7年以上，若是轻交通则寿命会更长。

在路基及基层稳定的前提下，修补车辙至少可以延长公路一年的使用寿命。影响微表处效果的其他因素还包括交通荷载、环境因素、原路面状况、材料质量、混合料设计及施工质量。需要注意的是，当原路面出现中等或大量裂缝时，应避免使用微表处。

7.3.3　裂缝病害的处理维修

裂缝是路面常见的病害，一直是困扰世界各国路面设计和养护工程师的难题。路面开裂是不可避免的，如果忽略了加速裂缝和坑槽恶化的因素，将导致路面进一步遭到破坏，从而降低路面的使用性能。养护部门负责处理路面裂缝，充足的资金是其预防或日常性养护措施的保证，这样可以延缓路面裂缝进一步恶化，增加路面的服务寿命。

目前有很多裂缝处理方法，主要有表面养护（如填缝、灌缝、微表处等）和路面翻新（如路面重铺）。裂缝处理包括对有关裂缝进行清理，然后采用合适的填缝材料进行填缝。路面裂缝修复的作用可以概括为以下几点。

①减缓裂缝扩展和混合料受到侵蚀，减少水对基层材料的影响，同时保护邻近路面等。

②恢复路面应有的表面功能，改善行车的平顺性和舒适性。

③加强裂缝两侧路面材料间的黏结强度，恢复裂缝处路面材料间传递力的功能，恢复路面局部强度和承载能力。

④清除裂缝处松散、破损材料后进行填缝修补，弥补原有沥青路面材料的强度不足。

⑤对旧路面裂缝的填缝修补,可防止上面的沥青加铺层出现反射裂缝。

总的来说,裂缝处理目的主要有以下几个方面:保护路面基础设施;减缓路面损坏速度;恢复路面使用功能;延长路面使用寿命。

对裂缝进行处理的情况主要包括:出现裂缝的新路面,时间不超过 2 年的加铺层,在雨季或对路面进行处理之前宽度超过 6 mm 的裂缝。裂缝修复施工需要考虑的因素包括气候条件、公路等级、交通量、裂缝特征和密度、材料、裂缝修复结构形式、修复方法、设备和施工安全等。

1. 裂缝病害状况调查

(1) 裂缝密度。

裂缝密度亦称裂缝频率或裂缝线密度,用于评价给定长度的路面横向裂缝的发生程度,即指垂直裂缝走向单位长度内的裂缝条数。裂缝的密度可按每 100 m 长路面计算或按裂缝间距划分。

(2) 边缘损坏程度。

边缘损坏程度用于评价裂缝缝边损坏情况。

(3) 维修方案选择。

沥青路面裂缝填缝主要是处理纵向裂缝、横向裂缝、块状裂缝以及反射裂缝等较规则的线状裂缝,而对于局部网裂、龟裂和滑移裂缝,则必须采取坑槽修补的方法进行处理。

对路面加铺前需对裂缝进行有效处理,防止加铺层出现反射裂缝;对于大修工程的局部路段,当路面强度和承载力足够时,可仅对裂缝进行填缝修补,恢复路面的整体性和连续性,防止水分下渗。开裂后的路面养护措施取决于裂缝的密度和开裂程度。如果裂缝已经钝化或裂缝边缘已损坏,甚至达到了高度破坏,那么这类路面最好采取石屑封层或稀浆封层等措施;如果裂缝处于轻度至中度损坏状态,并开始向边缘损坏发展,裂缝宜采取修补措施。

在裂缝处理调查过程中,如果发现裂缝处伴有其他形式的损坏,如沉陷、边缘损坏、错台等更易引发路面损坏的情况,或在荷载作用下弯沉显著增大的情况,那么这类路面可采取修补或铣刨等维修措施;但如果弯沉很大或损坏很严重,为了临时服务交通,可仅对裂缝进行临时性处理。

2. 裂缝修复材料

裂缝修复必须结合裂缝特征(宽度、密度等)、环境温度、施工条件、服务寿命、成本效益和修复材料性能等条件,合理地选择填缝材料。选择裂缝修复材料的第一步是确定材料的特性,即所选择的材料必须易于施工且能达到预期的性能要求。裂缝中的填缝材料在使用过程中长期暴露在大气中,在热、氧气、阳光、水和荷载等因素的综合作用下,需要具备的性能如下:①准备时间短、养护时间短;②施工和易性好;③黏附性好、黏聚性高;④抗软化和流动性好;⑤柔软并具有弹性;⑥耐磨、抗老化、抗气候影响等。

裂缝修复材料主要分为高温热塑性材料、常温热塑性材料、化学处理热凝材料3类。高温热塑材料包括热沥青、橡胶沥青、纤维沥青等,主要用于填缝。常温热塑材料包括乳化沥青、改性乳化沥青,主要用于灌缝。化学处理热凝材料,主要是自动找平硅酮材料,常用于填缝,尤其是桥梁接缝填缝。

根据沥青路面裂缝修复材料的性能要求,常用的材料包括热沥青、乳化沥青、改性沥青等。下面对它们进行具体介绍。

(1) 热沥青。

普通基质沥青具有较好的黏结性能和极佳的耐水性能,通常将其加热至140~160 ℃制成热沥青,便可获得很好的流动性和浸润性。同时,热沥青在各种裂缝填缝材料中成本最低,质量最为稳定,施工人员对热沥青的制备及使用经验也最为丰富。因此,热沥青完全可以作为裂缝填缝材料使用。

许多情况下,热沥青作为裂缝填缝材料是一种较佳的选择。但是,对修补裂缝破损的填缝材料的要求通常较高,而一般沥青结合料柔韧性较差、感温性较大,不太适合填缝修补有较大水平位移的裂缝。同时,为了提高热沥青修补裂缝的质量,热沥青必须选用性能较好且符合《重交通道路石油沥青》(GB/T 15180—2010)技术要求的道路石油沥青,并根据施工地区的气候特点,选择不同标号的沥青材料。

(2) 乳化沥青。

乳化沥青主要是由沥青、乳化剂、稳定剂和水等成分组成。乳化沥青按乳液与石料接触后分解破乳恢复沥青的速度,可分为快裂型、中裂型和慢裂型3种乳化沥青。一般情况下,为了减少修补裂缝时中断交通的时间,人们大多采用快裂型乳化沥青作为填缝材料。根据沥青表面电荷的正负,乳化沥青又可分为阳离子乳化沥青和阴离子乳化沥青。当裂缝壁面材料为酸性石料,以及裂缝壁面处于潮湿状态或在低温下施工时,可选用表面带正电荷的阳离子乳化沥青作为填缝材料;而当裂缝壁面材料为碱性石料,以及裂缝壁面处于干燥状态时,宜选择表面带负电荷的阴离子乳化沥青作为填缝材料。

(3) 改性沥青。

从广义上讲,改性沥青是通过在基质沥青中加入橡胶、树脂、高分子聚合物、磨细的橡胶粉或其他填料等外加剂(改性剂),或采取对沥青轻度氧化加工等措施,使沥青性能得以改善而制成的沥青结合料。沥青改性剂的品种很多,目前常用的改性沥青多是以高分子聚合物为改性剂制备的。改性沥青作为裂缝填缝材料,可以大幅提高裂缝填缝修补的效果,并满足多种特殊工况的要求。

3. 裂缝处理

(1) 修复时机选择。

在选择材料和施工工序时应充分考虑气候条件。高温的气候条件下不用考虑较软的材料或者抗裂的材料,可以选择较硬的材料;而在低温气候条件下,就应该选择具有良好弹性的材料。施工的时间最好在温度大于零度,路面水分最少,裂缝张开至一半宽的时候。春季路面水分太多、夏季气温较高、裂缝宽度太小,冬天气温变化大、水分多、裂缝太宽,这些季节不是裂缝修复的最佳时机。而秋天气温适宜、雨水最少、裂缝宽度适中,是最适宜修复裂缝的季节。

(2) 裂缝修复方法。

针对不同种类及不同程度的裂缝,选择合理、正确的修复方法会使填缝裂缝的寿命得到延长。为了获得更好的裂缝填缝效果,应根据施工的实际要求和条件来确定裂缝修复工艺。裂缝修复的施工过程中必须遵循严格的填缝工艺。填缝和灌缝是目前养护部门较常用的两种方法,是日常性养护的基础,过去这两种方法通常用于预防性养护。及时合理地进行填缝与灌缝,才能降低养护成本,延长路面使用寿命。

裂缝宽度和间距是决定采用填缝工艺还是灌缝工艺的基本依据。一般宽度小于 76 mm,沿路面分布较一致且边缘损坏轻度的裂缝,可采用填缝或灌缝的方法。同时为了有效地密封裂缝,切割机或钻槽机刀片的宽度必须能接触到裂缝两侧边缘。宽度大于 102 mm 且分布较密的裂缝,就不能采用密封的方法,因为裂缝太宽,切割机和钻槽机刀片不能接触到裂缝两侧边缘,另外裂缝数量过多将导致修复工作繁杂且效果较差。因此,对于这种裂缝可采用全深或部分深裂缝修补的方法。

根据裂缝的形式和程度,裂缝修复的具体方法可分为填缝(清理并填缝、锯缝并填缝、开槽并填缝)、灌缝、全深或部分深裂缝处理等。

①填缝。

填缝是一种局部处理方式,可以用于各种裂缝形式的修补。填缝的主要目的是减少或防止水和硬质杂物侵入路面结构内部破坏基层,同时还可防止路面膨胀和收缩。水分的渗入将削弱路面的结构层强度,是路面损坏的重要原因,因此沥青路面的裂缝密封后能预防水分渗入路面结构层。与未密封的路面相比,裂缝密封后的道路损坏迹象将会减少。填缝一般适用于宽度小于 76 mm 的裂缝。填缝可以通过 3 种途径实现:清理并填缝、锯缝并填缝、开槽并填缝。

a. 清理并填缝。

裂缝处理前清理缝内杂物并吹干裂缝内水分,再使用填缝材料填缝。这种方法适用于基层具有良好的横断面和侧向支撑,路面损坏且无或伴随有少量微小的纵向、横向裂缝,或表面无松散的裂缝的情况。通常,在裂缝较小时进行修补比较经济。填缝材料在硬化之前需要控制交通或更改行车路线,如果裂缝密封后要求尽快开放交通,应使用细砂或纸张覆盖在填缝材料表面,避免填缝材料被车轮带起。如果填缝合理,所修复的路面至少可以使用 3 年才会发生填缝材料剥落现象。填缝材料不能长期防止水和硬质杂物侵入路面结构层,但却能减少水分渗透和延长路面使用寿命。对裂缝修复后的路面,在裂缝超过使用寿命后还可重复使用这种方法进行修复。

填缝材料用量应合理控制,用量过多会降低路面的抗滑性能,同时在修补施工时应确保裂缝处干燥,因为水分会影响填缝材料与裂缝缝壁的黏结性。采用清理并填缝工艺修复裂缝的成本取决于工程的大小。

b. 锯缝并填缝。

这种密封方式能减少或防止水和硬质杂物侵入路面结构,损坏基层材料,控制路面温度变化引起的膨胀和收缩裂缝。锯缝并填缝工艺一般用于新铺的沥青路面。修复方法是使用路面锯缝机沿新铺路面以一定间距锯出横缝,然后用填缝材料密封。锯缝的尺寸由缝宽与缝深的比值来确定。宽深比越大,填缝材料承受路面收缩膨胀的应力就越小。

施工时将填缝材料喷撒于路面,整平后在裂缝边缘额外预留些填缝材料,使填缝材料能更好地黏附于路面或锯缝边缘,但应考虑非机动车的行驶。需要注意:在弯道处密封纵向裂缝会使车轮经过缝边的填缝材料时打滑,从而造成危险。裂缝修复施工中需更改交通路线直到填缝材料完全结合。如果裂缝密封后需尽快开放交通,则应使用细砂或纸张覆盖在密封剂表面,避免密封剂被车轮带起。

c. 开槽并填缝。

这种方法是利用路用切割机或凿缝机在现有裂缝中央开槽然后使用填缝材料填缝。它能减少或防止水和硬质杂物侵入路面结构破坏基层材料,同时控制路面的收缩与膨胀。这种密封技术适用于横向和纵向裂缝,在气温适宜时(如春季和秋季)使用,另外在路面使用前期采用这种技术的效果最好。如果裂缝破损严重且较宽则不能采用填缝的方法,此时维修应采用灌缝,如稀浆灌缝或铣刨并灌缝。

② 灌缝。

需要注意灌缝与填缝不能混淆,二者的主要区别在于处理前的准备工作和所采用的裂缝修复材料类型不同。灌缝准备工作很简单,利用压缩气体吹走缝内松散杂物。特殊情况下,灌缝前需使用热风枪清理并干燥裂缝。灌缝使用的材料较填缝材料便宜,可以使用橡胶粉、乳化沥青,也可利用微表处材料和稀浆灌缝。相反,填缝使用的是昂贵的改性聚合物填缝材料,但其性能非常好。高性能的改性聚合物填缝材料需要洁净干燥的裂缝表面,才能很好地附着于裂缝缝壁。而灌缝由于准备工作简单,裂缝边缘粗糙,性能较差。而橡胶粉材料黏性好,对裂缝清洁度敏感度低,能很好地黏附于裂缝缝壁上。但在低温条件下,橡胶粉材料比聚合物密封剂脆,当路面收缩时不能足够伸展。所以,灌缝材料没有填缝材料耐用,但对于路面破损严重、裂缝较宽的旧路,选择灌缝更好。

灌缝时可以考虑耐久性较好的材料,从而减少重复灌缝次数。填缝主要用于具有较窄裂缝的新铺路面,灌缝则常用于路面破损较严重、裂缝较宽且多为不规则裂缝的路面,这种路面的裂缝宽度大于 101 mm。灌缝不能防止水分渗入路面,但能覆盖裂缝边缘防止氧化。多数情况下,灌缝可以在一年之内任何时间施工,但比较好的灌缝季节应是凉爽的季节(如春季和秋季)。这主要是由于这个季节的温度在 7~20 ℃,裂缝基本全部张开,施工时可以保证裂缝内充分灌足灌缝料。和填缝一样,非工作裂缝发展到中等程度时就应该进行预防性的灌缝处理。灌缝的成本取决于准备工作、灌缝材料类型和工程大小。

③ 全深或部分深裂缝处理。

这种方法是在路面过度磨损以致不能使用填缝和灌缝时的一种处理工艺。具体方法为沿裂缝槽内铣刨,然后用热拌沥青混合料填缝并压实至目标压实度。修补后的裂缝随时都可能出现新裂缝,因此当再次出现裂缝时应及时处理,以免耽误最佳处理时机而造成基层材料支撑能力降低和再次发生裂缝。采用全深/部分深裂缝处理方法可以修复伴随有新生裂缝的路面裂缝。

当需要修复基层路面材料时,应使用全深裂缝处理方法。当路面裂缝比较严重但面层以下部分状况较好时,可以考虑采用部分深(宽且浅)裂缝处理方法。当路面性能衰减极为严重,裂缝处的沥青混合料出现明显的剥落并且路面病害延伸至沥青层底部时,可以考虑采用全深(窄且深)裂缝处理方法。当路面状况较好时,铣刨深度为13~25 mm;当路面性能退化比较严重时,一般采用全深式铣刨,铣刨的深度通常为6~13 mm。在确定铣刨区域的形状时,必须确保开挖面积足够宽,以保证良好的压实度,但在全深式裂缝修复的开挖区域内则难以达到设计的压实度。这种施工工艺需要一定数量的材料,包括用于黏结料的乳化沥青以及热拌沥青混合料,因此就需要较多的施工机具。施工机具包括铣刨机、储料罐、混合料运输车、压路机等。此外,与其他施工方法相比,上述施工过程还需要较多的人员,因此时间成本和人工成本更高。

但是,如果路面裂缝情况严重,铣刨灌缝将是唯一可行的裂缝处理方法。这种工艺对施工季节的限制与热拌沥青混合料的限制要求相同,混合料在压实后方可开放交通。采用铣刨灌缝技术修补的裂缝,其使用寿命主要取决于压实后的密度。若密度不足则路面会在交通荷载作用下发生推移,缩短使用寿命;若混合料设计不良,路面潮湿同样会缩短其使用寿命。但如果设计合理,施工正确,则铣刨灌缝修补的裂缝的使用寿命可以高达5年。

另外,开挖的宽度限制了要求达到的压实度,因此需要开挖合适的面积,采用压路机碾压基层和沥青混合料。需要注意的是,所铣刨处理的裂缝必须干燥。如果要在原有路面上铺筑新的沥青混合料面层,那么需要在铺筑新面层前将原有面层铣刨。铣刨灌缝的成本取决于开挖填补的宽度和深度。

(3) 裂缝修复工艺。

结合国内外现有的裂缝修复工艺,按永久性(即耐久性)修补要求,将裂缝修复的主要施工工艺过程分为以下5步。

① 裂缝的开槽。

对于较宽的成熟裂缝(缝宽大于或等于6 mm),需将破损裂缝开槽后修补。裂缝凹槽通常可采用专用的开槽机或混凝土切割机沿裂缝开凿一条规则均匀的矩形槽。开槽应确保对路面破损小,开槽的目的是将裂缝中的松散碎屑、旧料、杂物切削出去,露出一个坚实的、整齐的裂缝壁面,使填缝材料能够顺利地填入裂缝底部,增大填缝材料与裂缝壁面间的接触面积,提高其黏结性能,延长填缝裂缝的寿命。另外,开槽还可以为正在开裂和即将合拢的裂缝提供充足的空间,使填入裂缝中的填缝材料免于受到过分的拉、压应力的作用及交通荷载对其的破坏。特别是对于那些可能由于气温变化而产生较大水平位移的裂缝(主要是针对横向裂缝),必须进行开槽填缝修补,以适应因水平位移而使填缝材料受到的应力。

开槽可以采用垂直刀轴开槽机、转动冲击开槽机、金刚石刀片开槽机:垂直刀轴开槽机引起破损小,但速度较慢,为 0.5~1.0 m/min;转动冲击开槽机造成的破损大,但速度快,为 3.5~4.5 m/min;金刚石刀片开槽机,速度适中,一般为 1.0~2.5 m/min。金刚石刀片的直径为 152~203 mm,可以沿着裂缝边缘准确切割。用它切割裂缝,可以提供一个规则的壁面平滑的矩形沟槽,而且与集料接触的表面面积更大。

通常大多数裂缝的走向都不太规则,因此开槽时应尽可能开在裂缝中央,不能走偏,同时尽可能减小对周围路面材料的破坏。开槽尺寸应以裂缝宽度和破损严重程度为依据,开槽宽度至少应达到将裂缝破损的松散壁面材料切削掉,露出坚实的部分的程度,然后再确定一个恰当的开槽宽深比(槽宽/槽深),即槽的形状系数。槽的宽深比宜取大一些,通常取的值有 1(如 19 mm×19 mm 方槽)和 4(如 40 mm×10 mm 浅槽)。

裂缝修复如果存在以下情况,可以不开槽填缝。

a. 较细的微缝和未成熟的裂缝(缝宽小于 6 mm),随着气温的变化,还有合拢的可能,因此再开槽填缝就不太合理,也不经济。

b. 对于无水平位移或较小水平位移的裂缝,或纵向裂缝的填缝修补,考虑节约成本和开槽时间等因素,亦可以不开槽。

c. 如果对裂缝填缝是为了应急,或填缝施工环境条件非常恶劣,或按永久性修补工艺过于耗时或无法实施,可考虑采取应急性(即临时性)修补工艺,即直接采用适于应急修补的材料(改性乳化沥青)对破损裂缝进行填缝修补。

②裂缝的清理和干燥。

为保证填缝裂缝的有效性和耐久性,需对裂缝(或凹槽)进行彻底清洁和干燥。裂缝不论是开过槽还是未开过槽,其中或多或少都有一些水分、灰尘、碎屑和杂物。未清洁和潮湿的裂缝壁面会导致与填缝材料的黏附性下降,易造成填缝材料脱出而使填缝裂缝失效。裂缝的清理和干燥工作在整个施工工艺过程中非常重要。

清缝的方法一般有压缩空气吹、喷砂处理,钢丝刷扫或高压水喷等方法。其中较为有效、简单的方法有高压空气和热空气吹扫两种,常用于开槽后裂缝壁面的清洁和干燥。

高压空气吹扫可以有效地吹走缝中的灰尘、碎屑、杂物和少量水分。吹扫裂缝的压缩空气的压力一般为 0.6 MPa，风量为 4～5 m³/min。同时，这种方法还可将裂缝附近（距裂缝左右 15 cm 范围）的路面吹扫干净，并用带导向的防护罩，防止被吹散的材料飞溅到旁边车道上。

高压空气吹扫清缝的方式适合裂缝处在干燥状态、气温较高等较理想的施工条件下的裂缝的清理和干燥，而不适合裂缝处于潮湿状态、气温较低等较恶劣的施工条件下裂缝的清理和干燥。

热空气吹扫方式是用温度较高的压缩空气吹扫裂缝，它可以有效地吹净裂缝中的灰尘、碎屑和杂物，而且还能使裂缝内的潮气、水分蒸发，达到完全干燥。同时还可进一步地加热裂缝壁面材料至较高的温度，甚至可使被加热壁面材料至黏性的状态。这时再进行裂缝填缝修补，不仅可以大大地提高填缝材料与裂缝壁面材料的黏结效果，而且有助于保持填缝材料自身良好的黏结性。

热空气吹扫是一种较佳的清缝方式，不论是在较理想施工条件还是在较恶劣施工条件下都能实现对裂缝的清理。另外，这种方式还能对潮湿裂缝进行彻底清洁、干燥，并使裂缝壁面材料具有适当的施工温度，可极大地提高裂缝的填缝效果。

③填缝材料的准备。

在对裂缝进行填缝修补前，必须事先将所选用的填缝材料，根据其使用方法和填装的要求准备好，每一种填缝材料都需要某种特定的备料方式，通常填缝材料都事先装在储料罐中。对于乳化沥青，有时为了防止在存放期间出现分解破乳，可在储料罐中安装搅拌装置。对于非改性沥青（如热沥青），一般可不对材料进行搅拌，但对于聚合物改性沥青和纤维改性沥青，则必须进行搅拌、加热，使改性沥青填缝材料保持均匀和温度一致。一般对填缝材料的加热、升温，都是用丙烷或柴油先加热导热油，再通过导热油循环间接对填缝材料加热，直至填缝材料加热升温到推荐的使用温度，使其具有一定的流动性，但应确保不能过热。不同填缝材料推荐的使用温度是不同的，一般热沥青为 140～160 ℃，改性沥青为 180～200 ℃，而乳化沥青则为 50～65 ℃。

④裂缝填缝。

填缝材料准备好后，便可对裂缝进行填缝。为了确保裂缝凹槽处在清洁和干燥状态，填缝施工应紧跟上一步工艺（即裂缝的清理和干燥）进行，尽可能缩短清缝与填料的时间间隔，减少裂缝被再次污染的可能。

填缝与灌缝材料灌入裂缝内的形式有很多，一般可以归纳为平齐式、开槽式、贴封式以及组合式4种类型,其他裂缝修复结构形式都是由这4种填充方式组合而成的。

a. 平齐式:一般在不用处理裂缝的情况下,直接将填缝材料浇入裂缝,并把多余的材料刮去,保持与路面齐平。

b. 开槽式:在裂缝上部锯槽,把裂缝处理材料浇入槽内,填料应填满或稍微低于路面。一般锯槽的宽度为12~19 mm,深度为12~25 mm。

c. 贴封式:将填料注入裂缝内直到填满,然后用橡胶滚轴将超出的材料滚压成条带状,如果超出的材料不进行碾压,则称为帽封式。

d. 组合式(开槽式和贴封式):将填缝材料浇入已开槽的裂缝并溢出路面,然后用橡胶滚轴将超出的材料碾压为条带状,形成的条带关于裂缝对称,一般带宽为75~125 mm,厚3~5 mm。

几乎所有的填缝和灌缝作业都是将填料直接填入裂缝或槽中,然而有时会在填料填入裂缝之前,将黏合分隔材料(如聚乙烯嵌缝条)安置在工作裂缝凹槽底部,嵌缝条与凹槽三面相黏结形成整体,从而在填料填入凹槽时阻止填料流入槽底缝中,这样可提高填缝性能。填料的形状(尤其开槽式)会影响填缝性能。裂缝处理和设计常会用到一种形状参数,其定义为裂缝开槽宽度和深度的比值,即宽深比。一般形状参数单独由切缝作业来控制(例如开槽深度和宽度),然而形状参数不仅受切缝作业影响,还受嵌缝条埋入深度的影响。不管是直接的还是结合的嵌缝条填充,目前推荐橡胶沥青填料的形状参数为1,而硅胶填料的形状参数为2。一般来说,较小的形状参数(窄而深的开槽)会造成填料黏附力损失,而大的形状参数(宽而浅的开槽)则会增加黏附性。嵌缝条的应用需考虑以下2个因素:应用嵌缝条的成本是否低于直接填料时的成本;其性能是否比直接填料时的性能有所提高。

工作裂缝一般比较平直(比如反射裂缝),并且边缘损坏非常轻。建议热施工的橡胶改性沥青填料直接填入缝内,使用嵌缝条也不会增加太多的费用;以硅树脂为填料时,应使用嵌缝条。对于一些弯曲的裂缝,开槽机操作时很难把握,这样会导致一部分裂缝遗漏。

填装填缝材料时,首先将储料罐中存放的填缝材料,通过泵吸或气压的方式,将其吸出储料罐,然后通过专用的填缝材料喷洒杆适量地填装入裂缝中或裂缝上,形成所预期的填缝结构形式。同时,要求整条裂缝的填缝材料填装结构形式一致、均匀,并应从底部向上填装,避免出现气泡而影响修补质量。裂缝填缝时应连续不断,确保填缝材料充满裂缝凹槽。若填缝材料凹陷进裂缝中或用量不够,应重新填些料进去。对于裂缝填缝结构形式,推荐采用贴封式。在裂缝填缝过程中,应注意始终保持路面的清洁,减少碎屑、杂物进入裂缝,避免出现填装质量问题。

⑤封边修整工作。

为将裂缝的填缝形式做成贴封式,即紧贴裂缝的上方摊成约 3 mm 的带形,还需要一种专用的 U 形或 V 形橡胶辊对填缝材料做最后的成型。这一步成型工艺,可以将部分溢出裂缝的填缝材料压入裂缝中,还可擦去表面除成型所需材料外多余的材料。

填缝材料填装和成型完成后,为了保护未凝固的裂缝填缝材料,防止其出现轮印或溜滑问题,应立即使用吸收材料,使它们黏到填缝材料表面,作为填缝材料上面暂时的覆盖物。特别是乳化沥青或改性乳性沥青作为填缝材料时,若破乳固化时间较长,那么为了缩短开放交通的时间,这一步工艺就更为重要了。吸收材料通常采用筛好的干净细砂或石屑,施工时将其均匀地铺在裂缝填缝材料上,形成薄的覆盖层,从而吸收多余的填缝材料。吸收材料可以有效防止轮印,并增加路面的抗滑能力。待填缝材料冷却凝固后,扫去多余的细砂或石屑,最后恢复交通。

4. 裂缝修复效益及性能评估

整个裂缝修复过程的成本效益都受材料、人力、设备等费用的影响,不同材料和工艺的组合将产生不同的成本效益。因此,选择合理的裂缝修复方法以及工艺可以获得最好的效益和修复性能。裂缝处理的性能评估具有很强的操作性,一般 1~2 h 就能完成,且准确性很高。一年应至少进行一次裂缝处理的性能评估,绘制裂缝处理的失败比例图,并制订后面的养护计划。一般在冬季进行性能评估效率最高,因为在冬季裂缝受低温影响一般都是裂开的。一般选大约 152 m 的路段为试验路段,进行路面裂缝的最初调查,在调查过程中需要目测抽样部分裂缝中的填料是否具备防渗能力。

7.3.4 局部缺陷的处理维修

路面局部缺陷主要出现在路面材料空隙率较大、压实度不足、级配不恰当等承载能力弱和耐水性差的局部较薄弱地方,或者出现在车流量较大或重载、超载、车辆较多的路段,表现为泛油、磨光、推移、拥包、麻面、骨料外露、剥落、松散、沉陷等局部病害。沥青路面表面层出现的局部损害若不及时修补,这些局部损害在水和车辆冲击荷载作用下,则会加速路面破损的进一步扩展。若积水渗入路面基层,则会使基层材料软化,使路面的整体承载能力大幅下降,从而导致沥青路面出现严重的结构性破损。通过对沥青路面进行局部处理,可以避免沥青路面产生更严重的破损。同时,对沥青路面进行及时修补可以恢复路面原有的平整度,增强行车的平顺性、舒适性以及安全性。

1. 泛油、磨光

(1) 泛油。

泛油主要是指沥青层中的沥青向上迁移,溢出路面,在路面上形成有光泽的沥青膜的现象,通常在路面还会出现车轮轨迹。一般产生这种病害的原因是沥青含量过多、混合料空隙太小、混合料高温稳定性差或油石比不当。

绝大多数情况下,泛油仅发生在行车道上,而且是间断式的片状分布。新建沥青路面常在通车后的第一个高温季节,特别是连续多天高温后,在行车道的轮迹带范围内发生泛油,使行车道上产生两条黑色发亮的连续的或间断的带。泛油是一个不可逆过程,并不能随着温度的降低而恢复到原有状态。随着高温天气延续或到第二个高温季节,泛油还可能继续发展,逐渐扩大成片状,甚至布满整个行车道。泛油的严重程度根据具体情况可分为轻度、中度、重度。

①轻度:沥青过多使部分路面与其他路面比起来颜色较深。

②中度:由于沥青过多泛出,路面构造深度降低,表面失去纹理。

③重度:由于沥青过多,路面外观发亮,集料被沥青遮盖并且在较热的天气有明显的轮迹。

对发生泛油的路段应及时处理,避免其继续扩大影响行车安全。可以采取以下措施处理泛油病害。

①对路面轻度泛油的路段,表面石料仍外露的路段可不做处理。

②对中度泛油、摩擦系数降低、影响行车安全的路段,可先铺撒 3~5 mm 粒径的石屑或粗砂,再用压路机碾压或控制行车碾压。

③对重度泛油的路段,可采用碎石压入法处理,即先铺撒 5~10 mm 粒径的碎石,用压路机碾压,待稳定后,再撒上 3~5 mm 粒径的石屑或粗砂,然后用压路机碾压或控制行车碾压。

(2) 磨光。

磨光是指路面结合料被磨损,外露集料在行车作用下表面逐渐变光滑的现象。一般磨光后的集料成圆滑或平滑状,表面纹理丧失,路面抗滑能力下降。发生磨光现象的主要原因是所采用的集料的耐磨性较差,以及车轮的反复作用。研究表明,车辆低速行驶时的摩阻力主要由路面构造纹理提供,而高速行车的摩阻力主要源于集料表面的细纹理。因此,一旦集料颗粒表面被磨光,细纹理和构造纹理会大量减少,路面的抗滑性也会随之下降,从而危及行车安全。对于沥青路面磨光,目前并没有严重程度的划分,但是磨光的程度可以在路面摩擦力的减少上表现出来。在发生磨光的路段,可以采取以下措施恢复路面的构造深度,提高车辆行驶安全性。

市政道路路面抗滑能力降低且已磨光的沥青面层,可采用路面摩擦系数恢复设备,如采用机械式喷砂打毛法,打毛后路面外观明显改善,摩擦系数可由打毛前的 32~35(BPN 值,摆式仪测)提高到打毛后 54~66,但是路面打毛后在高温季节易出现泛油;也可采用路面铣刨机直接恢复其表面的粗糙度。

路面石料棱角被磨掉,路面光滑,抗滑性能低于要求值时,应加铺抗滑层。加铺前,应先处理原路面上的各种病害。若原路面表面层沥青含量过多,应将其刮除后洒黏层油。罩面形式可采用单层微表处技术。这种技术对于提高路面抗滑性能有很好的效果,或者也可以采用乳化沥青稀浆封层。

2. 推移、拥包

推移是一种部分路面沥青混合料在纵向发生位移的病害,通常是因车辆刹车或加速造成的,一般出现在坡道、弯道和交叉路口处。另外,沥青混合料在发生推移的同时,也相应地发生竖直位移(即拥包)。推移、拥包病害并没有严重性等级的划分,但可以通过它们对行车质量造成的影响来界定。在病害处理之前要通过钻取芯样查看路面基层有无破坏,如果是基层原因引起的推移、拥包,则应一并将基层铣刨或挖除,重新铺筑基层后再铺筑面层,必要时还需要处理路基土或改善排水措施。若钻取的芯样显示基层完好,则只需处理面层。

沥青路面的推移、拥包,可以按下述要求进行处理。

(1)因施工操作不慎将沥青漏洒在路面上形成的拥包,或已趋于稳定的轻微拥包,使用机械(具)将拥包刨削或挖除,保持路面平整。如果除去拥包后,路面还不够平整,则应予以处理。

(2)因面层沥青用量过多或细料集中而产生的拥包,或路面连续多处出现拥包,但基层仍较稳定,可使用机械(具)将拥包全部铣刨除去,铣刨深度可低于路面约 10 mm。清扫铣刨后的修补表面并喷洒黏层沥青,然后用与路面结构基本相同的热拌沥青混合料重铺面层。

3. 麻面、骨料外露

麻面是指路面沥青混合料的细集料或部分粗集料散失而造成的路面病害。麻面主要是因沥青混合料中的酸性集料过多、集料中含尘量过大等造成的沥青与集料的黏附性不足而产生的。

对于麻面与骨料外露轻微且数量较少的路段,可刷一层薄沥青,然后铺石屑或粗砂扫平压实即可。当沥青面层不贫油时,可在高温季节铺撒适当的细料,并用扫帚扫匀,使集料填充到路面的空隙中。大面积麻面应喷洒稠度较高的沥青,并铺撒适当粒径的石屑或粗砂,铺撒时要使麻面中部部分的集料稍厚,周围与原路面接口部分要稍薄,定型整齐,然后碾压成型。对于麻面与骨料外露比较严重,或有松散且数量较多的路段,可在气温 10 ℃ 以上时,将路面清扫干净,重做沥青封层。封层的沥青洒布量为 $0.8 \sim 0.9 \ kg/m^2$,然后按 $5 \sim 8 \ m^3/1000 \ m^2$ 撒布 $3 \sim 8 \ mm$ 石屑或粗砂,扫匀后碾压成型。也可铺筑 $10 \sim 15 \ mm$ 的沥青砂罩面。若在低温季节,可采用稀浆封层进行处理。

4. 剥落、松散

剥落是指沥青膜与集料之间丧失黏结力,从集料颗粒表面脱落下来的病害。典型的剥落是从沥青层底部开始并逐渐向上发展的。对于水导致的剥落的研究表明,集料表面的化学、物理性质比沥青的更重要。松散是指沥青混合料路面的磨损,是因细集料的脱落和沥青结合料的缺失造成的。

造成剥落以及松散的因素包括路面排水不合适、压实度不够、集料表面有过多的粉尘、沥青用量偏少、施工气温较低、使用了软质和易碎集料、级配不合理等。

剥落和松散的严重程度可以分为以下 3 种。

(1) 轻度:集料和结合料开始磨损,但不是很显著,可以看到一些细集料的缺失。

(2) 中度:集料和结合料已经磨损,路面表面纹理变得粗糙并出现凹痕和松散颗粒,细集料和一些粗集料已经缺失。

(3) 重度:集料和结合料磨损,粗集料的缺失使路面表面的质地变得非常粗糙。

对于路面上出现的剥落和松散病害,根据具体的原因以及程度按以下方法进行修复。

(1) 对于油温过高,沥青老化失去黏结性而造成的松散,应将松散部分全部挖除后,重新铺筑面层。

(2) 沥青与酸性石料间的黏附性不良而造成的松散,应将松散部分全部挖除后,重新铺筑面层。重新铺筑的混合料的矿料不应再使用酸性石料。在缺乏碱性石料的地区,应在沥青中掺入抗剥落剂、增黏剂或将干燥的生石灰、消石灰、水泥等具有表面活性的物质作为填料的一部分,或采用石灰浆处理粗骨料,以提高沥青与矿料的黏附力,增强混合料的水稳性。

(3) 基层或土基软化变形而造成的松散,应先处理好基层后,重新铺筑面层。

(4) 沥青用量偏少或施工气温较低造成的松散,处理方法为:先将路面上已松动的矿料收集起来,待气温升至15 ℃以上时,按 $0.8\sim1.0~\text{kg/m}^2$ 的用量喷洒沥青,再均匀铺撒 $3\sim6~\text{mm}$ 厚的石屑或粗砂($5\sim8~\text{m}^3/1000~\text{m}^2$),然后用轻型压路机压实即可。

5. 沉陷

沉陷是指路面的局部凹陷,是路基的不均匀沉降(滑移)或基层局部压实不足导致的。这类病害多发生于路基湿软地段或外侧路肩与路面采用不同材料修筑的路段,尤其是山区路段和桥头。此外,与构造物相邻接的填土路堤压实度不够以及对原地基(介于软土地基和坚硬地基之间)未做适当处理,也将使邻接构造物的路面局部下沉,从而产生桥头跳车现象,危及行车安全。路面沉陷没有严重性级别的划分,但它们可以通过分类测量的方法来确定,因为这样更加精确且可重复。

由于沉陷往往伴随网裂,沉陷处需要通过钻芯确定基层破坏的情况,从而确定是否对基层进行处理。路基未充分固结或压实度不足造成的继续沉降往往会引起路面的大面积沉降。继续沉降有时伴有贯穿整个路面的结构性破坏,这种现象通常不作为路面沉陷考虑。路基不均匀沉降而引起的路面局部沉陷,若土基和基层已经密实稳定,不再继续下沉,可只修补面层,并根据路面的破损状况分别采取下列处理措施。

(1) 路面轻微下沉,深度 $H<20~\text{mm}$,且无破损,可不加处理。

(2) 若路面下沉后,无破损或仅有少量轻度裂缝,可在沉陷区喷洒或涂刷黏层沥青,再用热沥青混合料将沉陷部分填补,并压实平整。

(3) 路基沉陷导致路面严重破损,集料松动、脱落形成坑槽的,应按照坑槽的维修方法进行处理。

(4) 路面严重下沉,深度 $H>20$ mm,但土基和基层密实稳定,可只修补面层。对于小面积沉陷,可将其看成一般变形类病害,采用先铣刨再找平摊铺的处理方式;对于较大面积的沉陷,应根据路面的破损状况采取相应的处理措施。对于沉降较大、基层破坏的沉陷,可挖除整个面层和基层,再对路基进行稳固处理,比如可采用速效水泥灰浆灌注的方法,待路基稳定后,再重新铺筑。

桥涵台背因填土不实出现不均匀沉降,可视具体情况选择以下处理方法。

(1) 挖除沥青面层,在沉陷的部分加铺基层后重新铺筑面层。

(2) 对于因台背填土密实度不够产生的沉降,应重新做压实处理,台背死角处的压实应采用小型夯实机具夯实。

(3) 宜采用注浆加固处理。

7.4 沥青路面预防性养护技术与决策

7.4.1 沥青路面预防性养护技术

1. 概述

预防性养护理念的核心在于防患于未然,基础在于经济性最优。也可以说,预防性养护就是指在道路技术状况衰减的初期,在最适当的时机,应用最适当的预防性养护措施,以最低的寿命周期成本,最大限度地延缓路况退化。美国于20世纪80年代初提出道路预防性养护概念。这种概念有别于传统的道路养护理念,其核心是要求采用最佳的成本效益,强调养护管理的计划性,主要包括两种观点。

(1) 让状态良好的道路系统保持更长时间,延缓未来的破坏,在不增加结构承载能力的前提下改善系统的功能状况。

(2) 在适当的时间,将适用的措施应用在适宜的路面上。

预防性养护实际上是针对恰当的路面,在合适的时间,采取合理的措施实施的一项工程维修保值行为。预防性养护定义为:在公路寿命周期内,为了保证路况良好、延长公路寿命并将寿命周期内养护成本降到最低,而应用一系列的预防性养护措施的系统过程。而在这一系统过程中,要在不增设建成公路系统及其

附属设施的条件下,达到延缓路况退化、保持或改进系统的功能性状况的目的。在良好的路面条件下对道路进行预防性养护活动将会有效延长道路服务寿命。

预防性养护在延缓路面使用性能恶化速率、降低其使用寿命周期费用方面有重要意义。正确实施预防性养护可保持路面良好的使用性能,延长路面的使用周期,减少生命周期费用,节约养护维修资金。在整个路面寿命周期内进行3～4次预防性养护,可以延长使用寿命10～15年,节约养护费用45%～50%。

预防性养护具有计划性和周期性的特点。它的目的是修复早期道路病害、延迟路面破坏的出现,同时减少对矫正性养护和服务活动的需求。尽管采用这种类型的养护不是为了提高道路承载能力,但是它延长了道路的使用寿命,提高了道路的服务水平。通常,预防性养护更多是为了修复环境造成的损害,而进行的路面的周期性更新。预防性养护需要周期性地进行路面密封(阻止水渗入道路内部结构),同时防止(或延缓)氧化、松散、裂缝等的影响。值得注意的是,预防性养护并没有路面补强功能,因而不应期望预防性养护具有改善路面强度和承载能力的作用。总的来说,预防性养护技术的作用归纳如下。

(1) 养护方法和养护材料的改善。预防性养护和常规的养护方法不一样,需要采用改进的养护技术或者材料才有可能使预防性养护起作用。因此,这种需求将促使材料和设备供应商研发改进新材料和新设备,养护施工单位也会研究新的施工方法和技术来提高预防性养护的整体质量。虽然在某些情况下,采取新设备和新材料进行预防性养护路面的初期费用较高,但是其预期寿命远远高于使用传统方法进行预防性养护的路面,而且从长远角度来看,总的养护费用是减少的。

(2) 整体路况得到改善。采用预防性养护方法可以在道路破损前使道路继续保持良好的使用性能,并延长整个路网的使用周期。

(3) 节约养护费用。从养护单位的观点来看,预防性养护的优点是节约养护资金,延迟或减缓路面出现大的破损,延长道路的使用寿命。节约养护费用是以同时期养护费用的减少和良好的路况等形式表现出来的。

(4) 提升了道路的安全性。从道路使用者的观点来看,安全是第一位的。预防性养护提供的路面安全保障是很明显的,如路面摩擦系数增大、路面水分散能力增强、噪声降低等。

2. 预防性养护技术

沥青路面预防性养护是指在合适的时间对适宜的路面运用的合理的预防性

养护措施。沥青路面有多种预防性养护方案,针对不同的路况及环境选择与之相适应的预防性养护措施才能取得良好的效果。道路初期建设完成后,通过路面处治以保持新建路面的预期寿命,或者通过修复延长其使用寿命。各公路养护管理机构早期主要使用的各种不同处理方案中,许多处理方法属于养护范畴(包括预防性养护和矫正性养护),其余的类型归为修复范畴。沥青路面常见的破坏类型包括车辙裂缝(如疲劳裂缝、收缩裂缝、温度裂缝)、泛油、麻面、风化、松散等。

预防性养护是沥青路面养护最常用的措施。常用的预防性养护措施如下。

(1) 裂缝修补和填缝:一种局部修复的方法,用于防止水和杂物进入裂缝。通常它的有效期只有几年。这种养护能够有效地延长路面寿命,它包含以下3种裂缝维修方法。

① 清洁并密封:对于所有类型的裂缝,该方法需要使用压缩空气将裂缝里的碎片吹出,然后用密封剂密封。

② 锯缝并密封:使用路面工具按一定间隔在路面上锯出横缝,然后用密封剂填充。

③ 挖槽并密封:用于横向裂缝和纵向裂缝,使用路面工具在原有的裂缝上开出一个规则的槽,然后用密封剂填充。

(2) 灌缝与填缝:灌缝与填缝的主要不同在于裂缝修补前的准备工作和所使用密封材料的种类。灌缝常用于宽且随机出现的裂缝。

(3) 雾封层:用稀浆乳液(配合比通常为1∶1)覆盖路面表面,起到延缓氧化和松散的作用,常作为临时处理方法。

(4) 碎石封层:这种方法用于路面防水、细小裂缝填缝,以减少路面表面的氧化,提高摩阻力,通常用于交通量小的道路和街道,也可用于交通量大的公路或高速公路的养护和修复。

(5) 双层碎石封层:碎石封层的两次应用,第二层在第一层完成时立即进行铺设。这种处理方法可以密封小裂缝,防止路面水下渗,降低路面氧化,并提高摩阻力。

(6) 稀浆封层:一种包含细集料、水、沥青乳液和矿物填料的混合物,主要用于过度氧化的路面,强化现有的路面。稀浆封层用于减缓路面松散情况,密封轻微裂缝,且提高表面摩阻力。

(7) 微表处:一种专门为高速公路、城市干线、机场道路等高等级路面表层设计的养护技术,它的混合料由聚合物改性乳化沥青、100%轧碎集料、矿物填料、水和必要的添加剂组成,使用专用的摊铺设备,一次性完成摊铺,并可根据路面损坏程度进行一层或多层摊铺的路面维修养护罩面技术。

(8) 热薄层罩面：用于提高行驶质量、促进表面排水及防滑以及改善表面不平整，包括密级配、开级配和间断级配混合料。

(9) 冷薄层罩面：用于填充裂缝，提高摩阻力和行驶质量。

(10) 坑槽修补：使用冷或热的沥青混合料填补坑槽，可以防止坑槽的进一步发展，也可防止水分渗入路面结构而导致路面严重病害。

3. 预防性养护措施的适用状况

针对不同的路面状况，综合考虑技术、经济和工程等因素，选择最合适的预防性养护措施。每种预防性养护措施都有各自的适用情况，如该措施在什么情况下最有效，以及最适合用于哪种破坏类型的路面。实际上，各种方法应用的时机决定了它们是作为预防性养护还是作为维护性养护。如罩面措施，在路面状况良好的情况下使用时，罩面是预防性养护手段，而在路面已经出现表面病害，需要维修的情况下使用时，罩面就是矫正性养护或修复性养护的手段。

确定预防性养护措施主要应从路面的主导损坏类型及程度、路面结构类型和路龄、公路等级或交通量、路面的性能指标、环境因素、费用、公路预期寿命、当地材料供应情况等方面综合确定，同时还需要考虑管理部门和使用者所期望的性能变化等方面，具体可以应用决策树法、决策矩阵法、灰色关联分析法、集对分析法、神经网络技术法等来确定养护策略。按照沥青路面常见病害类型，沥青路面养护措施包括裂缝处理、路面处治和坑槽修补 3 种类型。这些方法可以称为预防性养护，也可以称为矫正性养护，视使用该方法时的路面状况和使用目的而定。

路面预防性养护是对市政道路路面采取的一种高标准的养护方式，要求在路面处于良好状态时即采取保护性养护措施，把病害消灭在萌芽状态，使路面始终处于良好的服务状态。如果在路面状况调查中确定的破坏类型与结构的缺陷有关，那么该路面就不适合进行预防性养护，而应该考虑修复或重建。

7.4.2 沥青路面预防性养护决策

1. 沥青路面预防性养护决策原则与流程

当对某条或者某段市政道路进行养护或修复时，应根据路况调查结果采取合理的对策。当路面结构性能满足使用要求时，就可以采取预防性的养护措施，而不能盲目地对其进行修复重建。

(1) 预防性养护决策原则。

在对沥青路面使用性能指标进行优、良、中、次、差的评价后,根据预防性养护基本标准确定养护对策时,应遵循以下原则。

①应用科学的决策方法确定养护对策。应建立适用的预防性养护标准,设计针对预防性养护决策、效果评价的专门分析程序,有计划性地体现区域内路网级别(路网中哪个路段)、路段级别(路段选择何种预防性养护措施)2个层次的预防性养护决策模式,并结合路面管理系统做好数据的收集、整理和及时更新工作。

②针对主要影响因素确定养护对策。路面养护策略的制订主要考虑强度、路面状况和平整度。在出现破坏的路面上,往往各种病害都有出现。在确定养护对策时,应根据病害类型、严重程度和规模分析确定主要病害形式,并以其为主要处理对象,兼顾次要病害类型,确定养护措施。

③查明病因,确定养护对策。外在表现相同的病害,也有可能是不同原因引起的,所以需要在路面普查的基础上,根据路段的主要病害形式,做专项检查或局部探查;根据需要取样进行室内试验,查明病害原因,治标亦治本。如路面车辙,有可能是流动性车辙,也有可能是结构性车辙或磨耗性车辙。不同类型车辙的处理方法和具体措施不同。

④结合养护费用优化养护对策。在进行预防性养护决策方案优化时,应综合考虑养护维修费用和用户费用,并根据我国目前路面养护管理的实际情况和用户费用合理计算预防性养护资金投入量,使路面使用性能的提高与用户费用的降低达到良好的平衡。

⑤分析确定养护对策的最佳费用效益。预防性养护维修方案的决策是一个非常复杂的过程,需要确定各种维修方案的实施时机和顺序,需要建立路面养护维修的费用效果(效益)模型,对各种方案在寿命周期内的费用、效果进行分析,分析期为20年。

⑥选择恰当的养护措施。预防性养护措施有多种,有些措施的范围有重叠。决定预防性养护具体措施时,要对多项技术进行横向比较,综合考虑各方面因素,选择最适用的措施。

⑦注重新材料、新工艺的开发、研究和推广。近年来,预防性养护技术得到了越来越多的重视,各种新技术、新工艺也不断出现,在路面预防性养护决策时应重视新材料、新工艺的开发、研究和推广。

⑧加强对路面排水系统的完善。沥青路面的许多损坏与水的作用有关。在

确定养护方案,以及在路面病害处理时,应注意对排水系统进行调查和完善。

(2)预防性养护决策考虑因素。

在选择市政道路沥青路面养护维修对策时,需要结合各分项调查评价指标以及综合性能评价指标,考虑以下因素。

①路面破损情况。根据损坏类型、损坏严重程度和出现损坏的范围或密度确定路面破损情况,进而得到破损状况评价指标的范围,确定路面破损程度。

②路面行驶质量。平整度越差,罩面应该越厚。

③路面抗滑。路面抗滑能力影响车辆行驶的安全性,其大小决定路面是否需要加铺抗滑表层。

④路面车辙深度。路面车辙深度影响路面平整度,影响行车安全性和舒适性,决定了维修方法和规模。

⑤路面结构承载能力。路面结构承载能力的大小决定着路面结构是否需要补强。

⑥专家经验。尽管评价结果常常会受到人为主观因素的影响,但是专家经验可以对评价结果起到对比和监督的作用。

⑦行政政策。行政干预、政策因素也会影响路面养护维修对策的选择。

(3)预防性养护决策工作流程。

沥青路面养护对策应根据公路等级、交通量、使用性能评价结果确定。选择合适的路面养护与修复方案的程序可归纳为以下几点。

①资料收集和分析。

各省、市的市政道路养护管理机构对道路网都有各自的管理方法和路面管理系统。有的道路每隔一定时间对路面进行一次全面调查。这样收集的资料对于可行性研究来说是足够的,但这些数据往往不能满足详细设计的要求。在路面进行评估之前,需要获取路面结构类型及其大致厚度、自修建以来的交通量、路面平整度等信息。

路面结构类型及其厚度可以从设计、施工或养护资料中获得。交通量可以采用历史交通量的观测资料,如无历史资料,就应进行观测调查,以便获得现期数据,作为评估之需。

②路段划分。

按照划定的同类结构将道路划分为不同路段之后,可再根据需要和目前道路状况进一步细分小段,可根据下列条件将道路划分为较短的等质路段:建成通车以来的时间、交通荷载、道路破损类型和地形等,之后对各段进行详细调查。

如果等质路段较短,最好对该段全长都进行详细调查。然而当工作条件受限制时,也可选几段1 km长的、有代表性的路段,用于判断路面的损坏原因。对路面进行详细调查时,应记录各类病害(面层病害、裂缝、变形、坑槽、边缘破损等)的性状、范围、严重程度及发生部位。按照相关规范调查路况,测量路面平整度,进行弯沉测量、抗滑试验等,对路况进行整体评价。

③路面结构强度及材料试验。

当路况调查表明,沥青面层的性能可能是由各分段路面工作状况的不同而引起时,就应通过进一步试验加以确定,应从每个分段钻取足够数量、直径为150 mm的芯样,以便获得沥青面层的组成及其性能的代表性数据。

在对芯样进行试验之前,测量芯样以获得下列数据:各层厚度、层间结合情况、是否有剥落、裂缝深度等。对芯样进行试验,确定芯样的劈裂强度、级配和沥青用量等。

④预防性养护策略选择。

根据以上资料判断路面病害的性质、严重程度、病害范围、病害原因以及现有路面的强度,结合材料试验考虑采用哪一种养护或修复策略。在选择养护或修复策略时,还应考虑以下因素:道路的使用和交通水平、气候和环境因素、预测交通量、处理费用、预期寿命、合格工作者和承建商的可用性、优质材料的可用性、时间的安排、路面噪声等。

2. 沥青路面预防性养护决策方法

沥青路面预防性养护需要一个科学合理的决策方法,确定在什么时候需要进行养护,需要采取何种养护措施进行养护。结合公路养护与管理的任务,传统的养护决策模式已经不能适应以快速、安全、舒适、经济为服务宗旨的现代公路养护要求。我国大规模的公路养护需求要求人们建立一种基于现代技术的科学的决策方法,使公路养护资金以及养护性能达到最优。从通常意义上讲,决策是一种系统的方法或过程。它通过对系统当前所处状态的评估和未来发展的分析,判断、选择恰当的系统对策,以最大限度地满足系统的要求。

1) 国内养护决策方法

路面养护决策包括网级和项目级两个层次。不同的层次对决策有不同的要求。对于网级路面管理系统来说,决策就是在限定条件下,分析资金分配方案,选择最经济、有效的方案,合理地分配和使用有限的养护资金,最大限度地满足系统的要求。网级路面管理的目的是通过路况调查,对路面状况进行评价,为省、市级公路管理部门制订资金需求计划和资金分配方案、确定养护优先次序提供决策依据。对于项目级路面管理系统而言,决策是利用网级路面管理系统的运行结果,对养护项目进行进一步的详细分析,最终选定工程项目,确定以达到网级目标为最终目的的年度计划安排。项目级的养护维修对策是根据公路网的资金分配情况和养护工作计划安排,结合各路况分项评价结果和本地区成熟的养护经验而选择的具体的养护维修措施。

各地公路养护管理部门应结合路面管理系统的使用,根据路面分项评价结果和养护资金的情况,统筹安排本地区公路网的资金需求计划和资金分配方案,确定公路养护的优先次序。预防性养护决策是预防性养护过程中至关重要的一个环节,如果采用的维修措施不合理(方法或时间不合理),则可能会加剧路面问题的发展。

(1) 规范的养护决策方法。

沥青路面养护对策应根据公路等级、交通量、分项使用性能评价结果确定。分项使用性能评价包括路面状况、行驶质量、车辙、路面强度和抗滑性能等方面的评价。

由于路面使用性能评价是一个多指标评价体系,《公路沥青路面养护技术规范》(JTG 5142—2019)主要根据各分项调查评价指标进行路面的养护决策。对于高速公路,分别将路面状况指数(pavement condition index,PCI)、行驶质量指数(riding quality index,RQI)、抗滑指数[横向力系数(sideway force coefficient,SFC)和摆式仪摆值(British pendulum number,BPN)]、路面强度指数(structure strength index,SSI)共 4 种评价指标作为选择沥青路面养护维修措施的决策基准。这 4 种指标都保持在良好及以上时,进行以预防性养护为主的养护维修。《公路沥青路面养护技术规范》(JTG 5142—2019)规定如下。

①贯彻预防性养护理念,每年应对符合条件的沥青路面实施一定里程或比例的预防养护。

②应根据公路等级、使用年限、路面技术状况、交通量大小及组成、气候条件等因素,合理确定沥青路面预防养护时机。

③在预防养护时机确定的基础上,应设定预防养护目标,经过养护设计与方案比选,采取合适的预防养护措施。

④沥青路面预防养护措施可选用封层、超薄罩面、薄层罩面等,其铺筑厚度应小于 4 cm。

⑤沥青路面实施预防养护工程要求如下:封闭路面表面细小裂缝,提高路面

的性能;防止路面表面松散,延缓沥青路面的老化;表面设置磨耗层,以提高路面的耐磨性能;保持或提高路面的抗滑性能;改善沥青路面的外观效果。

(2) 基于组合路况指标的决策方法。

得到路面现状使用性能评价结果后,更关注各路段 RQI、SSI、PCI、SFC 或 BPN 等指标的组合状况。如果仅根据路面质量指数(PQI)这一综合评价指标来判断路况的优劣,并以此来制订养护对策,显得太过笼统,不能真实反映路面实际情况。在制订养护方案前,可参考路面使用性能的组合状态对路况进行评价。按照现行规范的分级标准,RQI、SSI、PCI、SFC 或 BPN 这 4 项评价指标均有优、良、中、次、差 5 个等级,那么路面性能的组合状态就应该有 54 种。如果再考虑养护措施的选择,会有更多种组合情况,造成决策问题规模大,求解困难。大量的实际路况数据调查结果显示,虽然路面使用性能评价的 4 项指标是从不同方面来反映路况的,但它们之间有一定的联系。一项指标较差时,其余指标也往往较差,很少出现某项指标优良而其余指标较差的情况。国内一些学者参照我国高速公路养护管理的相关技术规范要求对路面组合状态进行了简化,简化情况如下。

①RQI 简化为 3 级:优良级(80~100),中级(62~80),次、差级(0~62)。
②SSI 简化为 2 级:强度足够级(80~100),强度不足级(0~80)。
③PCI 简化为 3 级:优良级(70~100),中级(55~70),次、差级(0~55)。
④SFC 或 BPN 简化为 2 级:能力足够级(62~100),能力不足级(0~62)。

简化后沥青路面性能的组合状态最多为 36(=3×2×3×2)种,既能够满足决策的需要,又大大减小了决策问题的规模。而在具体应用中,真正对养护决策有意义的还没有这么多种情况,根据选择的不同养护对策,选取其中有实际意义的组合状态。

我国目前的决策方法是综合考虑路面质量指数(PQI)、路面状况指数(PCI)、路面强度指数(SSI)、抗滑指数(摆式仪摆值 BPN)后决定具体的养护措施。但是上面几个指标都是由一系列经验回归公式得到的,因此可移植性并不强。若经调查路面不适应现有交通量或载重的需要,应通过提高现有路面的等级或加宽改建措施来提高道路的通行能力和服务质量。大、中修及改建工程的结构类型和厚度,可根据路面等级、交通量、当地经济条件和已有经验,按规范的要求进行专门的设计。

2) 决策树法和决策矩阵法

决策树法和决策矩阵法是世界各国常用的路面养护决策方法。二者均是根据某些规则和标准(由公路机构凭借过去的经验制订的),针对一种既定的路面状况选择合理的养护或修复策略。在处理时机的选择过程中,它们是一种实用的辅助手段。在建立这2种决策方法的过程中需要考虑的数据如下:①面层类型和/或施工资料;②道路功能的一个指标和/或交通等级;③至少一种路况评价指标,包括破损和/或粗糙程度;④关于损坏类型的详细信息,与荷载相关的损坏或一种特定病害类型的面积;⑤路线设计资料,确定是否需要加宽或者整修路肩;⑥道路的环境资料。

(1) 决策树法。

决策树包含了一系列的标准,这些标准通过使用"子图表"找到一种特定的处理方法,其中每一个"子图表"都代表一系列具体因素(就影响因素而言,有路面类型、损伤类型和程度、交通量以及道路功能分类等)。有些决策树仅将单个指标作为选择处理方法的依据,也有许多决策树用代表综合性质的损伤标准来进一步简化选择过程,其中路面状况指数(PCI)就是这些综合损伤指数中的一个例子。但这种决策树也存在一定的问题,即这些处理方法并不是总能合理表明实际损伤状况,尤其是在与路面修复有关的严重破坏的情况下。

①结构破坏。如果路面结构只发生了轻微的破坏或没有破坏,相关处理方法仅用于维护初始路面的工作性能,保持其既定的使用寿命,那么此时是进行养护的最佳时机。如果路面存在结构破坏(如疲劳开裂、车辙等),那么相关处理方法就应该能提高结构性能,例如减缓结构破坏的速度和延长原路面的使用寿命。

②环境因素产生的裂缝。这是指沥青路面因老化及每天所承受的与温度循环有关的热应力的作用而产生的裂缝,包括纵向裂缝、横向裂缝与网裂。这种破损的处理方法旨在预防路面过分潮湿和减缓路面表面层的裂缝损坏速度。

③表面磨损。这是指发生在沥青路面表面(如表面层 20 mm 以内)的路面破坏,主要是轮胎的磨耗作用(如集料被磨光)和集料脱落(如风化)的结果。表面磨损的处理方法是清除被磨损的面层再重新加铺,或者直接在磨损的路面上进行加铺。

④疲劳裂缝与车轮荷载累计作用。与荷载有关的轮迹带裂缝是路面结构破坏和承载能力降低的表现。相应地,路面修复措施往往是铣刨和替换大量的热

拌沥青混合料面层和基层(在某些情况下)。

⑤车辙。这种永久性变形可发生在沥青路面的任何一层或多层中。如果热拌沥青混合料(HMA)面层质量差(因为混合料设计不合理、结构设计不适宜或混合料发生离析),车辙能够在路面的50~70 mm深度范围内发生;如果结构设计不合理或路面上的荷载过重,在下面层以及自然状态的路基中都能产生车辙。一般来说,路面修复方案的目标在于替换损坏或变形的层位。

(2)决策矩阵法。

决策矩阵法和决策树法都是依赖一系列的规则或标准得出一个合理的养护或修复方案。在这一点上,二者是非常相似的。但它们之间也存在一定的区别:决策树为方案的选择过程提供了一种更加系统、形象的方法;而表格式的决策矩阵能够以较小的空间储存更多的信息。

为了推进对性价比最高的预防方案的选择进程,对于考虑了上述因素以及其他与具体工程相关的因素的处理方案,公路机构必须理解其潜在的性能特征。事实上,这些因素取决于机构的规模和管辖范围的大小,它们将会随着地理区域的改变而改变。

(3)决策树法和决策矩阵法的优势和不足。

决策树法和决策矩阵法均可被高效运用于选择或辨别合理的预防性养护处治方案,还可以用于决定路面日常养护和修复方法。二者存在以下优势和不足。

①优势:a.反映了公路机构通常采用的决策过程;b.可以灵活修改决策标准以及相关方案;c.能针对某一路况形成一致的推荐方案;d.通过这两种方法可相对容易地解释选择过程并对其编程;e.利用现有经验;f.适用于当地情况;g.是一个项目级的好方法。

②不足:a.机构与机构之间不能很好地进行转换;b.对于新的处理方法的创新或使用有一定的局限性;c.很难包含所有重要的影响因素(如项目竞争、职能分类、保持寿命);d.很难开发适用于多种路面破坏类型的矩阵;e.不包括对各种可行的选择的更综合的评估和LCC分析(life cycle cost,全生命周期成本),因而无法确定成本效益最好的方案;f.不宜进行网络评估。

此外,应该注意的是,决策树法和决策矩阵法的使用并不能保证能够得到最佳的选择或性价比最高的处理方案。一般来说,为了达到最佳效果,还需要考虑成本和时机。

3)费用效益分析法

费用效益分析法又称费用效果分析法,即为实现某一特定的目的,可供选择的经济技术方案很多,这些方案在实现目的的效果上和消耗的费用上各不相同。通过分析,可以从这些方案中找出效益费用比最高的方案。采用费用效益分析法的难点就是区别效益和费用两部分。1985年,加拿大的加查和库克认为道路用户效益可以用路面性能曲线围成的面积来估计。1989年,美国的奥布赖恩认为,在选择预防性养护对策时,预防性养护的效益可用路面性能曲线围成的面积表征。这些思想的提出,为费用效益分析法在沥青路面预防性养护领域的应用开辟了途径。

常用的费用效益分析法有寿命周期费用分析、费用效益率分析、等效年度费用、长寿命费用指数等。等效年度费用法由于方法简单,便于理解和运算,故常用来评价预防性养护措施的费用效益。其计算方法为:等效年度费用＝单位费用/期望寿命。

使用费用效益分析法确定预防性养护措施的关键问题如下。

(1) 根据特定路况条件和养护措施的技术特点确定初步合适的预防性养护措施。

(2) 根据可获得的原材料费用、施工机械费用以及人工费确定预防性养护措施的单位成本。

(3) 观察并确定常用预防性养护措施的使用寿命。

(4) 确定各种预防性养护措施的等效年度费用,最低的等效年度费用具有最佳的经济性,可在实际工程中优先考虑。

常用的预防性养护措施的技术经济特征如下。

(1) 稀浆封层方法适用于有细小裂缝、轻微老化、松散、抗滑能力不足,且车辙深度小于15 mm,中、轻度交通量的路面,施工温度大于10 ℃,使用寿命为2～4年,费用为15～20元/m^2。

(2) 微表处方法适用于有细小裂缝、中轻度老化、松散、抗滑不足,车辙深度小于25 mm,重度交通量的路面,施工温度大于10 ℃,使用寿命为3～5年,费用为18～28元/m^2。

(3) 碎石封层方法适用于有细小裂缝、轻微老化、松散磨耗、中轻度泛油、抗滑不足,中、轻度交通量的路面,施工温度大于15 ℃,使用寿命为3～5年,费用为13～20元/m^2。

(4) 复合封层方法适用于有细小裂缝、轻微老化、松散、车辙、表面不平整、抗滑不足,中、轻度交通量的路面,施工温度大于15 ℃,使用寿命为3～5年,费用为28～40元/m^2。

(5) THMO(薄热拌沥青混凝土加铺)方法适用于中轻度表面损坏、轻微不平整、任何程度的交通量的路面,施工温度大于13 ℃,使用寿命为1~2年,费用为55~60元/m^2。

(6) 填缝或灌缝方法适用于有各种程度的非结构性裂缝、任何程度的交通量的路面,应在气候凉爽干燥的条件下施工,使用寿命为1~2年,费用为5~15元/m^2。

(7) 雾封层方法适用于有细小裂缝、轻微老化、松散,中、轻度交通量的路面,应在气候凉爽干燥的条件下施工,使用寿命为2~4年,费用为5~10元/m^2。

(8) 沥青再生方法适用于有细小裂缝、轻微老化、松散、任何程度交通量的路面,应在气候凉爽干燥的条件下施工,使用寿命为2~4年,费用为22~25元/m^2。

7.4.3 沥青路面预防性养护时机

沥青路面预防性养护是在路面状况良好的状态下对现有路面采用有计划的、基于费用和效益的养护策略。在路面养护和维修的关系上,长期以来人们总是习惯于等到路面破坏后才进行维修,而对于还处于良好状态下的路面进行预防性养护的意义还认识不足。经验表明,预防性养护能延缓路面破坏,延迟昂贵的路面大、中修和重建。可见,预防性养护关键因素之一便是养护时机的确定。

1. 预防性养护时机的选择原则

预防性养护的经济性和有效性在很大程度上取决于采取预防性养护措施的时机。预防性养护最佳实施时机应该在路面尚处于良好状况,或者只有某些病害先兆时进行。沥青路面预防性养护时机的选择原则如下。

(1) 预防性养护需要在路面破损之前进行。当按传统的方法认为路面发生病害需要维修时,对于预防性养护来说已经太迟了。这时若再采用预防性养护措施,效果可能很差,达不到预期的路面性能。

(2) 虽然预防性养护措施必须在路面未发生破坏或轻微破损之前实施,但是预防性养护时机过早则会引起其他路面问题并且浪费资源。面对我国庞大的公路养护需求和有限的公路养护资金,何时对路网内道路进行预防性养护,如何合理确定预防性养护的时机具有重大的现实意义。

(3) 路面养护方案有许多策略性的选择,不同的策略有不同的最佳养护时机,同时还需要考虑地区、路面类型和结构以及资金的来源等因素的影响。但从技术上来说,究竟应该何时采取何种养护措施,很难简单判断,必须借助科学合理的分析工具进行技术经济比较后,才能选择最佳的养护时机。

2. 预防性养护时机的确定

沥青路面有多种预防性养护方案,各种方案的应用时机决定了它们是否是预防性或矫正性养护方案。

路面预防性养护时机的选择方法主要包括基于时间/路况的方法、费用效益分析法、寿命周期效益分析法/寿命周期费用分析法、决策树法/决策矩阵法、排序法和基于老化的方法等。下面分别叙述各种方法的特点及应用情况。

(1) 基于时间/路况的方法。

一个合理的养护维修方案可以提供一个最具成本效益的养护措施,一般根据路面类型状况和其他重要因素确定。适当的养护措施需要正确的养护时机以保证路面达到设计功能,并保证养护项目最具成本效益。预防性养护是为了保持路面良好的使用功能,使其不致出现功能失效而进行的养护。因此预防性养护的理论研究就必须弄清楚路面功能失效的时间。养护应在路面功能还处于一定水平时进行。基于此,国外提出了基于路况的预防性养护技术,即采取预防性养护措施的时候,从路面的实际破坏状况出发,找出进行预防性养护的临界破坏状态。路面使用状况是由路况调查和无破损试验联合确定的。目前,路况调查方法有许多类型,它们可以提供很多有意义的信息,借此可确定需要进行养护的位置。路况调查,加上无破损试验(如果需要),为确定路网中需要养护的路面和实施养护的时机提供了合理的依据。

随着路面使用期的延长,沥青会不断老化,路面的服务能力不断下降。当路面质量下降到一定程度,路面使用年限达到路面寿命的临界状态之时,路面的服务状况急剧下降,路面的裂缝增多、坑槽增大,路面颜色变浅。为了及时制止沥青路面状况的进一步恶化,可在临界点之前进行预防性养护,使路面的服务水平维持在较好的水平,延长路面使用寿命,降低养护成本。

一个机构可以借助决策过程为一个具体工程确定养护的时机。应用路面状况调查的结果(不论用什么方法)按照1~100的规模,由初期的限制可演变为确定实施一种养护类型的时机。当然,预防性养护的概念就是要在路面使用寿命的早期确定一个经济的养护方案,以保持路况和尽可能延长路面的寿命。

美国PAVER路面管理系统采用路面状况指数(PCI)综合表征路面的结构完整性和行驶状况,并建立了路况等级、PCI值和养护对策之间的关系。当路况还处于优、良状态的时候就应该开始进行预防性养护,在路面状况评价为良、中时便需要进行大、中修和改建。另外还有美国的 HSRM 评分体系。该体系建议路面预防性养护需在 6 分及以上时进行,刚性路面的预防性养护需在 8 分及以上时进行。

基于时间/路况的养护时机确定方法在路面管理系统中应用并不广泛,尤其是在目前国内市政道路沥青路面的早期破坏(主要体现为功能性破坏)现象突出并且破坏速度很快的情况下,采用这种方法确定预防性养护时机还有一定的困难。

(2) 费用效益分析法。

对于预防性养护来说,如果养护措施在最佳时间前应用,则对路面性能提高作用较小,但是由此产生的费用也较低;如果养护措施在最佳时间后应用,则对路面性能提高作用较大,但是由此产生的费用也较高。因此,采用费用效益分析法来确定路面工程预防性养护措施最佳实施时机是符合"3R 养护思想"的。费用效益分析法是用效益与费用的比值来衡量的。费用采用单价的形式,如元/m^2,效益是根据预防性养护后,期望延长的路面寿命或性能曲线下增加的面积来表示的。路面预防性养护措施实施后必然会导致路面性能发生变化,性能曲线也将发生变化。性能曲线是由路面数据(如路况、荷载、气候和维修养护)来确定的。

每一种方案的费用都根据管理部门费用和用户费用来确定。管理部门费用包括设计费、初期修建费、养护费、改建费和残值,用户费用包括车辆运营费、延误费、行程时间费和事故费。应用费用效益分析法对所选的预防性养护措施和时机进行分析。最佳预防性养护时机是基于效益费用比得到的。最佳养护时机就是在费用最小而效益最大时的养护时机,即效益费用比最大时的养护时机。为了使效益费用比的实际值更有意义,采用有效性指标来评价。有效性指标是指每个方案的效益费用比与最大的效益费用比的比值,效益费用比最大的有效性为 100。最后就是分析不同养护时机时各养护方案的效益和费用,效益费用比最大的就是最佳养护时机。有效性指标最大(即 EI=100)的方案就是最佳养护时机方案。

(3) 寿命周期效益分析法/寿命周期费用分析法。

寿命周期效益分析法的主要目的是为投资成本确定最佳值,即获得满足所有要求性能目标且在寿命周期内费用最低的方案。这种方法目前应用比较广泛,常常用于路面大、中修及改建的方案。预防性养护是一种推迟高成本的修复和重建措施的方案,需要提前支付养护费用,并且在不同时期支付同样的养护费用时具有不同的养护效益和经济价值,因此有必要进行寿命周期内的经济分析。

寿命周期费用分析是在一定时期内,分析某一路段的初期建设费用和以后的养护折算费用来评价其经济价值的过程。寿命周期费用分析有两种方法。

①将分析期内不同时间支出的费用,按预定的贴现率转换为现在的费用(现值),通过转换为单一的现值,可在等值的基础上直观地比较各种方案。

②采用年度成本方法确定路面养护时机,养护时间推迟得越久,修复路面所耗费的成本就越高。

另外,如果路面养护频繁则会浪费不必要的资金。过早的养护(或修复)会导致更高的年度成本。当延迟养护的费用和过早养护的费用叠加在一起时便可以决定路面修复的最佳时期。各种措施的养护时机取决于道路的交通水平和环境因素。为尽可能地降低路面寿命周期成本,各单位应根据当地实际情况使用合适的最佳养护时机选择方法。

(4) 决策树法/决策矩阵法。

决策树法是根据不同的决策影响因素,通过建立一定的树结构形式,将决策方案不断进行细化、分枝,并综合考虑各种组合条件,在各个分枝的枝末,给出各种组合条件限制下可能的对策。决策树法较直观,易于理解。在确定各种组合条件的可能对策时,通过专家调查方法,综合考虑当地工程师的经验,可以很好地与人们的主观经验相结合。

但是,随着养护决策影响因素的增多,决策树将变得越来越复杂,而且无论更改、增加或删除哪种影响因素,决策树都必须重新修订,这一过程造成了时间与资金的浪费,并使这种方法通常不能从一个管理部门移植到另一个管理部门;而且影响因素达到一定数目后,可能使决策树过于复杂而失去实用意义;另外,给定的专家决策方案只能有一个,这就使决策变得僵化、绝对化,一些好的决策方案可能遭淘汰而进不了决策树,限制了措施的革新和新措施的应用。在预防性养护措施选择时通常要考虑路面类型,路面破坏类型、范围和严重程度,费用效益等。在选取预防性养护措施的时机时还要进行场地的现场评估,而不是仅用决策树就能解决的。这些缺陷限制了该方法的应用与推广。决策矩阵法与决策树法同理,在此不再赘述。

(5) 排序法。

预防性养护的各种特征对管理部门是十分重要的,但是有些特征不容易实现准确的量化。这些特征包括交通分布、当前预防性养护的经验及适合施工的条件等。除效益费用比外,还可对所采取的预防性养护措施进行整体排序。排序法就是在初步确定养护项目的时间和对策后,再考虑资金等约束条件,根据路况、经济等数据计算出排序指标,将其作为项目比较的依据。然后,根据排序指标对所有需求项目进行排序,最后根据整个排列次序进行一年或多年的项目选择决策。预防性养护时机的安排可以遵循事先设定的标准进行,可以使用路面状况指数 PCI 进行排序。当路面的 PCI 低于此标准时,该路段即需采取预防性养护措施。此时,预防性养护时机和措施的确定是分开考虑的,通常采用使用性能参数进行各项目的排序。

另外,也可以采用经济分析参数进行排序,此时预防性养护时机和措施的确定是同时进行的。排序法主要是一种网级方法。它在选择项目时没有考虑项目之间的效益和项目实施时间的影响。同时,用不同的标准进行排序的结果可能不同。因此,此方法不宜作为项目级预防性养护措施和时机选取的主导方法。

(6)基于老化的方法。

同济大学孙立军和董瑞琨从预防性养护的作用出发,提出了基于老化的沥青路面预防性养护时机的判定方法,并对沥青路面老化指标进行了深入研究。针对沥青路面的预防性养护措施进行了大量的室内老化试验,结合现场老化,提出了沥青路面的老化模式:沥青路面的老化主要体现为表面的氧化老化及路面内部的热老化。TFOT(路面表面老化用薄膜烘箱试验)+PAV(压力老化容器试验法)模拟,路面内部老化用 TFOT+100 ℃缺氧加热模拟,试验和现场都表明路面内部老化比表面老化缓慢得多,且对于表面密封性能良好的路面,在一定的服务期内,可以不考虑路面内部的老化。这为基于沥青路面老化的预防性养护提供了理论依据。

基于老化的方法在确定养护时机时需采用 PAV 法模拟沥青路面表面老化。该项试验比较复杂,需要专门的试验设备,一般养护部门没有此试验仪器。另外,此方法确定的预防性养护时机是一个范围,没有给出确定的时间。

7.5 沥青路面养护新技术

7.5.1 稀浆封层技术

稀浆封层技术是以级配的砂石材料为集料,选用满足某种技术要求的乳化沥青材料作为结合料,加入适量的水、填料和必要的外加剂,在专用的稀浆封层机具内,按设计比例配制成具有一定技术性能且达到某种功能要求的稀浆混合料。该种稀浆混合料的稠度较稀,形态似浆状,铺筑厚度一般为 3~10 mm,主要起防水或改善恢复路面功能的作用,称为乳化沥青稀浆封层,简称为稀浆封层。稀浆封层包括普通稀浆封层和改性稀浆封层两大类。

稀浆封层技术充分利用乳化沥青材料良好的裹覆性、流动性和较强的渗透力、黏结力,修复路面裂缝,提高路面防水性、抗滑性,改善行车舒适性。该技术既可用于旧路面维修,也可用于新路面养护,对于砂石路面可以作为防尘措施,可用于路面下封层和桥面防水层。

1. 稀浆封层的应用

稀浆封层很薄,起不到补强层或整平层的作用,但若将稀浆封层铺筑在旧路面上,能明显改善或恢复原路面的使用性能,起到沥青表面处治结构层的作用。铺筑在新建路面的基层上,可起到防水封层和施工养护的作用。在旧沥青路面上加铺稀浆封层,可以治理裂缝,提高路面耐久性和使用性能;在新铺沥青贯入式路面或粗粒式沥青混凝土面层上加铺稀浆封层,可以提高路面防水性,延长使用寿命,降低养护费用。

2. 稀浆封层的施工技术要求

(1) 施工前,应保证基层和透层沥青施工质量检查验收合格。同时,应将基层表面的所有杂物、尘土及松散颗粒清扫干净,对汽油或柴油滴漏形成的大块油污,用去污剂将其清除干净,否则会降低封层与基层的黏结力,产生起皮、剥离等质量问题。

(2) 施工用的原材料(改性乳化沥青、矿料、水等)应经检验合格后使用,施工用矿料必须过筛,把超大粒径的石料筛出去,以免大粒径石料给稀浆混合料的拌和摊铺带来不利影响。

(3) 稀浆封层施工应采用稀浆封层摊铺机进行,摊铺前必须对摊铺设备做全面的检查和调试,同时标定摊铺厚度,确定摊铺机工作状态完全正常时方可施工。当原材料或配合比发生较大变化时,应重新进行计量标定。

(4) 摊铺时,调整摊铺槽,打开控制开关,使调整好的稀浆流入摊铺槽内。当流至摊铺箱容积 2/3 时,启动底盘,以 1.5~3 km/h 的速度匀速前进。应保持稀浆摊铺量与搅拌量基本一致,并始终保持摊铺箱内稀浆混合料的体积为摊铺箱容积的 1/2 左右。当一种材料用尽时,必须停止铺筑,重新装料后再继续进行。

(5) 稀浆混合料摊铺后,若出现不平整处应立即用人工找平,找平的重点部位为起、终点,纵、横向接缝及超粒径颗粒引起的沟槽。

(6) 接缝处理。对于纵向接缝,当铺好的混合料出现部分凝固状态时,应对其预湿后再进行下一车程的施工;对于横向接缝,宜从上一车程的终端,倒回5~10 cm 的距离,开始下一车程的施工,驾驶员应保证机械的运行线形与上一车相吻合,纵、横接缝处应进行人工找平。

(7) 稀浆封层的施工气温及养护成型期内气温不得低于10 ℃,且施工和养护成型期间天气即将下雨或正在下雨时严禁施工,雨后基层积水未干或未清除前,不得施工。

(8) 稀浆封层施工的外观质量要求:表面平整密实、无松散、无轮迹;纵横缝衔接平顺,外观色泽一致;与其他构造物衔接平顺,无污染;摊铺范围以外无流出的稀浆混合料;表面粗糙,无光滑现象;摊铺厚度均匀。

7.5.2　低温修补技术

储存式冷铺沥青混合料是适应路面坑洞修补用的一种路面养护材料。这种沥青混合料在热态下拌和,冷却后装入袋中储存起来。当路上出现坑洞时,可随时运至现场,摊铺压实,恢复路面平整,保证正常交通。

1. 冷铺沥青材料的特点

这种混合料存放在密闭的袋内,可储存几个月,甚至更长的时间,能保持良好的疏松状态而不结成团,即使结成团块,经拍打就能散开。

混合料在路面坑洞中摊铺后,经过压实即能黏结成型而不松散,这就要求混合料具有良好的黏结性能和压实性。

2. 冷铺路面的优点

(1) 路面在行车作用下会逐渐压实,强度慢慢提高。如果在路面修补时,未能使用碾压设备,路面在使用过程中经行车碾压会逐渐密实。

(2) 常温下施工,且使用简单工具即可进行坑洞修补,操作颇为方便。

(3) 冷铺沥青混合料预先在工厂生产并储存起来,随时可供使用,适合常年路面坑洞修补,或供路面开挖埋设管线后恢复路面使用。

经过碾压成型的冷铺沥青路面,具有与热铺沥青路面基本一样的使用性能,且冷铺沥青路面不易出现温度收缩裂缝。

3. 影响冷铺沥青材料性能的主要因素

(1) 沥青的黏度。必须使用液体沥青,但其轻质油分不应挥发过快。应选择中凝或慢凝的液体沥青,黏度宜控制在 $1 \sim 10$ mPa·s。

(2) 沥青用量。当沥青用量较多时,集料表面沥青膜较厚,自由沥青较多,相互之间容易黏结,混合料易结块成团,结团后也不易打散。当沥青用量较少时,不足以充分裹覆集料表面,沥青与集料之间形成弱界面。混合料虽有较好的疏松性,但集料颗粒之间黏结性差,碾压不能使混合料形成整体,路面容易出现松散。需要根据试验资料归纳适宜的结合料用量。

(3) 沥青中的添加剂。

①改性剂:在沥青中添加树脂改性剂,有利于提高混合料的黏结性,改善储存性,尤其是改善混合料使用初期的稳定性。

②憎水剂:在沥青中添加憎水剂,有利于混合料抵抗雨水的侵蚀,并使其能在潮湿状态下供紧急修补使用。

(4) 集料级配与矿粉用量。冷铺材料是用于路面修补的材料,需要广泛的适应性,既可用于修补浅的坑洞,又可用于修补深的坑洞,为此最好有较粗和较细两种不同粒径的混合料,但养护部门只愿意使用一种规格的材料,同时较粗粒径又易造成掉粒,所以,冷铺材料宜设计成一种较细级配的混合料。为提高混合料的承载能力和表面粗糙度,其集料宜设计成近似 SMA 以形成骨架结构的级配,但矿粉用量控制在 $1\% \sim 3\%$,这样有利于提高混合料疏松性和强度。所用集料由 $3 \sim 5$ mm 和 $0 \sim 3$ mm 碎石材料配合而成,其中 $3 \sim 5$ mm 碎石应采用硬质岩石轧制而成,具有良好的棱角性。

4. 冷铺沥青混合料技术要求

(1) 疏松性与压实性。评定冷铺沥青混合料的疏松性和压实性,国际上大都采用经验判断的方法。借鉴工地现场检验土壤最佳含水率的简便方法,即用手将沥青混合料捏紧,松开手沥青混合料能成团,则表明沥青混合料可压实成型而不松散;将成团的沥青混合料拍一下,沥青混合料就能散开,则表明沥青混合料疏松性良好。

(2) 初始强度。冷铺沥青混合料在压实后需要达到一定强度,以承受车轮荷载。马歇尔试验操作方便,故以稳定度评定其初始强度。取冷铺沥青混合料 1000 g,在常温下正反面各锤击 75 次,脱模后在常温下测定马歇尔稳定度。

(3) 残留稳定度。储存性冷铺沥青混合料压实后,初始空隙率大,抗水性差,因此需要检验其水稳性。将常温下成型的马歇尔试件浸泡在水中一昼夜,测试浸水后的稳定度 S_w。该稳定度 S_w 与原稳定度 S_0 之比值 K,用来评定混合料的水稳性。

(4) 低温黏结性。为检验混合料在冬季低温下的黏结性能,将混合料装入塑料袋内,然后放在 $-10\ ℃$ 的冰箱内冷冻 4 h 以上,取出后将 1000 g 样品立即装入试模,每面锤击 150 次,观察是否能黏结成型,在常温下测试马歇尔稳定度,其值要求大于 1.5 kN。

7.5.3 沥青路面再生技术

旧沥青路面的再生利用,就是将旧沥青路面经过路面再生专用设备的翻挖、回收、加热、破碎、筛分后,与再生剂、新沥青、新集料等按一定比例重新拌和成混合料,满足一定的路用性能并重新铺筑于路面的一整套工艺。

再生沥青混合料施工技术主要可分为 4 大类,即现场冷再生、现场热再生、厂拌冷再生、厂拌热再生。接下来主要对现场冷再生和现场热再生两类施工技术进行介绍。

1. 现场冷再生

现场冷再生是在常温下使用冷再生机械连续完成铣刨和破碎旧路面结构层(包括面层和部分基层)、添加再生材料、拌和、摊铺等作业的过程,碾压成型后的摊铺层可作为低等级公路的面层和高等级公路的下面层或基层,属于道路养护维修范畴。它使用的再生材料有稳定类(水泥、石灰、粉煤灰)和黏结类(乳化沥青或泡沫沥青)两种,必要时加入一定量的新集料以改善级配。采用何种再生材料、用量多少,需通过室内试验和成本计算确定。

现场冷再生技术主要有两种方式:一种方式是利用专用再生机械在现场铣刨、破碎、加入新料(包括乳化沥青或其他再生剂、稳定剂和集料)、拌和、摊铺和预压,再由压路机进一步压实;另一种方式是在旧路面上洒布再生剂封层,使再生剂能渗入路面 5~6 mm,恢复表层被氧化沥青的活性,并形成抵抗燃油泄漏的封层,延长路面的使用寿命 2~3 年。

现场冷再生适用于路面高程不受限制的道路,包括一般公路、低等级公路及部分城市道路。再生层主要作为道路的基层(承载层)或下面层使用。原则上各种结构的路面都可以进行冷再生,关键技术是再生混合料配合比设计和再生材料选择问题。另外,应根据道路等级不同确定再生层上是否加铺沥青混凝土面层或做稀浆封层处理(交通量不大的低等级公路可直接作为面层使用)。

2. 现场热再生

现场热再生技术也称为表层再生技术。该技术通过现场加热、翻耕、混拌、摊铺、碾压等工序,一次性实现就地旧沥青混凝土路面再生。它具有无须运输废旧沥青混合料、工效高、对公路运营影响程度低等优点。现场热再生技术可处理路面最大深度为5～6 cm。现场再生机组主要包括加热系统、路面翻耙系统、再生搅拌系统、摊铺系统和压实系统等。

现场热再生的类型有整形法、重铺法和复拌法3种。

(1) 整形法。一般的翻松深度为20～25 mm,尽管在某些情况下也可达到50 mm的深度,但很少见。旧路面的强度不同,导致路面通常不够平顺和均匀。这种方法适合修复破损不严重的路面,修复后可消除车辙、龟裂等变形,恢复路面的平整度,改善路面性能。

(2) 重铺法。重铺法是用复拌机在整形法的基础上,将旧路材料翻松、搅拌均匀后作为中层,同时,在上面再铺设一层新的沥青混合料作为磨耗层,形成全新材料的路面,最后用压路机压实。这种方法适用于破损较严重的路面维修翻新和旧路面升级改造施工,修复后形成与新建路面道路性能相同的全新路面。

(3) 复拌法。当一些矿料或新的热沥青混合料要与翻松过的材料搅拌时,复拌法可以提高现有路面的厚度或者通过改变集料的级配或调整胶黏剂的性质提高旧的沥青混合料的等级。这个过程和重铺法相似,但通常是比重铺法的加热和拌和更彻底。这种方法适用于维修中等程度破损的路面,修复后可以恢复沥青路面的原有性能。

现场热再生的适用标准需要考虑路面的厚度、路面的类型、交通负荷、以前的维修处理、路面现有条件和周围的环境温度等因素。

(1) 直接重铺或铣刨后再填补的工程都可以用热再生的方法,因为这可以节约大量的费用。

(2) 沥青的老化和裂纹可以使用现场热再生装置。

(3) 可以修复基层承载力良好,因面层疲劳而龟裂、车辙、破损的路面。但要注意的是:现场热再生不能修复位于沥青层以下较深位置的伸缩裂纹,也不能纠正任何属于结构上的破坏。

(4) 现场热再生可以达到最大深度为 50 mm 的位置,在某种情况下,可以达到更深的再生深度。

7.5.4 同步碎石封层技术

1. 同步碎石封层技术的发展及特点

所谓同步碎石封层,就是用专用设备即同步碎石封层车将碎石及黏结材料(改性沥青或改性乳化沥青)同步铺撒在路面上,通过自然行车碾压形成单层沥青碎石磨耗层,主要作为路面表处层使用。

同步碎石封层技术最主要的特点:同步碎石封层实质是靠一定厚度的沥青膜黏结的超薄沥青碎石表面处治层,能增加路面抗裂性能、治愈路面龟网裂、减少路面反射裂缝、提高路面防渗水性能,用于道路养护可延长路面使用寿命;同步碎石封层可以大大提高原路面的摩擦系数,即增加路面防滑性能,并使路面平整度得到一定程度的恢复;通过采用局部多层摊铺不同粒径石料的施工方法,同步碎石封层能有效治愈深达 10 cm 以上的车辙、沉陷等病害,这一点是其他养护方法无法比拟的。同步碎石封层技术缩短了胶黏剂喷洒与集料撒布之间的间隔,增加了集料颗粒与胶黏剂的裹覆面积,更易保证它们之间的稳定的比例关系,提高了作业效率,减少了设备配置,降低了施工成本,可以应用于各种等级的沥青路面。沥青路面经过同步碎石封层处理后,具有良好的抗滑性能和防渗水性能,能有效治愈路面松散、轻度网裂、车辙、沉陷等病害,主要用于道路的预防性养护和修复性养护。

2. 同步碎石封层的主要优点

同步碎石封层将胶黏剂喷洒与碎石撒布两道工序集中在一台车上同时完成,可以使碎石颗粒立即与刚喷洒的流动性好的 120~140 ℃ 的热沥青或乳化沥青相接触,并较深地埋入胶黏剂内,因此同步碎石封层技术具有以下优点。

(1) 良好的防水性。同步碎石封层整体力学特征是柔性的,能增加路面抗裂性能、修复路面龟裂、减少路面反射裂缝,因此提高了路面防渗水性能,若使用聚合物改性沥青则效果更佳。

(2) 良好的附着性和防滑性。同步碎石封层中被沥青黏结到路面上的集料仍直接与轮胎接触,其粗糙度增大了与橡胶轮胎之间的摩擦系数,因此可显著提

高路面的附着性和防滑性并降低能耗。

（3）良好的耐磨性和耐久性。同步铺撒的碎石和沥青形成沥青结合料，其碎石颗粒以 2/3 的高度陷入沥青，增大了两者的接触面积。沥青结合料的毛吸引力可以形成一个凹面，该凹面与碎石紧密结合，防止碎石流失。同步碎石封层具有良好的耐磨性和耐久性，这也是沥青路面采用同步碎石封层技术进行预防性养护或修复性养护并使路面使用寿命得以延长的重要因素之一。

（4）良好的经济性。同步碎石封层只需要较低的能耗。据测算，每平方米沥青路面使用 1.5 kg 沥青、8～12 kg 碎石即可，其成本只有 3 cm 热沥青混合料罩面的 50% 左右，而质量要好于罩面。

（5）同步碎石封层可作为低等级公路的过渡型路面，以缓和公路建设资金暂时不足的问题。

（6）同步碎石封层施工工序简单、施工速度快，可及时限速开放交通，1 h 后可完全开放交通。

无论用于道路养护还是作为过渡型路面，同步碎石封层的性能（使用年限）价格比明显优于其他表面处理方法，可以大大降低道路的维修养护成本。

3. 同步碎石封层采用的材料

同步碎石封层采用的原材料主要包括黏结料和碎石两类，其选择需要考虑公路等级、路面类型、交通流量、气候和材料供应能力等各种因素。原材料的选择是实现同步碎石封层优良性能的关键和重要保证，在很大程度上决定了同步碎石封层设计质量。

（1）沥青。使用同步碎石封层技术，原则上对沥青的选择和使用无特殊要求。在保证沥青合适的洒布温度、洒布量的前提下，使用普通沥青、重交沥青、乳化沥青、改性沥青都可以获得很好的效果。应注意的是，施工中沥青用量是决定封层质量的一个十分重要的因素。沥青过少时所封层的路面有可能出现严重的碎石脱粒；若过多，则会出现泛油现象。因此，沥青用量要根据交通量、路面状况、施工季节等进行调整，如大交通量的道路用量宜减少 5%～10%，秋季施工用量比夏季应增加 5% 左右。

（2）石料。石料是同步碎石封层的重要组成部分之一，主要承受车辆的荷载作用，并为行车提供抗滑作用。因而，应选用材质优良的石料。同步碎石封层一般要求使用经过反击破碎（或锤击破碎）所得到的碎石，针片状含量应严格限制在 15% 以下，而且几何尺寸要好，不含杂质和石粉，压碎值不大于 14%，并严格经过水洗风干，而对石料酸碱性无特殊的要求。

4. 同步碎石封层施工技术要求

沥青路面的预防性养护和修复性养护一般采用二次封层:第一次用6~10 mm、10~14 mm粗碎石形成骨架;第二次用2~4 mm细碎石嵌缝。两次封层后用轮胎压路机碾压,也可通过自然行车碾压。沥青路面若有10 cm以上的车辙、沉陷等病害,可采用多次封层不同粒径碎石的施工方法。施工前,首先对施工路段的路面状况、交通量等进行实地勘察。根据检测数据,认真分析并做试验,确定施工方案,其内容包括施工结构选择,沥青和碎石的选用,对车辙、坑槽等病害的预处理等,做好配套机具的调配、组织等工作。

同步碎石封层施工技术要点如下。

(1) 选用技术性能先进的同步碎石封层机并保持其良好的技术状态是保证沥青路面同步碎石封层质量和效率的前提和基础,其中包括结构合理的沥青喷洒装置、保证对沥青喷洒量及均匀性进行精确调节与控制、先进合理的沥青控制系统、精确调节和控制碎石的撒布量及均匀性、沥青喷洒与碎石撒布要保持高度一致。

(2) 喷嘴高度不同时喷洒后形成的沥青膜厚度不同(各个喷嘴喷出的扇形雾状沥青的重叠情况不同),因此要通过调整喷嘴高度使沥青膜厚度适宜。

(3) 使用改性沥青作为胶黏剂时,为保证雾状喷洒而形成均匀、等厚度的沥青膜,必须保持沥青的温度为160~170 ℃。

(4) 同步碎石封层机应以适宜的作业速度匀速行驶,在此条件下碎石的撒布率和沥青的洒布率必须匹配。

(5) 根据路面平整度和抗滑性能要求,应严格控制所用石料的粒径范围,但考虑到石料的破碎及筛分有一定的困难,针片状石料要限制在15%以内,不含杂质和石粉,压碎值小于14%,要经过水洗、风干。

(6) 作为沥青路面表面处理层或磨耗层的同步碎石封层,其平整度和强度必须满足要求。

(7) 一般沥青路面预防性养护进行一次同步碎石封层即可。旧沥青路面平整度较差时可选用适宜粒径的粗碎石作为下封层找平,然后用细碎石再做上封层。低等级公路采用同步碎石封层时需两层或三层,各层碎石粒径应互相搭配,以产生嵌挤作用,一般遵循下粗上细的原则。

(8) 封层作业前要对原路面进行认真清扫,以免尘土影响沥青的胶黏剂发挥作用。

(9) 封层作业过程中要保证有足够数量的轮胎压路机,以便在热沥青温度降低之前或乳化沥青破乳后能及时完成碾压定位工序。

5. 同步碎石封层施工应注意的问题

为了获得满意的同步碎石封层施工效果,需要注意以下几个问题。

(1) 准确判断沥青路面损伤的类型与程度,正确选择同步碎石封层施工工艺。

(2) 根据交通量、气候和供应条件,合理选择沥青和碎石,并使沥青品质(润湿性、黏结性和内聚性等)与碎石品质(粒度、耐磨性、抗压性和持久性等)之间有良好的相容性。

(3) 保持同步碎石封层机和配套机具良好的技术状态,以保证封层施工质量和生产率。

(4) 在施工工艺及技术规范所允许的范围内正确调整和操作同步碎石封层机及其他机具。必须进行试封层,并依此对选择的技术参数做必要的修正。

7.5.5 雾封层及沥再生技术

1. 雾封层技术

雾封层就是利用专用雾封层洒布车在沥青面层上喷洒一层薄薄的、高渗透性乳化沥青或改性乳化沥青,以形成一层严密的防水层将路面封闭,起到隔水、防渗、保护路面功能的作用,能够最大限度地减少路面的水损坏造成的不利影响,加大沥青路面集料间的黏结力,由此达到延长路面使用寿命和节约养护资金的目的。雾封层采用沥青洒布车一次性施工,为超薄喷洒层,要求喷洒层与下面层接触紧密、均匀,并具有良好的抗磨耗能力。雾封层一般用于轻度到中度细料损失或松散的道路。当开级配混合料出现松散时,雾封层可有效解决,无论低交通量道路还是高交通量道路均可使用雾封层。

当沥青路面正常使用几年后,路面开始出现轻度疲劳龟裂、损失细集料的现象,并且其渗水性大大提高,路面水会经过裂缝或细集料损伤处(露骨处)进入沥青混合料,这进一步加速了路面的损坏。在这一时期,路面处于基本完好时期,如果不进行及时处理,会导致网裂、龟裂、坑洞等路面破坏。这一阶段,最有效的方法是使用"雾封层技术"。经雾封层后,由于所用材料流动性比较强,可渗入集料缝、裂缝中,对路面"输血",从而恢复路面沥青黏附力,填补微小裂缝和空隙,更新和保护旧氧化沥青路面,防止路面水下渗,使低温下的路面免受损害,加深沥青路面的颜色,加大沥青路面与标线的对比度,防止开级配路面的松散,将路面性能维持2～3年时间,推迟造价更高的养护工程,提高道路的经济效益。雾封层所使用的材料一般为乳化沥青和水,有时可以添加一定比例的外加剂。

雾封层技术主要用来处理沥青路面的渗水问题。沥青路面的绝大多数病害都是由于水,有效地预防路面进水是非常必需的,而路面雾封层技术是一种直接、有效和经济的预防性养护措施。

(1) 雾封层的适用范围:①更新和保护旧氧化沥青路面;②填补小型裂缝和表面空隙;③使低温下的路面免受损害;④防止石屑封层的松散;⑤加深新石屑封层的颜色;⑥防止开级配路面的松散;⑦保持和维护重交通道路的路肩。

(2) 雾封层施工技术要点:①雾封层采用沥青洒布车一次性施工,在路面表面形成一超薄喷洒层,要求喷洒层与下面层接触紧密、均匀,并具有良好的抗磨耗能力;②将已经按要求在施工前24 h内稀释的乳化沥青装进沥青洒布机的储存罐内;③保持洒布车辆的匀速行驶,开动开关,喷洒乳化沥青。喷洒中控制洒布量,雾封层的一般喷洒量为0.23～0.45 L/m²。雾封层刚刚喷洒后路面呈现咖啡褐色,随着乳化沥青破乳,路面开始变黑,说明雾封层已经进入硬化阶段,待完全硬化后,路面就会黝黑得犹如新铺的路面。

2. 沥再生技术

沥再生具有轻微的挥发性气味,为黑色油状液体,是一种用于沥青路面的三合一维护剂。其主要成分为35%～50%的煤焦油、32%～42%的石油蒸馏液和15%～40%的三合一煤焦油再生剂(人造树脂石油乳剂、经提炼的煤焦油和主要由煤焦、煤焦油、石油溶剂合成的渗透剂)。

沥再生作为一种预防性的沥青路面维护产品,彻底改变了以往路面养护维修的老观念,在路面未出现病害时即对路面进行一定的保养,使沥青路面长期处于较佳的使用状态,保持柔性路面所特有的良好的弹性及柔韧性,是一直所追求的养护目的和养护效果,也是路面养护工作的一大突破。

(1) 沥再生的特点。沥再生是一种极其高效的具有渗透性的沥青再生密封剂。其特点主要如下。

①具有抵抗汽油、防水、防化学品侵蚀和抵抗其他损害性杂质影响的特性。它能在沥青路面形成密封层,抵御水、阳光、化学物品等对沥青路面的侵蚀。

②具有不改变沥青表面结构就能起到密封和再生作用的特性。将其涂刷于

路面表层后,路面被黝黑的沥再生覆盖,一个月后沥再生的渗透深度可达1.5 cm以上,与原沥青结构层融为一体,补充沥青所需的极性物质,恢复老化沥青活性,起到再生作用,从而缓解了路面的硬化脆裂程度,恢复路面的弹性、柔韧性和黏结力。

③沥再生具有较强的温度适用性、抗腐蚀能力和耐久性,且基本不影响路面的抗滑性能,是一种充满活性的,能渗透沥青表层并将沥青激活的结合剂。应用沥再生能使路面长期处于较佳的工作状态。沥再生能渗透到沥青表层,变成沥青层整体的一部分,与之共同收缩和膨胀,不像普通表面密封剂那样易于剥落、开裂和脱层,因而具有较强的温度适应性、耐久性。它可使沥青路面表层约15 mm厚的沥青的硬化程度和脆性显著降低,从而增强路面的柔韧性和弹性。

(2)沥再生的使用范围。沥青路面在其寿命周期内可分为3个阶段:建成投入使用开始,沥青逐渐老化、损耗,这一阶段为病害萌芽期;沥青路面出现微小裂缝、小坑槽或蜕皮现象,这一阶段为病害前期;路面出现较大面积的裂缝,并贯通形成龟裂,最终出现结构问题,这一阶段为病害后期。沥再生是一种预防性的沥青路面维护产品,应该在沥青路面裂缝小于 5 mm 时使用,能达到预期效果。当沥青路面出现裂缝时,须对裂缝采用填补剂处理后再使用沥再生,即应在沥青路面处于病害前期或病害萌芽期时使用最佳。沥再生改变了以往等沥青路面出现病害,影响使用功能后再进行养护维修的观念,而在路面未出现病害或刚出现轻度病害时即对路面进行保养,使其恢复新路面的弹性和柔韧性,使路面长期处于较佳的使用状态。

(3)沥再生施工技术要点。

①施工前的准备:必须在施工 2 d 前将道路表面的尘土和其他杂质清洗干净,并将其吹干。

②气候条件:沥再生必须在路面保持干燥和表面温度为 10 ℃ 以上时操作,换言之,在雨天或雨后不宜对沥青路面涂刷沥再生。

7.5.6　薄层罩面技术

薄层罩面作为一项预防性养护技术,给原沥青路面提供了一个崭新的表面,使原沥青路面的平整度大大增加,减小了行车的振动,减少了行车对路面的激振破坏并增加了行车的舒适性;恢复了路面表面粗糙度,使路面抗滑能力提高,增加了行车的安全性;使路面原有的许多表面破坏,如坑洞、裂缝、辙槽等都得到了一定程度的治理,并延长了路面使用寿命。

在我国养护规范中,薄层罩面适用于路面平整度较差、辙槽深度小于

10 mm、路面无结构性破坏的路面,为提高路面表面层服务功能的养护维修措施,也适用于新建公路的磨耗层。薄层罩面的代表厚度为 15～30 mm,一般为 20 mm 左右,在局部面积上可以铺得较厚,混合料宜选用间断级配、改性沥青或其他添加剂,以提高罩面层的水稳性。罩面层的厚度应根据路面的等级、交通量的大小、道路等级、道路的功能要求等综合确定:用于重点解决路面的轻度网裂、透水时,可选用较薄的罩面层;路面破损、平整度、抗滑 3 项性能需要改善时,应采用较厚的罩面层。各类型的罩面厚度不应小于最小施工结构层厚度。解决抗滑问题时,高等级公路的罩面层不得小于 2.5 cm。

薄层罩面用于沥青路面的预防性养护,主要优点:服务寿命延长;能承受重载交通和高剪应力;表面平整性能好;可被铺成需要的厚度、纵坡度和横坡度及中断交通时间短。

薄层罩面按照实施方法的不同可分为冷薄层罩面和热薄层罩面两类。

1. 冷薄层罩面

冷薄层罩面就是将乳化沥青或者改性乳化沥青和砂石材料在常温下拌和均匀、摊铺、压实的一种工艺。其具有以下优点。

(1) 节约能量。混合料拌和时砂石料不需要加热,因而可以节省大量的燃料。虽然生产乳化沥青也需要将沥青和水加热,但所消耗的热能与加热混合料的消耗的能源相比差异明显。

(2) 延长施工季节。在潮湿的雨季和阴冷的秋冬季节,沥青路面常易出现病害,可以在发现病害后及时处理,不必等到夏季高温季节再进行处置,从而争取了施工时间,带来了长远收益。

(3) 节省沥青用量。阳离子乳化沥青与石料有良好的黏附性,沥青用量可以减少 10%～20%。

(4) 减少污染,保护环境。乳化沥青混合料拌和、生产在常温下进行,因而没有烟气和粉尘排放,对环境不会造成危害。

2. 热薄层罩面

热薄层罩面是一种很早采用的传统预防性养护方法,即在原有路面上加铺一层厚度不超过 2.5 cm 的热拌沥青混合料。热薄层罩面可以有效地防止品质正在下降的路面继续恶化,改善路面平整度,恢复路面的抗滑阻力,校正路面的轮廓,对路面也有一定的补强作用。按热薄沥青混凝土面层的厚度,可将其分为

3种，即薄沥青混凝土面层25～30 mm，很薄沥青混凝土面层20～25 mm，超薄沥青混凝土面层15～20 mm。在施工工艺方面，薄层罩面施工中最大的困难是由于层面较薄，容易冷却又不宜使用振动压路机。不易达到较高的密实度。为了适应薄层路面快速压实的需要，近些年来出现了某些专为压实薄层路面而设计的高频振动压路机，此类振动压路机的振幅极低，只有0.2 mm左右，但频率高达70 Hz，可以说是施工机械上的改观；在材料方面，采用改性沥青作为胶黏剂铺筑的薄层罩面在耐久性和抗滑性能方面都优于普通沥青。因此，正确设计混合料、控制温度、选择碾压工艺和压路机显得尤为重要。

热薄层罩面具有的特点：服务寿命长；使用性能好，能承受重载交通；具有平整的、抗滑性能好的表面；铺筑厚度、纵坡和横坡可以根据需要随时调整并压实成平整、耐久的表面层；改善了原路面的外观。热薄层沥青混凝土罩面技术是一种经济适用的沥青路面修补技术，同时也可用于新建的沥青路面表面的抗滑磨耗层，广泛应用在沥青路面的预防性养护或者中修养护中。目前，热薄层罩面主要有热拌密实型沥青混合料AC罩面、沥青玛琋脂碎石混合料SMA薄层罩面、多碎石沥青混凝土SAC罩面等。在进行材料选择时，沥青混合料的热稳定性和不透水性成为薄层罩面选型考虑的焦点。比较各种沥青混合料的技术性能、各自特点及适用性确定混合料类型，设计时要注意对级配进行必要的调整，以保证将来的施工质量。石料的选材可根据混合料类型来确定，如果是SMA应采用玄武岩，如果采用其他混合料类型也可以使用优质石灰岩。

(1) 设计中对罩面结构的主要技术性能要求。

①表面抗滑性。特征指标是构造深度，可以从集料的选择和级配组成设计入手，严格要求石料的磨光值、针片状含量、压碎值、磨耗值等指标，以提高面层抗滑性能，达到市政道路的技术要求。

②高温稳定性。要求采用优质改性沥青和优质矿料拌制的高性能沥青混凝土，其特征指标为动稳定度和永久变形能力。

③抗水损害能力。评价罩面层混合料水稳定性的特征指标有黏附性、浸水马歇尔强度比（残留稳定度）等，必要时采取一定的抗剥离措施。

④防止泛油。沥青路面的泛油将影响路面的使用性能，降低抗滑性能，并引起其他路面病害的产生，在设计和施工中应严格控制用油量。

(2) 热薄层罩面的类型。

①热拌密实型沥青混合料AC罩面。

密级配沥青混凝土AC属于典型的悬浮密实结构。这种结构中细集料胶浆含量多且致密,反映在力学性能上即为马歇尔稳定度较高,同时密水性好、工程造价相对较低,施工工艺比较成熟,是罩面工程中经常采用的措施。常见的级配有 AC-13、AC-16。但是,这种材料抵抗早期损坏和高温车辙的能力相当弱,且表面较为光滑,高速行车下易使汽车发生漂滑现象,对交通安全危害大,在超重载路段表现如下:表面抗滑能力较差;在高温条件下稳定性较差,抗车辙能力不足;路面低温抗裂性能差,反射裂缝、疲劳裂缝重度;路面使用寿命较短,造成频繁罩面,从而增加总体投资。

对于有特殊要求的路段,不宜采用 AC 罩面,应该按照使用功能要求分段设计。以松散、坑槽等水损病害为主,应选择密级配 AC-16 型沥青混合料。

②沥青玛碲脂碎石混合料 SMA 薄层罩面。

沥青玛碲脂碎石混合料 SMA 是一种由沥青、纤维稳定剂、矿粉及少量的细集料组成的沥青玛碲脂填充间断级配的粗集料骨架间隙而形成的沥青混合料,是最适合罩面工程的材料。在高温情况下,占 70% 以上的粗集料骨架承受交通荷载,粗颗粒之间相互良好的嵌挤作用使得沥青混合料产生非常好的抗荷载变形的能力。即使玛碲脂的黏度降低,也不会影响骨架承载能力。因而,其抗车辙能力非常显著。在低温下,抗裂性能由结合料的拉伸性能决定,SMA 中填充空隙的玛碲脂具有较好的黏结作用,尤其是使用改性的沥青材料,玛碲脂的韧性和柔性会更加明显,从而使混合料具有良好的低温抗变形能力。

另外,SMA 罩面还具有表面构造深度大、抗滑性能好、耐磨耗、良好的水稳定性、耐久性等特点,SMA 中的沥青用量较多,施工中不易离析,易于压实,降低了施工难度。在等级高、交通量大、重载车辆多且使用条件恶劣的公路中通常采用 SMA 进行罩面,以延长路面的使用寿命,改善路面的使用性能。若使用改性沥青作为胶结料,则 SMA 改性沥青混合料适用于很多病害种类。但是其造价较高,通常应用于病害较严重的地段。

③多碎石沥青混凝土 SAC 罩面。

为使路面具有良好的高温稳定性和表面构造深度,在密级配沥青混合料的矿料组成中增加碎石(粗集料)含量,减少细集料含量,为控制空隙率过大同时增加填料含量,这样的间断级配的结构就是多碎石沥青混凝土 SAC。在 SAC 结构中,由于粗集料含量多,多碎石沥青混凝土在水稳定性、高温稳定性、摩擦系数和构造深度等方面表现出较好的性能。

多碎石沥青混凝土 SAC 作为高等级公路沥青路面的上面层,既要具备良好的密实性以防水,又要有一定的构造深度以防滑。采用 SAC 结构铺筑高等级公路抗滑表层比较经济适用,其特点是属于间断密实级配,设计空隙率为3%～4%,表面构造深度为0.18～1.12 mm,对原材料技术指标的要求低于SMA结构,可以在满足路用性能的基础上同时达到降低工程造价的目的。SAC-10是一种小粒径、多碎石、粗集料间断级配密实型沥青混合料,一般的摊铺厚度为15～25 mm,用于沥青路面表面功能的恢复,主要是抗滑性能的恢复,具有构造深度大、抗滑性能好、行车噪声低的特性,同时厚度较薄,造价低。以磨光、泛油等影响路面抗滑性能的病害为主时,罩面沥青混合料应选择多碎石SAC-16型;以车辙、波浪、拥包等变形类病害为主时,罩面沥青混合料应选择改良的多碎石SAC-16型。

第 8 章 3D 摊铺技术在沥青路面施工中的应用

8.1 3D 摊铺技术概述

3D 摊铺技术系统以信息技术为基础,基于全站仪基准站提供的施工数据支持,可对各施工环节精确控制,减少工程误差。通常会将全站仪安装在摊铺机桅杆上,随着摊铺工作的进行,全站仪能充分收集摊铺过程中的各项数据信息,对坐标信息进行分析,若实际情况和设计有误差,随时进行调整,实现对作业方向的修正。3D 摊铺技术的应用,各阶段的摊铺工作严格按照要求进行,从而提升不同区域的摊铺质量。

摊铺技术作为 3D 技术的分支,近些年在工程领域得到广泛应用,最早用于建筑行业,随后发展到路面摊铺中,在发展过程中不断完善。3D 摊铺技术实现了自动化操作和智能摊铺,解决了传统摊铺的较多问题。例如过去需要施工人员全天监控,浪费人力资源;而在新技术的应用下,施工人员被解放出来,为建设单位节省人力成本。除此之外,该技术还搭载了自动控制系统的车载设备,能够在施工过程中实时反映曲线弯曲度,让施工人员对摊铺工作有更全面的了解,当出现误差时,可及时调整。公路工程对摊铺厚度有较高要求,如果摊铺厚度不均匀,会让路面平整度无法满足要求。而 3D 摊铺利用了数字化施工技术,可将误差控制在毫米级别,提升了工程质量。

3D 摊铺技术主要包含了以下两种技术,分别是 GNSS-RTK 技术和 LaserZone 技术。通过发挥实时动态载波相位差分技术(real-time kinematic, RTK)水平精度和高程精度的应用优势,进一步提高沥青路面施工的摊铺精确度。

8.1.1 GNSS-RTK 和 LaserZone 技术

(1) GNSS-RTK。

GNSS-RTK 技术主要包含 GNSS(全球导航卫星系统)技术和 RTK 技术两

种。其中，GNSS 主要用到了主动式测距原理，沿着设置好的轨道进行高速化运转，卫星所在位置会不停变化。此时，需要利用 GNSS 卫星定位信号，对各个测站之间的距离进行测量，并利用卫星导航电文解算法，精确地计算出 GNSS 卫星所在的三维坐标和 GNSS 接收机的所在空间位置。RTK 技术的出现和应用可以最大限度地提高标称的精确度，确保其精确度达到 9 mm，完全符合工程测量相关标准和要求。

(2) LaserZone。

在 LaserZone（域激光）技术的应用背景下，激光发射器的研制得以实现。该激光发射器在实际运行中，通常会发出相应的激光波，利用激光波可以完成对三维空间的构建。该三维空间可以呈现出 360°旋转状态。另外，对于激光波而言，其上下垂直发射角度为 $-10° \sim 10°$，所形成的发射面呈现出扇形结构，在 $-5 \sim 5$ m 范围内，可以最大限度提高激光的精确度。激光接收装置在激光所能控制的范围内均能正常、稳定地接收和处理相关信号。在激光发射器的应用背景下，通过对仪器进行精确化测量，可以实现对激光发射轴高程的有效计算，并利用激光接收器，确定两次激光波所对应的接收时间差，然后计算出发射轴所对应的相对高差，从而获得该发射轴的绝对高程参数值。

8.1.2 3D 摊铺技术的施工工艺流程

(1) 前期施工准备。

①摊铺数据的准备。数据的准备工作主要是通过设计数据以及图纸建立三维数字模型，使用 3D 摊铺的系统所配套的软件能将原本的工程二维的设计蓝图转换成三维电子设计图。传统的工程一般都会根据软件来进行二维或三维的工程设置，但也仅仅将设置停留在电脑图纸上显示，并没有办法和实际施工相互结合，这就造成二者容易脱节，使用效率不高。

②施工现场的准备。在施工之前要能够正确地将控制系统当中的各个元部件连接起来，设置施工表面正确偏移量，在手动状态下，作为引导基准的全站仪追踪 360°棱镜后再进行施工。由于系统使用的是高程和坡度控制的状态，如果摊铺机的填筑表面高程能够满足设计要求，则需要校准系统的高层以及横坡传感器，并在校准完毕之后开启自动模式，然后在施工的过程当中，通过对控制器左右进行微调，来让摊铺标高符合相关要求。

(2) 摊铺施工。

在电脑上将图纸设计的具体结构层标高和水平坐标录入表格中，同时在表格内要导入全站仪，在施工的范围内挑选通风并且视野比较好的位置进行全站仪的架设，每站控制范围在大于 400 m 且小于 600 m 的位置，同时进行混合料的施工。

（3）施工操作要点。

前期准备阶段需要进行系统的安装和调试。摊铺机的机械及电气以及液压系统必须要能够达到出厂的具体要求。在进行系统安装的时候，系统能够保障平整整个场地，同时也要能够配合电焊和电钻来进行施工。在现场测量控制点加密以及控制点的精度核核，在试验路段的数据设计的过程中，相关测量人员必须要能够提供更加全面的资料。

在施工摊铺阶段需要能够确定摊铺机的具体行进方向，同时要能够了解施工路段方面的松铺系数。在全站仪架设的具体位置，对周围的环境进行检查，同时要能够管理现场的车辆，对施工人员的具体工作情况要能够及时调度和辅助，避免遮挡仪器的情况出现。同时，系统必须要能够给予正确的配置以及施工，对被摊铺的表面要及时检查。

在施工的过程当中，全站仪设站的时候，其控制点不能和全站仪在一条直线上。如果全站仪的精度调整为中级或者低级，设站是不予通过的。同时设站位置需要能够尽量离大型的机械范围更远一些，尽量不要把架设的位置放在摊铺机的正前方或者是正后方。而摊铺机在起步的时候，让枕木垫好之后调整仰角标尺到比较标准的位置，在起步之后要进行复测，及时调整相关设备，同时在接线的时候分清接线盒的左右。一旦发现仰角标尺产生了较大幅度的变化，及时停机检查全站仪以及设备是否符合正常。在进行数据 3D 建模的过程当中，应防止边桩的坐标复制错误，完成数据的 3D 建模，使用电脑的模拟器检查是否可以正常导入数据。

8.1.3　3D 摊铺技术施工措施

1. 质量保障措施

（1）制订各项质量保障制度。

①强化技能教育，同时要对理论培训有所重视。组织参加 3D 施工技术的全体工作人员，对相关的理论知识进行学习，所有操作的人员必须要能够对仪器设备有所掌握。工作人员应将所有施工机器的操作流程烂熟于心，根据施工的具体程序以及质量的要求来进行施工，对于施工当中容易产生质量隐患的一些

工序以及环节要能够熟练的了解与掌握。工作人员在施工的过程当中，必须对各项不同的质量标准有所坚持，严格地执行相关的施工规范，同时在验收的时候更加严谨。对于各种不同的质量方面的方针以及目标认真贯彻落实，确定工程的具体项目质量的目标得以实现。同时也要提高工作人员在质量方面的安全意识，要能够将质量控制放在所有工作的首要位置，制订更加合理的生产计划和施工计划，确定施工始终能够保持在受控状态。

②建立健全的试验检测制度，同时制订严格的测量符合制度，对质检人员以及施工方面的技术人员的管理必须更加严格，发挥试验检测工作的真正价值，在施工的过程当中起到一定的引导作用，有效地采集在试验检测方面的数据以及现场测量的数据，并且进行总结和分析，对施工的具体质量进行评定以及定量的评测，确保将施工的质量能够控制在设计要求以及相关规范的标准范围内。

③重视内部质量的三检制度，安排专职人员进行质检，对施工的整个过程的质量进行检查和控制，对每一道工序以及工程进行相关的质检工作。在分项工程的施工过程当中，按时进行自检、互检和交接并分级，进行相关环节的工程质量验收和检查，及时做出有关评定。

（2）原材料质量控制措施。

在采购原材料的过程当中，必须委派专人进行采购和管理。采购人员以及施工人员在进行原材料交接的时候，必须有所记录。务必从诚信的供应商那里采购材料，从源头抓起，严把质量关。施工的过程当中所使用的各种原材料和半成品，都应当经过实验室的取样检测，且检测合格之后才能够进场。对于进场的材料，在使用之前严格根据抽检频率的要求进行抽样检查，且在监理工程师检查验收合格之后，才可以将其投入使用。

（3）施工过程质量控制的措施。

在施工的过程中，要将一些工程中的重要部位、会影响到质量的比较特殊的工艺以及使用的原材料作为主要的控制对象，根据相关设计以及规范采取相应的工程技术措施以及检查的方法，普及使用一些比较先进的技术。对于在技术中遇到的困难要做到及时检查，组织相关专业工作人员攻克难关，与此同时听取各方面的意见，对技术问题要能够总结分析，从而提高整个施工的质量。在使用的过程当中，严格根据施工的相关规范和标准要求施工，且在施工现场落实实施技术员全程旁站的制度，一旦产生任何问题都应当能够及时进行纠正和处理，避免产生质量问题。

2. 施工安全措施

按照相关的施工任务,制订更加全面的安全操作规范流程,以及各项与安全有关的规章制度。在开工之前,对有可能参与施工的工作人员要进行全面的安全生产教育,组织工作人员学习施工过程中可能接触的安全法规以及安全操作流程规范。对于一些比较特殊的工种,比如各种机械的操作工以及电工等都需要提前培训,而且必须要坚持持证上岗的原则。在施工的现场要能够树立更加醒目的安全警示标志,营造更加安全的生产施工氛围,同时要建立安全生产责任制,签订相关的责任书,真正做到分工明确,将责任落实到位。管理者要始终坚持安全生产,对一些容易发生的隐患以及严重的危险源必须要提前进行预案。一旦出现任何问题,要能够及时采取措施有效解决。

3. 施工环保措施

在3D摊铺的施工现场,产生的任何生活垃圾和工程垃圾都要能够及时清理。在运输垃圾的时候要能够实施全面封闭覆盖,不能沿途随意散落。同时,做到定时洒水,防止出现扬尘等环境污染。对于在施工过程当中产生的噪声问题也需要及时采取降噪措施解决,不能随意将固体废弃物或废水、废气随便排放,对环境造成污染。

8.2 沥青路面3D摊铺技术应用分析

沥青路面3D摊铺技术是道路施工中的核心技术之一,当前广泛采用摊铺机进行施工,主要依靠钢丝线(导轨)、机械式平衡梁和非接触式平衡梁进行基准找平。传统的摊铺工艺由于自身的局限性,存在比较明显的不足。

(1)施工前准备工序较多,需要人工进行道路中线、边线、基准线的放样和复测等,投入的人工和时间较多,综合效益较差。

(2)施工精度受人工技术和施工机械的影响较大,例如人工测量误差、钢丝挠度、机械振动等,导致对工程施工精度控制不足,一方面可能造成工程质量不满足要求,另一方面可能引起不必要的材料浪费,直接增加工程建设成本。在沥青路面摊铺中,对沥青面层厚度的控制能力直接反映施工企业的技术质量管理水平。

随着科技的不断发展,沥青摊铺技术也在不断推陈出新,不少施工企业也开始采用3D摊铺技术。沥青路面3D摊铺技术将当前多种先进的测量定位技术引入传统的沥青摊铺机引导施工,完全改变了传统工艺中人工作业的施工方法,加强了工程施工中的过程控制,提高了施工质量,同时在施工效率和工期、工程成本投入等方面也具有明显优势。但是,其在实际应用中仍然可能存在一系列需要考虑的问题。

8.2.1 市政道路适用性分析

3D摊铺系统借助多种信号传输过程来完成整套系统的正常引导运作。激光发射器通过发射一个三维空间的激光墙信号来为设备提供毫米级精度的高程基准。但是,当激光发射器与机载激光接收器之间存在高大的遮挡物时,可能会直接隔断两者之间的信号传输,进而影响摊铺的正常作业和精度控制。

相比于公路工程,市政道路工程需要在市区内修筑,施工场地周围的房屋建筑、道路两侧的标识牌、电线杆等都可能影响信号的正常传输。激光发射器的有效作业范围为150~300 m。为了减少施工场地周边环境对激光信号的影响,需要加密激光发射器的布设,这样将降低激光发射器的有效利用率,增加换站工作量,以及相应的站间数据对接处理。频繁换站和多次系统误差叠加,将影响引导摊铺机作业的精度,难以达到预期的效果。因此,在市政道路施工中,有待进一步改进信号过渡处理技术来适应复杂的城市作业环境。

8.2.2 施工质量影响因素分析

对于传统施工工艺来说,施工质量主要取决于摊铺作业人员的技术水平、人工精度控制、机械自身摊铺性能。而3D摊铺技术借助高精度测量控制技术代替了人工控制,减少了人为误差,避免了传统施工中多道工序的累积误差。因此,3D摊铺技术施工质量除受摊铺机械自身性能影响外,主要取决于控制系统的精度,这包括仪器安装精度和设备指令及控制响应精度。系统通过专人安装并校核,基本可以消除系统安装误差,保证系统控制精度。

除此之外,位于下部的路基填筑质量也将直接影响3D摊铺技术的施工质量。在施工准备期间,需要确定各层沥青的松铺系数,并将参数及设计数据预先输入系统。在松铺每层沥青时,顶面标高可以精确控制,但是底面标高主要取决于下层路基的施工质量,包括标高、平整度、压实度等。当标高和平整度未达到质量标准时,将使得实际需要摊铺的厚度与预设的设计厚度不相符,但是松铺的沥青却是按照预设的设计厚度摊铺的,这将导致压实后沥青面层标高与设计值产生一定差异,影响摊铺质量。另外,当下层路基压实度不合格时,在后续摊铺碾压中,路基填土将进一步发生沉降,同样将导致碾压后的沥青面层标高低于预设标高。

因此,为了尽可能地提高 3D 摊铺技术的施工质量,应尽量保证系统设备的安装精度,消除系统误差,严格控制路基填土的碾压施工质量,减少外界因素对摊铺质量的影响。

8.2.3　经济效益分析

3D 摊铺技术相比传统施工技术增加了系统设备的购置费用,减少了 2~3 人的人工费,而高精度控制节约了摊铺材料的成本投入。其中,设备购置费和节约材料减少的成本投入占主要部分,人工费相比可以忽略。当前整套 3D 摊铺设备市场价为 150 万元,可以列入固定成本。对于材料节约成本部分,根据现场施工经验,摊铺每层沥青面层,3D 摊铺技术比传统施工技术平均减少 3 mm 厚度,则 3 层路面结构面层大约节省 9 mm 厚度。假设常规市政道路上面层采用改性 SMA,中面层采用改性沥青混凝土,下面层采用普通沥青混凝土,三者的单价分别为 1800、1500、1000 元/m^3,以 1 km 道路进行计算,6 车道路面宽度为 22 m,每层面层节约的摊铺材料体积为 1000×22×0.003 m^3=66 m^3,材料节约成本金额为 66×(1800+1500+1000)元=28.38 万元。借用经济学中量本利模型,则采用 3D 摊铺技术的盈亏平衡点工程量为 BEQ=150/28.38 km=5.3 km。

因此,在不考虑后期维护费用的前提下,当采用 3D 摊铺技术的市政道路工程量超过 5.3 km 时,其节省材料的投入能够平衡购买整套设备的费用。综合考虑经济效益和常规市政道路工程量,推荐购买并使用 3D 摊铺设备。

8.3　基于 3D 摊铺技术的沥青路面施工

为了充分发挥和利用 3D 摊铺技术的应用优势,施工人员必须要严格按照沥青路面施工流程:摊铺施工前期准备→设备安装与调试→数据收集与三维模型设计→3D 摊铺控制。

8.3.1 摊铺施工前期准备

为保证摊铺精度,首先要建立高精度的施工控制网,根据设计要求,摊铺精度要求高达±2 mm/4 m。高程控制网采用二等水准网、平面控制网采用三等GPS+一等导线组合的布网方式布网。

1. 高精度控制系统建立

为了实现对该工程摊铺精度的有效控制,施工人员要做好对高精度施工控制网的构建。同时,结合相关标准和要求,将摊铺精度控制在−2~2 mm。此外,还要利用二等水准网和平面控制网,采用 GPS 与导线相结合的方式,将高程控制网应用到沥青路面施工中。另外,还要利用坐标系统,构建相应的平面坐标系统,并精确地计算出测区所对应的实际精度,将测区精度和平均高程分别设置为中央子午线、投影高程。最后,在完成工程独立坐标系统构建的基础上,完成对当地高程系统的科学设计。

2. 点位选取与埋石

在实际布置期间,要将控制点科学地布置在距离路边缘 10 m 的左右两侧,并确保地形的开阔性、坚固性。此外,还要将各个控制点之间的间距设置在 150~210 m,使得高程稳定性和精确度得以大幅度提高。另外,还要将 3 个不同的深埋点统一布置在控制网中,并形成相应的水准基点,为降低高程系统维护难度,保证系统运营水平创造良好的条件。在构建水准基点期间,要采用观测墩的方式,将观测墩的埋入深度控制在 0.5 m 以内,并将圆桩打入观测墩下。同时,还要结合实际地质特点,将打桩深度控制在 9~14 m。最后,为了确保控制网建网成本降到最低,在保证工程摊铺精确度的基础上,将平面控制点和高程控制点设置为同点。通过参照工程测量相关标准和要求,确定水准基点和控制点所对应的尺寸,然后根据工程实际施工需求,开展现场浇筑作业。同时,还要采用大钢钉的方式布设方式,完成对两个临时点的设置,并利用全站仪,完成对相关数据的全面化采集,对临时点进行再次布设。

3. 控制网数据采集及数据处理

为了实现对控制网数据的全面化采集和处理,技术人员要严格按照平面控制网测量流程:平面控制网测量→平面控制网数据处理→高程控制网测量→高程控制网数据处理。

(1) 平面控制网测量。

为了进一步提高平面控制网测量结果的精确性,施工人员要采用GPS静态观测的方式,对间距为400~600 m的控制点进行观测,并利用全站仪对其他部分的控制点进行精确化测量。在进行全站仪加密测量期间,需要采用导线施测的方式,在完成GPS静态观测的前提下,利用导线测量法对各个控制网线进行精确化测量。

(2) 平面控制网数据处理。

在进行平面控制网数据处理期间,要重点做好对GPS静态观测网平差的精确化处理,并在结合GPS精确观测结果的基础上,利用专业软件对全站仪加密测量所对应的平差进行精确化处理。同时,采用多基线向量求解模式,确定最终的基线向量双差。此外,当外业观测工作完成后,将基本构网图形设置为四边形,并对观测基线的质量进行全面化检测,检测基线质量是否达标,是否满足相关标准和要求。在此基础上,还要采用精度分析法,将所有基线解算工作落实到位,并结合实际情况,选用合适的基线网,组装相应的基线环,为后期基线网平差的求解创造良好的条件。在商业专业软件的应用背景下,通过全面化处理静态观测网平差,保证高斯投影效果。结合静态观测数据,利用商业专用软件,采用平差处理的方式对所有全站仪的导线进行平差处理。

(3) 高程控制网测量。

为了进一步提升高程控制网测量结果的精确性和真实性,施工人员要重视对二等水准测量法的应用。该测量方法应用步骤如下:①精确地测量4个水准基点;②对整体高程控制网相关参数进行全面化测量;③严格按照二等水准测量相关标准和要求,完成对高程控制网水准参数的精确化测量。

(4) 高程控制网数据处理。

当水准测量工作完成后,正式进入相关数据检查环节中,对各个点间高差进行精确化计算和统计。在计算各个点间高差时,需要对各个点间数据的真实性和精确性进行检查,检查准确后方可进入计算环节,确保最终计算结果完全满足相关标准和要求。接着,利用平易软件,精确化计算高程控制网所对应的平差,从而获得各个点间的高程值。

8.3.2　设备安装与调试

施工人员要严格按照所提供的安装图纸,对设备进行科学化安装。在此基础上，对该设备进行精确化调试。在进行调试期间，做好对激光发射器的精确化校正，确保该发射器三轴关系的合理性，使得该发射器的 Y 轴、X 轴和 Z 轴始终处于相互垂直的状态。精确化调试摊铺机的液压，从而实现 3D 摊铺系统的液压升降速度接近摊铺机自身的液压升降速度。

8.3.3 数据收集与三维模型设计

在实际设计期间，重点做好沥青摊铺 3D 模型的科学化构建。同时，还要在充分考虑相关厚度的基础上，采用移动设计面的方式，实现对各个层次摊铺设计数据的全面化获取和整理。为了实现以上目标，施工人员要从以下几个方面入手。

（1）设计道路相关数据。严格按照设计图纸，利用 3D 摊铺控制软件，对三维模型的设计加成，在后期的摊铺施工作业中，利用移动设计面的方式，实现对各个层面摊铺相关设计数据的全面化采集和整理。

（2）分区化数据设计。为了进一步提高该工程摊铺精确度，在对相关摊铺数据进行设计期间，要重点做好对这些数据的分区化处理。

8.3.4 3D 摊铺控制

1. 摊铺施工的流程

（1）基准站架设。

基准站架设位于摊铺区域 5 km 半径内，架设位置需要考虑对空通视条件良好。

（2）mmGNSS 发射器架设。

基于 mmGNSS 发射有效半径和特点的考虑，发射器架设在控制网点上，距离摊铺现场不小于 10 m，最大距离不大于 150 m，架设启动前精确检核水准点位高程和仪器高度。

（3）mmGNSS 流动站启动及检核控制点。

mmGNSS 流动站启动后，检核控制网中至少 4 个点位坐标，并根据设计数据进行摊铺表面的检核和精度评估。

（4）mmGNSS 摊铺系统的启动。

按照施工的要求分配控制箱操作手和摊铺巡检，负责双边摊铺过程的检查，并及时向操作手汇报,进行实时调整。

(5) 摊铺。

摊铺开始时,需控制箱操作手手动控制摊铺,摊铺 6~10 m,摊铺稳定后调为自动,进入 3D 摊铺模式。

(6) 检测。

①高程监测:摊铺时,检测人员用 mmGPS 流动站实时检测松铺高程、压实高程,利用软件自动反算高程偏差,获取摊铺横坡,及时反馈到 3D 摊铺控制系统中,修正后记录入册。

②温度检测:摊铺过程中,实时监测运料车中料的温度、松浦后沥青料温度、压实后沥青料温度,记录入册。

③平顺性检测:压实养护后,采用平顺仪和靠尺检测平顺性,记录入册。

2. 摊铺机械

(1) 根据道路宽度,安排 1~2 台摊铺机联铺。

(2) 采用 3 台摊铺机联铺,摊铺机走形成"品"行,减少纵向接缝。

3. 摊铺施工

(1) 摊铺机就位后,先应预热 30~60 min,使熨平板的温度在 100 ℃以上,保证摊铺机起步时熨平板不拉毛,调整熨平板高度在下面垫木块,厚度与松铺厚度相等,使熨平板牢固地放在上面,并调整好熨平板仰角及拱度。

(2) 将摊铺机的标尺置于设定位置,调整控制箱,打开开关开始铺筑,摊铺机振级设置为 4 级。

(3) 摊铺机接料斗适当涂上植物油防黏液,料车对准摊铺机料斗中心,停在摊铺机 10~30 cm 处挂空挡,摊铺机推着料车前进。在坡度大的地段,料车可挂低速挡,与摊铺机同步前进。

(4) 拌和机的生产能力与摊铺机摊铺速度相适应,保证摊铺过程的匀速、缓慢、连续不间断,中途不得随意变速或停机。沥青拌和站按 278 t/h 产量,现场摊铺速度控制在 2~3 m/min。当供料紧张时,可放慢至 2 m/min,但不得随意频繁地变换速度。当供料断档时间较长时,应停止摊铺,按施工缝处理。摊铺机起步 5 m 左右时摊铺速度控制在 1 m/min,使熨平板、夯锤及机体温度接近混合料温度。摊铺中螺旋布料器均衡地向两侧供料,并保持一定料位高度,以保证熨平板后松铺面的平整和混合料初始疏密程度的稳定。

（5）摊铺过程中，设专人检查铺筑厚度及平整度，处理路缘石部位。当发现局部离析、横断面不符合要求、表面不平整、结构物接头部位缺料、摊铺带边缘缺料、摊铺机后面有明显拖痕时，在现场指挥人员的指挥下及时处理。正常摊铺过程中，在压路机碾压混合料之前，施工人员不得进入踩踏。

参考文献

[1] 安少科,张家康,黄杨权,等.基于综合性能的OGFC沥青混合料配合比设计优化研究[J].沈阳建筑大学学报(自然科学版),2019,35(3):487-494.

[2] 薄永涛,祁广财,赵可蒙,等.橡胶沥青混合料应力吸收层配合比设计研究[J].民营科技,2015(3):189.

[3] 毕东河,黄振宇,郑雪辉,等.沥青路面施工作业与养护决策[M].武汉:华中科技大学出版社,2021.

[4] 曹锦,王斌.浅谈沥青路面结构组合设计[J].河南科技,2013(13):178.

[5] 陈龙.市政道路沥青路面施工技术探讨[J].四川水泥,2020(6):49.

[6] 陈萍.沥青混合料配合比设计探讨[J].低碳世界,2019,9(1):220-221.

[7] 陈乙方.市政道路沥青路面施工技术应用现状及发展趋势[J].绿色环保建材,2019(6):123.

[8] 丁洋.高速公路路基与桥梁施工技术要点探究[J].大众标准化,2023(8):53-55.

[9] 韩彦斌.市政工程沥青路面施工技术[J].大众标准化,2023(4):42-44.

[10] 郝劲鑫.公路工程路基路面压实施工工艺[J].四川建材,2023,49(4):129-131,134.

[11] 何晨.路面施工技术[M].北京:化学工业出版社,2013.

[12] 侯伟辉.市政沥青路面施工技术及常见问题分析[J].工程建设与设计,2020(6):204-205.

[13] 侯永生.沥青路面施工技术问答[M].北京:中国铁道出版社,2014.

[14] 胡立志.市政工程沥青路面施工技术的应用实例分析[J].智能城市,2019,5(17):160-161.

[15] 华凤祥.热拌沥青混合料的配合比设计探讨[J].中国高新技术企业,2016(5):4-6.

[16] 黄立明.基于3D数字化自动摊铺控制系统的沥青混凝土路面应用研究[J].江西建材,2020(8):116-117,119.

[17] 贾富祯.谈市政道路工程中沥青表面处治施工技术[J].建材与装饰,2018(38):284-285.

[18] 贾军政.路基路面养护技术[M].北京:北京理工大学出版社,2021.

[19] 交通部公路科学研究所.公路工程集料试验规程:JTG E42—2005[S].北京:人民交通出版社,2005.

[20] 交通部公路科学研究所.公路沥青路面施工技术规范:JTG F40—2004[S].北京:人民交通出版社,2004.

[21] 交通部公路科学研究所.公路沥青玛蹄脂碎石路面技术指南:SHC F40-01—2002[S].北京:北京理工大学出版社,2002.

[22] 交通运输部公路科学研究院.公路工程沥青及沥青混合料试验规程:JTG E20—2011[S].北京:人民交通出版社,2011.

[23] 雷建芳.市政道路 SMA 改性沥青路面施工技术的应用分析[J].运输经理世界,2022(32):35-37.

[24] 雷小磊,李刚.3D 摊铺控制技术在沥青混凝土路面工程中的应用研究[J].市政技术,2018,36(5):20-24.

[25] 李及弟.沥青路面结构组合设计[J].科技信息,2012(27):365,379.

[26] 李立琛.新疆地区橡胶沥青混合料配合比设计及路用性能研究[D].乌鲁木齐:新疆农业大学,2015.

[27] 李宇峙.路基路面工程[M].重庆:重庆大学出版社,2017.

[28] 林兰.市政道路路基施工技术思路分析[J].运输经理世界,2022(32):26-28.

[29] 林文达.市政道路沥青路面施工技术应用研究[J].运输经理世界,2021(16):151-153.

[30] 林云腾.浅谈 OGFC 混合料配合比设计[J].福建建设科技,2008(2):39-40,62.

[31] 刘登峰.OGFC 沥青混合料配合比设计研究[J].江西建材,2015(21):137-138.

[32] 刘晓波.沥青混合料的配合比设计方法应用[J].山西建筑,2020,46(10):108-109.

[33] 卢佩霞.路基路面工程[M].南京:南京大学出版社,2019.

[34] 罗健勇.公路工程沥青路面 3D 摊铺技术在标准化施工中的应用[J].中国标准化,2021(12):121-123.

[35] 罗灵先.浅谈 SMA 沥青路面混合料配合比设计[J].四川建材,2006(5):3-7.

参考文献

[36] 潘金发.热拌沥青混合料目标配合比设计探析[J].福建建材,2017(9):82-84.

[37] 朴志海,赵龙海,郑慧君,等.道路交通与路基路面工程[M].重庆:重庆大学出版社,2020.

[38] 戚文连.市政道路沥青路面施工技术及常见问题的探讨[J].大众标准化,2020(21):179-180.

[39] 乔居龙.沥青混合料配合比设计方法的分析[J].山西建筑,2018,44(5):105-106.

[40] 上海市公路管理处.公路沥青路面养护技术规范:JTG 5142—2019[S].北京:人民交通出版社,2019.

[41] 申爱琴,王娜.高速公路SMA混合料配合比设计及路用性能研究[J].公路,2006(6):137-147.

[42] 沈道高.市政道路沥青路面施工技术的应用[J].技术与市场,2015,22(9):163,165.

[43] 宋志锋,张娟,向萌萌,等.橡胶沥青及混合料配合比设计研究[J].公路交通科技(应用技术版),2013,9(11):12-15.

[44] 田超.沥青贯入式路面工程施工技术与质量控制[J].中国高新技术企业,2015(1):113-114.

[45] 田沁国.SMA沥青玛蹄脂碎石路面施工技术[J].黑龙江交通科技,2018,41(5):54,57.

[46] 田亚云,张名成,周新锋,等.热拌沥青混合料的配合比设计要点[J].科技信息,2011(5):339-340.

[47] 王超,张娟.橡胶沥青混合料配合比设计及路用性能研究[J].石油沥青,2013,27(1):31-35.

[48] 王会林.公路沥青路面施工机械材料的合理选择[J].交通世界,2018(25):146-147.

[49] 王立勇.市政沥青路面道路施工技术探讨[J].工程建设与设计,2020(10):192-193.

[50] 王伟.聚酯纤维橡胶沥青混合料配合比设计研究[J].广东建材,2016,32(8):28-30.

[51] 王永秀.浅谈热拌沥青混合料的配合比设计[J].科技情报开发与经济,2009,19(21):207-209.

[52] 吴国龙,聂彭强.3D摊铺施工工法[J].价值工程,2020,39(8):130-131.

[53] 吴崑宇.市政道路工程中沥青路面施工技术应用探讨[J].四川水泥,2020(12):109-110.

[54] 吴伟民,张金霖.市政工程施工技术[M].厦门:厦门大学出版社,2013.

[55] 杨军.市政道路建设中的沥青路面加铺再生施工技术[J].工程建设与设计,2019(17):249-251.

[56] 杨韬.橡胶沥青混合料配合比优化设计研究[J].湖南交通科技,2019,45(4):57-60.

[57] 杨小峰.抚南高速公路LAC-25型热拌沥青混合料配合比设计[J].北方交通,2011(7):3-5.

[58] 杨小平.沥青贯入式路面施工工艺探讨[J].城市地理,2015(8):237.

[59] 易路.谈市政道路工程中沥青表面处治施工技术[J].建材与装饰,2017(35):234-235.

[60] 于洪江,李明樾.道路工程施工技术[M].重庆:重庆大学出版社,2020.

[61] 于修文.热拌沥青混合料配合比设计[J].居舍,2018(26):253.

[62] 张建超,李海波.市政工程沥青路面结构的组合设计[J].中华建设,2014(3):130-131.

[63] 张琴芬.高速公路沥青混凝土面层施工技术[J].西部交通科技,2019(2):28-32,35.

[64] 赵琦,赵帅,王超,等.3D摊铺技术在沥青混凝土路面施工中的运用[J].电子技术与软件工程,2022(15):232-235.

[65] 赵云海.沥青玛蹄脂碎石路面施工技术要点分析[J].中国新技术新产品,2016(4):87.

[66] 镇方宇.橡胶沥青混合料路用性能与施工工艺的研究[D].西安:长安大学,2014.

[67] 中国石油大学(华东)重质油研究所.重交通道路石油沥青:GB/T 15180—2010[S].北京:中国标准出版社,2010.

[68] 周宇宸.浅谈沥青路面透层、粘层、封层及稀浆封层施工[J].黑龙江科技信息,2011(10):311.

[69] 周玉.沥青路面3D智能摊铺施工技术要点分析[J].江西建材,2022(9):223-225.

[70] 周志,黄文娟.市政道路沥青路面施工技术与质量控制策略[J].工程建设与设计,2020(7):261-263.

[71] 卓彬.市政道路工程路基施工技术要点及应用[J].工程技术研究,2022,7(16):89-91.

后　　记

近年来,经济的快速发展使得机动车的行驶数量不断增加,市政沥青道路的使用率越来越高。沥青路面作为能够加快交通流通速度、提升各个地区沟通质量的路面形式,被广泛应用于城乡道路建设。

市政道路沥青路面施工具有周期长、范围广、难度大等特点,是市政道路工程的重要环节,也是市政道路工程必不可少的组成部分。而市政道路沥青路面施工质量决定着整个工程项目品质,对行车安全起到重要作用,在实际施工中容易受各种因素影响而出现质量问题。现今市政道路沥青路面施工中,仍然存在施工人员技术不专业、沥青混合料不达标等现象,导致市政道路施工时及使用后出现各种问题。

因此,行业人员要立足于工作实际,敢于探索钻研,正确认识沥青路面施工质量的重要性,在实际施工过程中,结合道路工程建设需求和标准,全面落实沥青路面施工技术,及时解决施工技术问题,从根本上保证沥青路面施工质量,充分发挥沥青道路的优势,改善道路交通的运行条件。

在经济蓬勃发展的背景下,市政道路沥青路面的应用需求不断提高,进而也对施工单位的施工技术提出了更高的要求。施工单位需要不断研究和探讨沥青路面的施工技术,促进行业的共同发展,为市政道路工程建设更好、更多的优质道路助力,为人民的幸福美好生活提供更佳的出行体验。